# 中国棉花产业发展与主要政策分析

翟雪玲　原瑞玲　著

中国农业出版社
北　京

# 前 言

FOREWORD

我国是世界最大的棉花消费国、进口国和第二大棉花生产国，棉花产业在社会经济发展中具有重要地位，在全球棉花市场中占有重要份额。当今世界正在经历百年未有之大变局，我国棉花产业面临的发展环境发生了重大变化，资源环境约束日益增强，社会消费不断升级，国际贸易保护主义抬头，贸易摩擦迭出，国际竞争更加激烈。在这种状况下，深入分析我国棉花产业发展变化特点，洞察产业发展存在问题，跟踪产业政策实施效果，把握产业发展规律，剖析世界棉花产业发展对我国棉花产业的影响，对于促进我国棉花产业可持续发展具有重要意义。

作者及其团队长期从事棉花产业研究，对我国棉花产业发展变迁、产业政策调整、产业发展状况有深刻的认识。本书共四篇十六章。整体框架和内容由翟雪玲提出，经团队成员讨论后确定。第一篇分析了近些年我国棉花产业发展变迁状况、特点，棉花竞争力比较，定量描述了我国棉花产业增长状况。第二篇分析了我国棉花产业支持政策演变框架，对棉花目标价格补贴政策、棉花临时收储政策、棉花农膜回收政策等产业重点政策的执行情况、政策效果进行了定性和定量分析。第三篇分析了世界棉花产业发展及对我国的影响。对近些年世界棉花生产、消费、价格、贸易发展状况和特点进行了定量刻画，跟踪分析了世界主要棉花生产国棉花产业政策及变动趋势，剖析了世界棉花产业发展变动对我国棉花产业的影响。第四篇在深入分析当前及未来我国棉花产业发展面临的宏观环境的基础上对未来我国棉花供需形势进行了分析和判断，并对下一阶段我国棉花产业发展提出了政策建议。

本书各章节分工如下：第一章由翟雪玲、原瑞玲执笔；第二章由原瑞玲、许国栋、翟雪玲执笔；第三章由王慧敏执笔；第五章、第六章、第十四章、第十五章和第十六章由翟雪玲执笔；第四章、第七章由戴鹏、翟雪玲执笔；第六章由汪为、翟雪玲执笔；第八章由刘洋、翟雪玲执笔；第九章、第十章、第十二章、第十三章由原瑞玲、包月红、许国栋执笔；第十一章由原瑞玲执笔。翟雪玲、原瑞玲对各章节进行了修改和审定。农业农村部农村经济研究中心的各位领导对本书的研究工作给予了大力支持，并在研究框架、研究方法方面提出了宝贵意见，国家棉花产业技术体系首席科学家李付广、首席办秘书处、各岗位科学家、各试验站在课题研究、调研中都给予了大力支持，在此一并表示衷心感谢！本书在国家棉花产业技术体系专项经费支持下出版。

# 目录
CONTENT

## 第二篇　中国棉花产业政策及效果分析



## 第三篇　世界棉花产业发展及对我国的影响

# 第一篇

# 中国棉花产业发展

# 第一章　中国棉花产业发展分析

棉花是我国仅次于粮食的大宗农产品，是重要的工业原料。我国是世界最大的棉花消费国、进口国和第二大棉花生产国，棉花产业在社会经济发展中具有重要地位，在全球棉花市场中占有重要份额。经过多年发展，我国棉花产业布局发生了较大变化，棉花生产规模萎缩，生产区域布局变动较大，棉花及纺织品服装贸易规模受政策及国际形势影响较大。

## 一、产业发展状况

### （一）生产状况

#### 1. 棉花种植面积先增后减

棉花的原产地是印度和阿拉伯地区，3 000 多年前开始传入我国。据史料考证，棉花通过两条途径进入我国。一条称为“南道棉”，就是从我国的东南沿海和海南岛等地入境，其主要品种为多年生的亚洲棉。多年生的亚洲棉渐渐适应我国南方的气候，进而演化成一年生的亚洲棉。另一条称为“北道棉”，从我国的新疆地区，经过河西走廊渐渐深入内地，其品种主要是非洲草棉。但棉花开始在我国大范围种植是在宋元以后，13 世纪前后棉花传播到我国长江流域和黄河流域广大地区。经过多年发展，棉花成为我国最主要的大田作物之一。我国是世界上宜棉区域最广阔的国家之一，棉区范围大致分布在北纬 18°～46°，东经 76°～124°，即南起海南岛，北抵新疆的玛纳斯垦区，东起台湾地区、长江三角洲沿海地带和辽河流域，西至新疆塔里木盆地的西部边缘均可以种植棉花。

中华人民共和国成立以来，由于庞大的国内需求、出口创汇的要求以及棉纺织业投资少劳动密集型的特点，棉纺织业迅速成为我国在工业化过程中的先导性产业，从而带动棉花种植面积快速增长。1992 年前后我国棉花种植面积达到中华人民共和国成立以来的最高点，为 6 835 千公顷。从棉花生产区域看，20 世纪 50 年代以前我国棉花生产主要分布在长江流域和黄河流域。20 世纪 50 年代后，新疆地区极其优良的自然条件吸引了大家的注意，科研人员开始在新疆大范围试种、推广棉花。20 世纪 70 年代以来，我国棉花生产逐渐发展为“三足鼎立”的格局，主要分布在黄河流域、长江流域和西北内陆地区。棉花种植面积在近 30 年内不断波动。从大的波动来看，主要分为三个阶段：一是 1992—1999 年的波动下降阶段，这一时期我国纺织服装业进入了结构调整阶段。由于纺织服装业总量过剩和结构不合理的矛盾日益突出，经济效益下降，特别是一批国有纺织企业陷入严重困境。为此，纺织服装业从 1993 年起，积极实施控制总量、优化存量、转化机制、减员增效等改革措施。纺织服装鞋业的结构调整减少了棉花需求量，导致我国这一时期的棉花种植面积下降。1992—1999 年，我国棉花种植面积从 6 538.5 千公顷下降到 3 725.6 千公顷，下降了 43.0%。二是 2000—2007 年的快速增长阶段，2001 年我国加入世界贸易组织，融入世界舞台，与世界其他国家的贸易规模不断扩大。另外，2005 年世界多纤维协定（MFA）取消，我国作为 MFA 最大的被压制国，比较优势得以发挥，生产能力大大释放，棉花需求快速增长，棉花种植面积也不断扩大。2000—2007 年，我国棉花种植面积从 4 041.2 千公顷增长到 5 926.1 千公顷，增长了 46.6%。2007 年我国棉花播种面积占到全球棉花总播种面积的 16.8%。三是 2007 年以来的波动下降阶段。2007 年以来由于人工成本快速增长、棉花价格波动较大、进口棉冲击、比较效益下降等原因，我国棉花播种面积呈现不断下降趋势。2020 年棉花播种面积是“入世”以来最小的一年，下降到了 3 169.9 千公顷，比 2000 年下降 21.6%，比 2006 年下降 46.5%，占世界棉花总播种面积的 10%（图 1-1）。

**2. 棉花单产稳步增长**

从耕作方式看，在我国人多地少、资源紧张的资源禀赋条件下，我国包括棉花在内的农业生产基本上都是精耕细作模式，采取的耕作方式是高投入、高产出。同时由于我国棉花科研力量较强，各地根据不同的资源条件分别在品种、栽培模式、栽培制度方面都进行了长期探索，棉花产出水平不断提高。尤其在 20 世纪 90 年代后期，随着转基因抗虫棉的引进与推广，我国棉花单产迅速提高。1991—2020 年，我国棉花单产每公顷从 867.9 千克增长到 1 864.5 千克，增长了 1.1 倍（图 1-2）。从全球看，我国属于棉花单产较高的国家之一。2019 年，我国棉花单产全球排名第三，仅次于澳大利亚和巴西，比全球平均单产高 1.2 倍（图 1-3）。

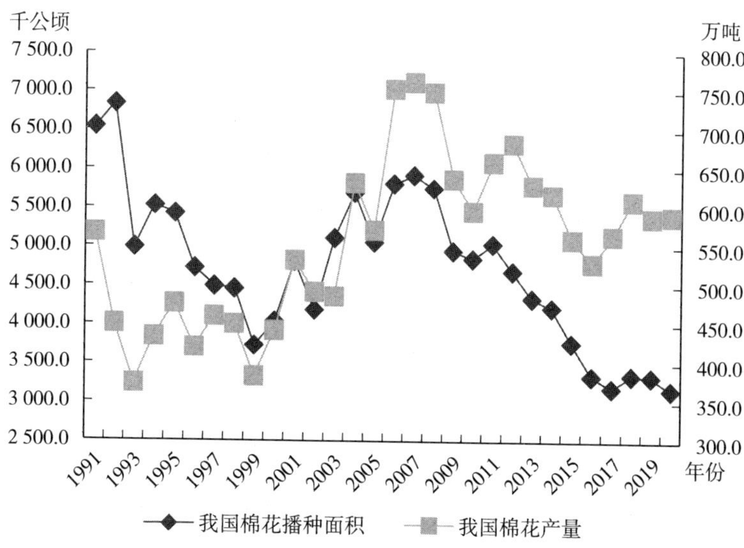


图 1-1　1991—2020 年我国棉花播种面积和产量

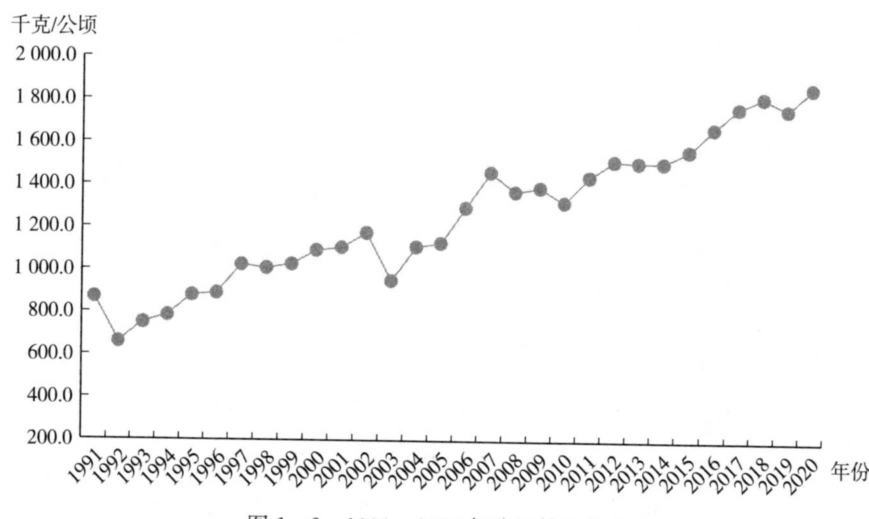


图 1-2　1991—2020 年我国棉花单产

从三大棉区看，由于不同的种植模式和品种，不同棉区棉花单产水平差异较大。其中，西北内陆棉区单产水平最高，黄河流域次之，长江流域最低。2020 年，黄河流域、长江流域和西北内陆棉区棉花单产分别为 80.0 千克、75.6 千克和 123.6 千克。其中，长江流域棉区单产水平提高最快。2005—2020 年，三大棉区棉花单产水平分别提高 12.1%、22.5%和 12.8%。从各省

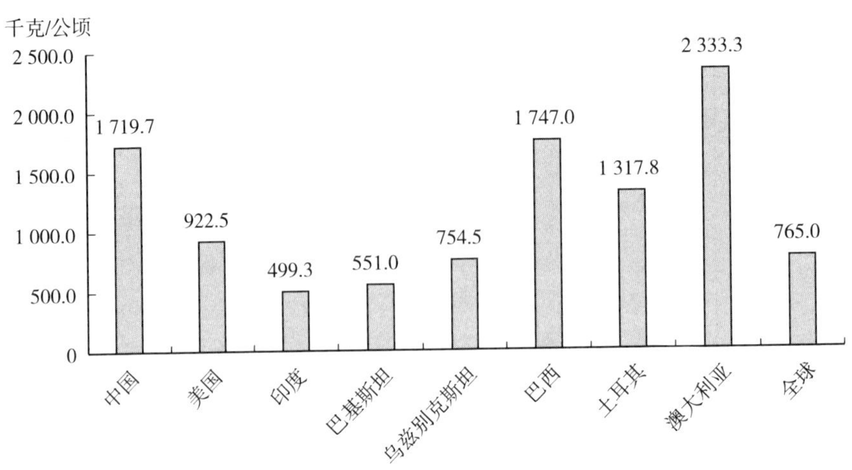


图 1-3　2019 年全球主要棉花生产国棉花单产

份看，新疆、甘肃单产水平最高。2020 年，新疆、甘肃棉花每亩单产为 137.5 千克和 121.0 千克。

近些年，我国棉花品种不断改良，促进了棉花单产的提高。历史上，我国种植的棉花主要有 4 个种类：亚洲棉、非洲棉、海岛棉和陆地棉。目前种植的种类主要是陆地棉和海岛棉，其中陆地棉占我国棉花种植面积和产量的 98% 以上。20 世纪 50 年代以后，我国主要棉区已进行了 6 次大规模的品种更换，产量和品质有了较大幅度的提高。其中，20 世纪转基因抗虫棉自主研制成功是我国棉花史上的一次重大的技术突破。转基因抗虫棉之后育种方面突破性成果不多，但品种改良速度加快。近几年，国家和地方每年审定棉花新品种 100 多个，品种更新周期从以前每 5～6 年一次缩短到 3 年一次。目前，我国棉花品种分为 14 个系列，分别是国审品种、中棉所系列、鲁棉系列、豫棉系列、鄂棉系列、冀棉系列、皖棉系列、晋棉系列、苏棉系列、蜀棉系列、新棉系列、湘棉系列、辽棉系列和其他系列。全国经过审核的品种约 500 多个。

**3. 棉花产量先增后降**

1991—2007 年（快速增长时期），随着棉花播种面积的增加，我国棉花产量从 567.5 万吨增长到 759.7 万吨，增长了 33.9%。2007 年是近 30 多年来我国棉花产量最高的一年，占当年世界棉花总产量的 28.4%。随后由于播种面积的下降，我国棉花产量不断下降。但由于单产增长和区域布局的变动，产量下降幅度小于面积下降幅度。2007—2020 年（下降阶段），我国棉花产量从 759.7 万吨下降到 591 万吨，下降了 28.5%，2020 年产量占当年世界棉花总产量的 24%。从 1984 年开始，我国就是全球最大的棉花生产国，棉花产量常年居世界第一。2017 年开始，我国棉花产量从全球第一下降到全球第二，低于印度。

生产集中度不断提高。多年来，我国棉花生产形成了黄河流域棉区、长江流域棉区和西北内陆棉区三足鼎立格局。但是近十几年来由于不同区域自然资源条件、耕作模式、农业就业机会以及国家支持政策的不同，我国棉花生产区域布局发生了明显变化，由“入世”前的三足鼎立格局，转变为西北内陆棉区尤其新疆地区“一支独大”。黄河流域棉区和长江流域棉区棉花种植规模快速下降，西北内陆棉区尤其新疆地区棉花种植规模稳步增长。2000—2020 年，黄河流域棉区棉花种植面积和产量占全国的比重分别从 43.1%和 37.9%下降到 11.2%和 7.1%；长江流域棉区棉花种植面积和产量占全国的比重分别从 28.1%和 25.3%下降到 9.1%和 5.0%；西北内陆棉区棉花种植面积和产量占全国的比重分别从 25.9%和 34.3%上升到 78.8%和 87.8%。同期，新疆地区棉花种植面积和产量占全国的比重分别从 25.0%和 33.0%上升到 78.3%和 87.3%（图 1－4）。

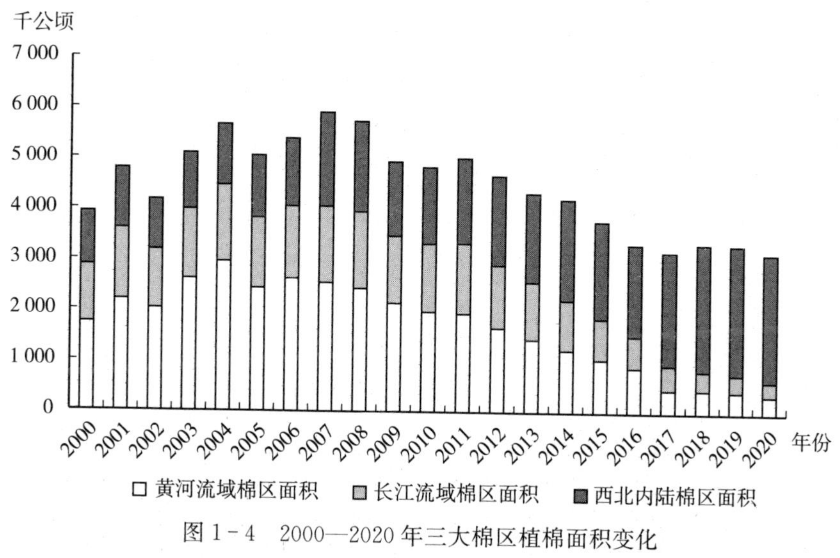


图 1－4　2000—2020 年三大棉区植棉面积变化

## （二）消费状况

### 1. 棉花消费量先增后降，呈倒 V 形趋势

中华人民共和国成立后，由于我国棉纺织业的快速发展，带动我国棉花消费量快速增长。从 20 世纪 70 年代起，我国就成为世界上最大的棉花消费国。

2001 年我国加入世界贸易组织后，尤其是 2005 年美国、欧盟和加拿大取消“多种纤维协定”后，我国劳动力低廉优势得以发挥，纺织潜能被进一步激发出来，纺织品服装出口规模快速增长。同时，随着国内居民收入水平的提高，国内居民对于纺织品服装的需求也在不断增长，带动我国纺织业快速发展。作为纺织业的主要原料，棉花消费量大幅增加，棉花消费量又上了一个台阶，进一步巩固了我国世界纺织大国的地位。30 多年来我国一直是全球最大的棉花消费国。

近 30 年来，我国棉花消费量大致可以分为三个阶段。一是调整阶段（1991—2000 年）。这一阶段，由于我国纺织行业进行结构调整，淘汰了一大批效益较差、重复建设的纺织产能，带动棉花消费量回落。1991—2000 年，我国棉花消费量从 567.2 万吨下降到 494.8 万吨，下降了 14.6%。二是快速增长阶段（2001—2007 年）“入世”后，我国棉花消费量快速增长，2007 年棉花消费量高达 1 090 万吨，占世界当年总消费量的 40.4%，比 2000 年增加了 1.2 倍，达到近 30 年来我国棉花消费量的最高点。2008 年以后受金融危机影响，尤其近些年随着我国劳动力、水、电、土地等要素资源价格上涨，我国纺织产能向东南亚等国不断转移以及受棉纱进口替代等因素影响，我国棉花消费开始进入波动下行阶段，棉花消费量随国内外经济增长速度上下波动，近些年大体维持在 800 万吨/年，占世界消费总量的 30%左右。2020 年我国棉花消费量为 810 万吨，比 2000 年增长 63.7%，比 2007 年下降 34.6%（图 1-5）。

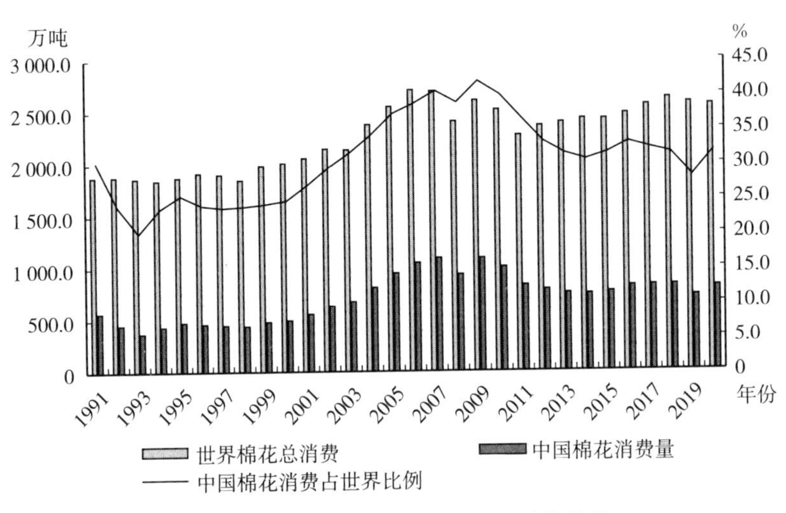


图 1-5　2000—2020 年我国棉花消费状况

**2. 棉花消费结构变化不大**

棉花是工业原料，棉花消费主要包括三部分：纺织工业用棉、民用絮棉及损耗与其他用棉。纺织工业用棉是指用于纺织业中的棉花消费。棉纺织工业是我国的传统性产业，纺织工业用棉量随着产业规模的扩大快速增加，从总的消费结构看，近些年我国纺织工业用棉占我国棉花消费总量的95%左右。民用絮棉主要用于居民棉被、棉褥、棉服、棉帽、棉鞋、棉手套等棉织品的制作。在我国经济发展水平和商品化程度较低时期，民用絮棉在棉花总消费中还占有一定比例。但是随着我国经济发展水平和居民收入水平的提高，民用絮棉不仅在中国棉花总消费中所占比例不断下降，而且其消费绝对量也不断下降。目前民用絮棉占国内棉花总消费的1%～2%。第三部分是损耗及其他用棉。其他用棉是指除了纺纱用棉、民用絮棉以外的棉花消费，主要包括医药用棉、军工用棉、制造货币用棉等其他零星用棉。医药用棉量不大，年度间变化不大。军工用棉主要用于军队的军服、军被褥等。损耗主要是指收购籽棉的衣分率与实际加工所得的衣分率之差。和民用絮棉一样，损耗及其他用棉量近年来基本稳定，但是在棉花消费总量中的比例呈不断下降趋势，从1989年的3.9%下降为2020年度的1%左右。

## （三）棉花价格

棉花价格包括籽棉价格、皮棉价格，但由于籽棉流通范围有限且属于半成品，因此本研究主要考察皮棉价格。在本研究中，中国棉花价格采用中国棉花信息网构建的中国棉花价格指数（CCindex）。该指数是由中国棉花信息网首创，指数以全国近200家大中型纺织企业和棉花企业的棉花实际到厂价为计算基础，主要反映发布日前一日的国内3128B级棉花到国内纺织企业棉花的综合平均价格水平。棉花根据颜色、长度、强度等分为不同等级，不同等级的棉花价格也不同。本研究以标准级棉花即CCindex 3128B来分析我国棉花价格的波动状况。

2001—2021年我国棉花价格波动明显，平均价格为14 950元/吨，比最高年份2011年低8 893元，比最低年份2002年低5 629元，波幅分别为59.5%和37.6%（图1-6）。2001年国务院发布《关于进一步深化棉花流通体制的意见》，决定彻底放开棉花市场，打破垄断，棉花价格有所下行。但随着我国加入世界贸易组织，纺织品服装出口明显增加，棉花价格开始攀升。2004—2009年棉花期货上市，国家调整棉花进口税率，再加上国家储备棉的投放，国内棉价处于平稳状态。2009—2011 年国内棉价大幅上涨，从12 802元/吨增至 23 844 元/吨，增幅 86.3%。这期间棉花价格上涨主要是因为国内棉花市场出现严重供不应求的状况。2011 年以后，由于欧债危机拖累全球经济，我国棉纺织行业也受到了冲击，棉花价格快速下跌。2014 年开始国家实施棉花目标价格补贴政策，国内外棉价联动性增强。2020 年受新冠肺炎疫情影响，棉花价格降至 12 929 元/吨，较上年下降 9.3%。2021 年随着纺织品服装产销形势持续向好，加工企业加价抢收等影响，棉花价格明显上涨。

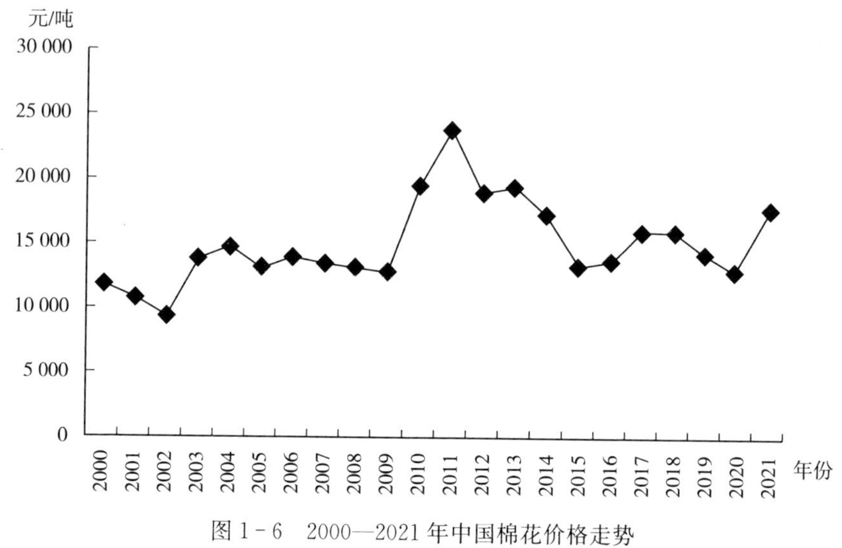


图 1-6　2000—2021 年中国棉花价格走势

为更合理、准确地描述我国棉花价格波动的周期特征，本书通过 Census X12 季节调整方法对棉花价格数据进行季节调整，在此基础上使用 H-P 滤波法获得周期成分，然后分析周期成分的统计特征。数据是 2000 年 1 月至 2021 年 12 月的月度数据。根据数据分析可知，我国棉花价格呈现以下几个特点。

**1. 季节性较强**

季节性分析结果显示，国内棉花价格具有明显的季节性特征。从表 1-1 可以看出，棉花价格季节指数在 9 月、10 月和 11 月等月份较低，而在其他月份棉花价格季节指数大部分均大于 1，即棉花价格存在明显的上涨，这表明，国内棉花价格具有较明显的季节性特征（表 1-1）。

表 1-1 国内棉花价格的季节调整因子

| 年份 | 1月 | 2月 | 3月 | 4月 | 5月 | 6月 | 7月 | 8月 | 9月 | 10月 | 11月 | 12月 |
|---|---|---|---|---|---|---|---|---|---|---|---|---|
| 2000 | 0.986 | 1.002 | 1.012 | 1.036 | 1.001 | 1.000 | 1.003 | 1.041 | 0.966 | 0.985 | 0.992 | 0.975 |
| 2001 | 0.984 | 1.004 | 1.014 | 1.037 | 1.003 | 0.998 | 1.001 | 1.034 | 0.968 | 0.986 | 0.992 | 0.977 |
| 2002 | 0.983 | 1.006 | 1.019 | 1.036 | 1.007 | 0.996 | 0.999 | 1.023 | 0.971 | 0.988 | 0.992 | 0.979 |
| 2003 | 0.984 | 1.008 | 1.022 | 1.032 | 1.012 | 0.995 | 0.996 | 1.013 | 0.976 | 0.990 | 0.991 | 0.982 |
| 2004 | 0.984 | 1.007 | 1.021 | 1.027 | 1.016 | 0.999 | 0.998 | 1.006 | 0.981 | 0.991 | 0.990 | 0.983 |
| 2005 | 0.985 | 1.004 | 1.016 | 1.021 | 1.018 | 1.005 | 1.004 | 1.004 | 0.985 | 0.992 | 0.986 | 0.981 |
| 2006 | 0.986 | 1.000 | 1.009 | 1.016 | 1.020 | 1.012 | 1.011 | 1.006 | 0.985 | 0.992 | 0.984 | 0.980 |
| 2007 | 0.988 | 0.997 | 1.006 | 1.013 | 1.020 | 1.016 | 1.012 | 1.008 | 0.983 | 0.992 | 0.983 | 0.980 |
| 2008 | 0.990 | 0.998 | 1.007 | 1.018 | 1.018 | 1.016 | 1.005 | 1.004 | 0.977 | 0.992 | 0.986 | 0.984 |
| 2009 | 0.994 | 1.004 | 1.012 | 1.024 | 1.017 | 1.010 | 0.994 | 0.995 | 0.971 | 0.993 | 0.988 | 0.989 |
| 2010 | 1.001 | 1.013 | 1.018 | 1.030 | 1.017 | 1.002 | 0.983 | 0.984 | 0.966 | 0.993 | 0.992 | 0.997 |
| 2011 | 1.007 | 1.019 | 1.024 | 1.030 | 1.013 | 0.995 | 0.976 | 0.979 | 0.966 | 0.995 | 0.996 | 1.000 |
| 2012 | 1.010 | 1.022 | 1.025 | 1.026 | 1.007 | 0.991 | 0.976 | 0.981 | 0.972 | 0.996 | 1.000 | 1.003 |
| 2013 | 1.010 | 1.019 | 1.023 | 1.015 | 1.000 | 0.989 | 0.982 | 0.988 | 0.981 | 1.001 | 1.004 | 1.003 |
| 2014 | 1.006 | 1.011 | 1.015 | 1.003 | 0.995 | 0.991 | 0.991 | 0.997 | 0.990 | 1.005 | 1.009 | 1.004 |
| 2015 | 1.002 | 1.002 | 1.007 | 0.991 | 0.991 | 0.996 | 0.998 | 1.003 | 0.997 | 1.010 | 1.011 | 1.004 |
| 2016 | 0.999 | 0.998 | 1.001 | 0.985 | 0.991 | 1.000 | 1.000 | 1.004 | 0.998 | 1.011 | 1.011 | 1.006 |
| 2017 | 1.000 | 0.999 | 0.999 | 0.979 | 0.990 | 1.002 | 0.999 | 1.002 | 0.996 | 1.010 | 1.011 | 1.009 |
| 2018 | 1.005 | 1.005 | 1.001 | 0.976 | 0.989 | 1.002 | 0.995 | 0.995 | 0.991 | 1.010 | 1.013 | 1.012 |
| 2019 | 1.011 | 1.013 | 1.004 | 0.973 | 0.985 | 1.001 | 0.991 | 0.990 | 0.986 | 1.010 | 1.016 | 1.013 |
| 2020 | 1.016 | 1.020 | 1.008 | 0.972 | 0.982 | 0.999 | 0.987 | 0.985 | 0.982 | 1.011 | 1.020 | 1.014 |
| 2021 | 1.019 | 1.023 | 1.011 | 0.971 | 0.981 | 0.998 | 0.985 | 0.984 | 0.979 | 1.012 | 1.022 | 1.015 |

**2. 波动周期短**

周期性成分是剔除长期趋势后的波动值，周期性成分分析表明国内棉花价格呈现出显著的周期性波动特征。从 2000 年 1 月至 2021 年 12 月，国内棉花价格经历了 6 个完整的波动周期，第一周期 2000 年 12 月—2003 年 10 月，第二周期 2003 年 11 月—2005 年 12 月，第三周期 2006 年 1 月—2011 年 2 月，第四周期 2011 年 3 月—2014 年 2 月，第五周期 2014 年 3 月—2017 年 3 月，第六周期 2017 年 4 月—2021 年 10 月，周期平均长度为 42 个月，约为 3.5 年，属于短周期。五个周期中扩张期（即价格上涨期）平均为 18 个月，收缩期（即价格下跌期）平均为 24 个月，国内棉花价格上涨的时间要小于下跌的时间。根据农产品价格波动周期总体情况看，波动周期小于5年的都属于短周期，这说明国内棉花价格波动较为频繁，在农产品中属于价格波动较为频繁的产品（图1-7、表1-2）。

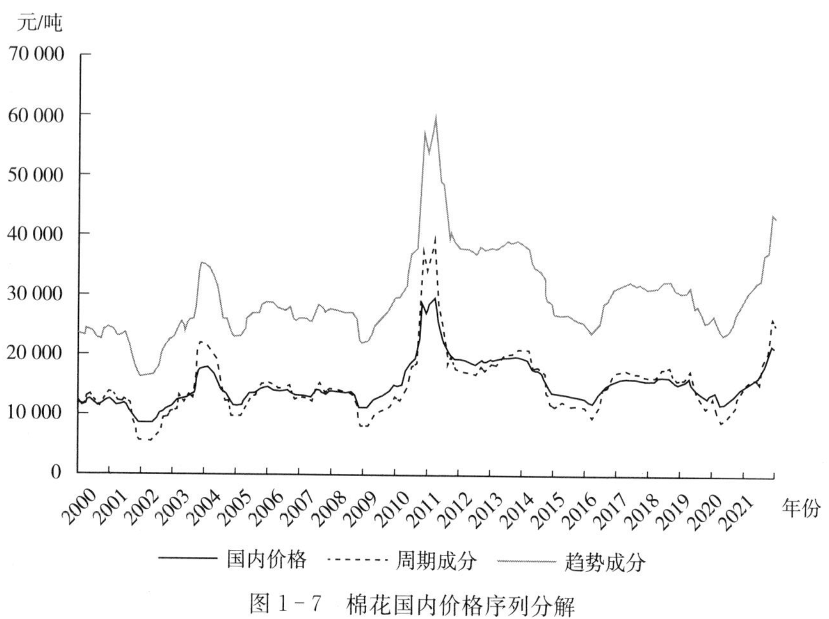


图1-7　棉花国内价格序列分解

**表1-2　2003—2021年棉花国内价格波动周期划分**

| 周期特征 | 周期一 | 周期二 | 周期三 | 周期四 | 周期五 | 周期六 | 平均值 |
|---|---|---|---|---|---|---|---|
| 起止时间 | 2000年12月—2003年10月 | 2003年11月—2005年12月 | 2006年1月—2011年2月 | 2011年3月—2014年2月 | 2014年3月—2017年3月 | 2017年4月—2021年10月 | — |
| 周期长度（月） | 35 | 26 | 62 | 36 | 37 | 55 | 42 |
| 波峰位置 | 2000年12月 | 2003年11月 | 2006年1月 | 2011年3月 | 2014年3月 | 2017年4月 | — |
| 收缩期（月） | 16 | 13 | 37 | 15 | 24 | 37 | 24 |
| 扩张期（月） | 19 | 13 | 25 | 21 | 13 | 18 | 18 |
| 扩张期/收缩期 | 1.19 | 1.00 | 0.68 | 1.40 | 0.54 | 0.49 | 0.77 |

说明：每个周期起止时间为“算后不算前”。

### 3. 波动幅度较大

6 个周期中我国棉花价格的波动幅度均较大，波动幅度分别为 4 137.5、6 691.3、4 110.7、11 281.8、4 271.2 和 4 212.5，平均周期振幅为 5 784.2，远超其他大宗农产品（表 1－3）。

**表 1－3　2003—2021 年棉花国内价格波动周期振幅**

| 周期 | 波谷<br>(1) | 波峰<br>(2) | 谷值<br>(3) | 峰值<br>(4) | 峰谷值比率<br>(4)/(3) | 周期振幅<br>(4) － (3) |
|---|---|---|---|---|---|---|
| 周期一 | 2002 年 4 月 | 2000 年 12 月 | －2 822.2 | 1 315.3 | －0.5 | 4 137.5 |
| 周期二 | 2004 年 12 月 | 2003 年 11 月 | －2 215.2 | 4 476.1 | －2.0 | 6 691.3 |
| 周期三 | 2009 年 2 月 | 2006 年 1 月 | －3 175.6 | 935.0 | －0.3 | 4 110.7 |
| 周期四 | 2012 年 6 月 | 2011 年 3 月 | －1 885.8 | 9 396.0 | －5.0 | 11 281.8 |
| 周期五 | 2016 年 3 月 | 2014 年 3 月 | －2 408.5 | 1 862.8 | －0.8 | 4 271.2 |
| 周期六 | 2020 年 5 月 | 2017 年 4 月 | －2 739.7 | 1 472.8 | －0.5 | 4 212.5 |
| 平均 | — | — | －2 541.2 | 3 243.0 | －1.3 | 5 784.2 |

## （四）加工流通

我国是棉花生产大国，同时也是棉花加工大国。我国棉花加工业随着棉花种植面积的扩大、产量的增加，加工业也快速增加。30 多年间我国棉花加工企业经历了从无到有、从小到大、从分散到集中、从落后到具有一定水平的发展历程。2004 年我国进行棉花质检体制改革，为实现与国际接轨、有利于实施包包检验，重点发展了 400 型加工企业。目前已基本形成了大包型企业为主、小包型企业为辅的加工布局。截至 2020 年底，全国棉花加工企业数量 2 479 家，生产线约 2 800 条。其中，新疆棉花加工企业数量 1 100 家（地方 841 家，兵团 293 家），生产线 1 480 条（地方 985 条，兵团 495 条）。2020 年新疆正常开工的棉花加工企业 925 家，其中地方 706 家，兵团 219 家。内地棉花加工企业有 1 379 家，共 1 376 条生产线。

我国棉花产区分布在新疆、山东、河北、湖北、安徽等地，尤其以新疆为主，但纺织加工企业主要在浙江、江苏、福建、湖北、山东、河北等地，新疆本地棉花消费量不大。因此，我国棉花主要的流通格局是新疆棉花流向内地，包括江苏、浙江、福建、湖北、山东等地，新疆棉花调出量占产量的 60%以上。内地棉花基本上都在内地使用，很少有流入新疆的。棉花流通主体主要包括农村棉贩或经纪人、设点收购的加工厂等。有的棉花产业链各主体签订协议，棉花销售实行订单收购加工。

棉纺织加工产能快速增长，近几年高位回落。“入世”后，我国棉纺织业得到快速发展，目前我国已经成为全球棉纺体量最大、产业体系最完善的国家。2000—2017 年，我国棉纺织业投资从 87.1 亿元增长到 3 168 亿元，其中 2003 年与 2005 年是行业投资的两个高峰期，当年增速达到 40%和 33.5%，2006 年后增速开始下降。2015 年、2016 年是我国纺纱量和织布量规模最大的时期。2015 年我国纺纱量达到历史高峰，为 4 048 万吨；2016 年我国纺布量达到历史高峰，为 715 亿米。2017 年以来，由于部分纺织产能向国外转移，棉纺织业投资速度出现回落，我国纺纱量和纺布量有所下降。2020 年，我国纺纱量 2 618 万吨，是 2000 年的 2.5 倍，是 2015 年的 40.5%；棉布产量 460 亿米，是 2000 年的 4.7 倍，是 2016 年的 64.3%（图 1－8）。

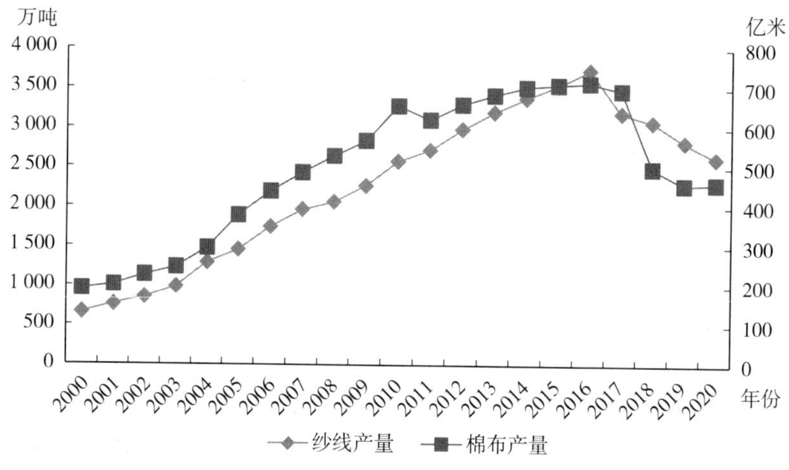


图 1－8　2000—2020 年我国纱线产量和棉布产量

### （五）棉花及其制品贸易

#### 1. 棉花贸易

进口量保持较高水平，但波动较大，棉花出口量很少。在加入世界贸易组织之前，我国棉花进口量不大，年度进口几十万吨，主要用于调剂棉花结构需求。加入世界贸易组织以来，由于产不足需，且国内棉花价格大部分时期高于国际价格，我国棉花进口量大幅增加，但进口规模受国内政策影响较大。大致看，分为四个阶段，一是 1995—2002 年，结构需求带动少量进口阶段。这一时期，我国棉花进口主要根据市场需求，调剂部分我国产量较少的棉花。这一阶段，年均棉花进口约 33 万吨。二是 2003—2014 年，快速增加阶段。这一时期，由于需求带动、进口棉价格优势，我国棉花进口量快速增加。尤其是临时收储政策实行阶段，由于国内外棉花价差过大，我国棉花进口急剧增加。2012—2014 年，我国棉花进口量分别为 513.7 万吨、414.9 万吨和 244 万吨。其中 2012 年我国棉花进口量占当年世界棉花总进口规模的 49.5%。三是 2015 年以来我国棉花进口逐渐恢复常态阶段。2014 年，我国取消棉花临时收储政策，实施棉花目标价格补贴政策，国内外棉花价差大幅缩小。同时我国棉花进入去库存阶段，国家收紧棉花进口政策，棉花进口渐渐恢复常态。2020 年，我国棉花进口量为 215.8 万吨，比 2000 年增长 44.5 倍，比 2012 年的历史高峰下降 58.0%。

从棉花进口来源看，我国棉花进口来源高度集中。近些年主要来自美国、印度、澳大利亚、巴西和乌兹别克斯坦 5 国。2020 年我国棉花进口量占全球棉花总进口量的 26.1%，从美国、巴西、印度和澳大利亚 4 国进口占比分别为 45.3%、28.6%、11.7%和 5.4%。从我国棉花进出口贸易品种变化来看，我国棉花进口品种以原棉（HS5201）为主（国际贸易中的棉花产品包括原棉（HS5201）、废棉（HS5202）和已梳棉（HS5203）。近 30 年我国棉花进口贸易方式变化较大。加入世界贸易组织之前，我国进口棉花方式主要以来料加工、进料加工和其他贸易方式为主，一般贸易进口较少。加入世界贸易组织后，我国棉花进口中一般贸易方式进口逐年增长，已成为最主要的贸易方式。2020 年，我国棉花进口中，一般贸易方式进口占比 50%以上。

加入世界贸易组织以来，我国对棉花出口一直实行出口许可证管理，出口棉花必须凭配额证明文件申领出口许可证。但为满足国内需求，多年来我国没有对棉花发放过出口许可证配额，贸易数据显示的出口都是转口贸易（图 1-9）。

**2、棉纱贸易**

作为纺织加工环节中的主要中间产品——棉纱，这些年其贸易规模也快速增加。2007 年以前，我国纺织产能快速扩大，成为全球棉纱生产规模最大的国家。同时，凭借低廉的劳动力优势和技术优势，我国棉纱国际竞争力较强，棉纱出口规模呈增长趋势。2000—2007 年，我国棉纱出口量从 21.1 万吨增长到 58.4 万吨，增长了 1.8 倍。2007 年以后，由于国内劳动力、水、电等成本增长，国内棉纱竞争力下降，尤其东南亚国家纺织产能增长后，我国棉纱出口

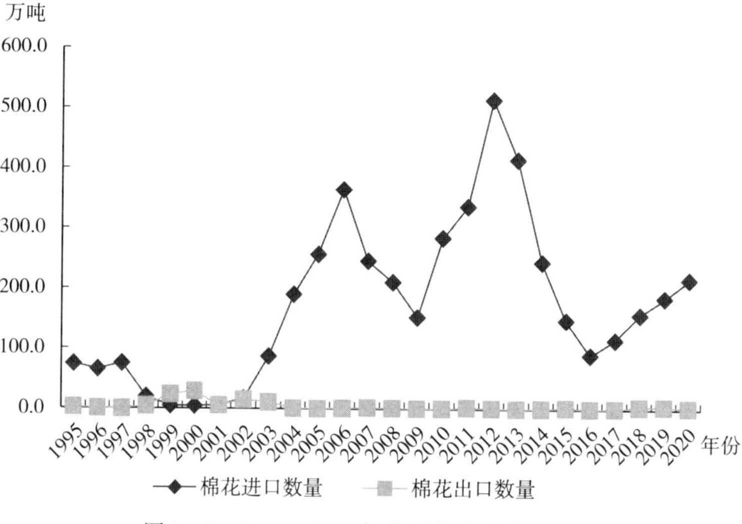


图 1-9　2000—2020 年我国棉花进出口状况

规模开始逐渐下降。2008—2020 年，我国棉纱出口量从 54.8 万吨下降到 2.3 万吨。从我国棉纱进口量看，随着纺织行业成本上升，我国低端的纺纱环节、纺纱产能率先向国际市场转移，国内棉纱进口规模快速增长。2007—2020 年，我国棉纱进口量从 91.7 万吨增长到 190 万吨，增长了 1.1 倍，2015 年我国棉纱进口量达到近些年的高峰，为 234.5 万吨。2013 年以来我国棉纱年进口量基本在 200 万吨左右，折合棉花 210 万吨左右（图 1-10）。

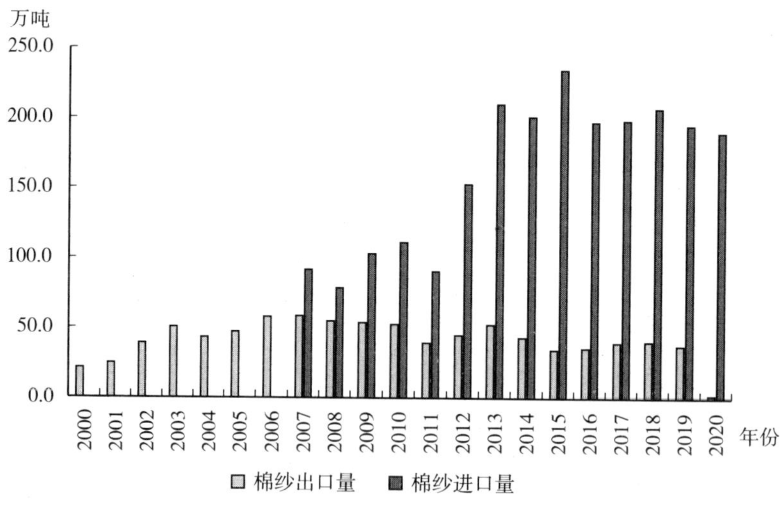


图 1-10　2000—2020 年我国棉纱进出口规模

**3. 纺织品服装出口**

“入世”后，我国纺织品服装出口快速增长，逐步发展为全球最大的纺织品服装出口国。2014 年，我国纺织品服装出口额达到近年最高值，为 2 984.6 亿美元，之后随着全球经济增长速度和贸易环境变化，纺织品服装出口略有下降。2020 年，我国纺织品服装出口额 2 914.4 亿美元，是 2000 年的 5.6 倍，比 2014 年最高峰降 2.4%，占全球总出口额的 30%左右。我国棉纺织服装出口额也呈现先增后降的发展格局。2013 年，我国棉纺织品服装出口额达到 1 000.2 亿美元，为近 20 年来的最高点，2013 年后由于化纤替代增强、贸易环境恶化等因素，我国棉纺织品服装出口有所下降。2020 年，我国棉纺织品服装出口额 875.6 亿美元，比 2000 年增长 3.8 倍，比 2013 年下降 12.5%（图 1－11）。

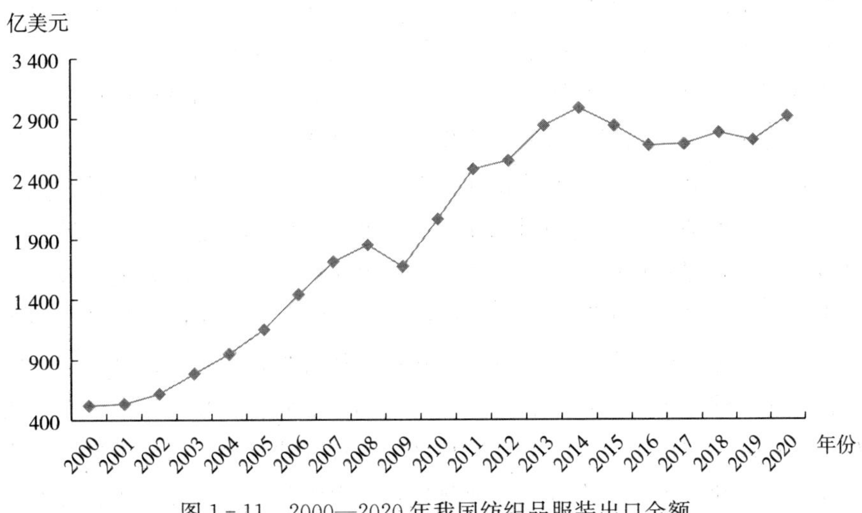


图 1－11 2000—2020 年我国纺织品服装出口金额

2003 年前后我国纺织品服装出口前十位的国家和地区分别为中国香港、日本、美国、韩国、俄罗斯、德国、阿拉伯联合酋长国、澳大利亚、英国和意大利。其中前五位出口值占纺织品服装出口总值的比例为 58.28%，前十位的出口值占纺织品服装出口总值的 68.58%。2019 年以来中国纺织品服装出口市场更加多元，出口前十位的国家和地区分别为美国、日本、中国香港、德国、英国、意大利、法国、韩国、阿拉伯联合酋长国和俄罗斯。其中前五位出口值占纺织品服装出口总值的比例为 44.85%，比 2003 年下降了 13.43 个百分点，前十位的出口值占纺织品服装出口总值的 57.34%，比 2003 年下降了 11.24 个百分点。

## 二、存在的主要问题和障碍

尽管近些年我国棉花产业获得了长足发展，单产水平不断提高，但也存在很多问题，导致我国棉花供给和市场需求不匹配，资源配置扭曲，生产效率低下，整个棉花产业大而不强。

**1. 棉花生产基础薄弱**

一是棉田基础设施薄弱。受经济效益影响，近些年我国内地棉区不断萎缩，并逐步向瘠薄、板结、盐碱、干旱的区域集中，沟渠、道路、蓄水等配套设施严重不足，棉田有效灌溉面积不足10%，棉花亩产长期徘徊在70～75千克左右，比全国平均亩产低40千克左右。新疆高标准棉田仅占总棉田面积的30%左右。由于长期连作，病虫害发生风险加大，耕地盐渍化、田间道路损毁等问题突出，部分灌区渠系防渗率不高，棉花综合生产能力基础有待加强。二是生产专业化和组织化程度偏低，小生产大市场矛盾突出。长期以来，由于人多地少，我国农业生产规模普遍偏小，分散经营。而棉花由于人工投入较多，相比其他大田作物，专业化和组织化程度较低。目前新疆棉区户均种植面积仅50多亩*，黄河流域和长江流域棉区户均种植面积不足5亩，分别约相当于美国的1/25、1/200。尽管部分地区也发展出了植棉大户、棉花生产专业合作社等新型经营主体，但在整个棉花生产中所占比例较少，与其他机械化程度较高的作物相比，棉花生产专业化、组织化程度偏低。而且近几年来由于人工成本偏高、比较效益偏低，不少传统棉花种植区改种其他作物，已经难见大面积集中连片棉花基地。棉花主产区在专业化生产、组织化经营、社会化服务方面相比小麦、玉米等作物较为滞后。

**2. 棉花价格波动较大，植棉效益偏低**

由于生产成本持续上升，棉花价格大幅波动，我国棉花收益呈现显著的不稳定性特征，且在2011年以后出现了持续下降态势。2004—2020年，我国亩均棉花收益从223.1元波动下降到－239.5元，2013年以后植棉收益呈现连年亏损态势，且亏损程度不断加深。棉花单位产量净利润和亩均净利润的变化特征较为相似。2004—2020年，每50千克的棉花净收益从125.9元波动下降至－80.2元。分区域看，新疆棉区棉花亩均净利润远超黄河、长江流域。

* 1亩＝1/15公顷。

2004—2020 年，新疆棉区棉花亩均净利润从 278.1 元波动下降到 79.0 元；内地棉花亩均净利润从 265.6 元波动下降到−657.1 元（图 1－12、表 1－4）。内地 9 省机械化率不足 30%、人工成本占总成本的比重超过 70%。

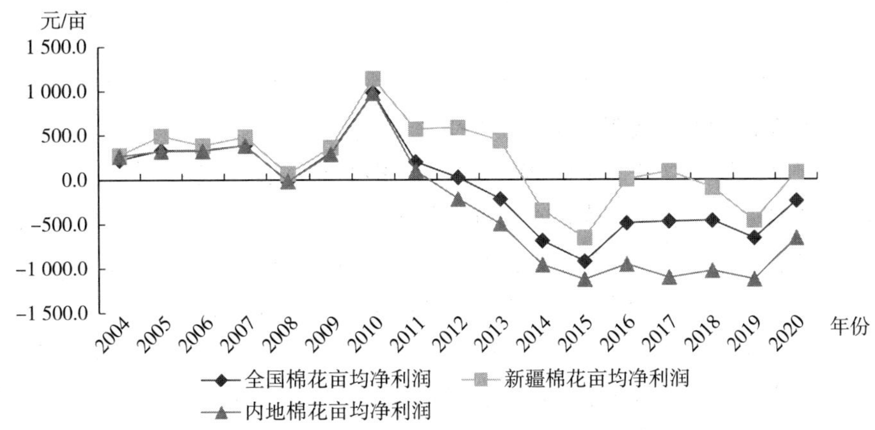


图 1－12　2004—2020 年我国不同地区棉花亩均净利润

**表 1－4　2004—2020 年我国不同地区棉花亩均净利润**

单位：元/亩

| 年份 | 全国棉花亩均净利润 | 新疆棉花亩均净利润 | 内地棉花亩均净利润 |
|---|---|---|---|
| 2004 | 223.1 | 278.1 | 265.6 |
| 2005 | 331.8 | 493.3 | 323.4 |
| 2006 | 335.7 | 385.6 | 325.9 |
| 2007 | 387.9 | 485.9 | 387.1 |
| 2008 | −16.7 | 70.0 | −14.8 |
| 2009 | 308.6 | 363.0 | 288.8 |
| 2010 | 984.0 | 1 143.9 | 978.4 |
| 2011 | 202.5 | 570.6 | 99.7 |
| 2012 | 25.3 | 588.4 | −213.7 |
| 2013 | −215.0 | 439.3 | −495.7 |
| 2014 | −686.4 | −345.0 | −960.5 |
| 2015 | −921.6 | −653.8 | −1 123.8 |
| 2016 | −488.3 | 6.6 | −956.5 |
| 2017 | −470.3 | 93.7 | −1 105.2 |

（续）

| 年份 | 全国棉花亩均净利润 | 新疆棉花亩均净利润 | 内地棉花亩均净利润 |
|---|---|---|---|
| 2018 | －460.9 | －91.5 | －1 029.4 |
| 2019 | －659.5 | －460.2 | －1 125.4 |
| 2020 | －239.5 | 79.0 | －657.1 |

**3. 加工流通秩序混乱，无序竞争状况突出**

长期以来我国棉花加工能力严重过剩，收购市场秩序混乱，无序竞争状况突出，且加工企业普遍规模偏小，部分技术设备落后，加工质量不高，一定程度上浪费了籽棉资源，降低了商品棉质量。截至2020年底，全国棉花加工企业数量2 479家，生产线约2 800条。全国棉花加工能力超过1 000万吨。而2021年我国棉花产量仅为573万吨。加工能力严重超过了生产能力，造成加工秩序混乱，在棉花紧缺年份市场状况较好时，大量加工企业进入市场争抢资源，抬高价格，而在棉花供给相对充裕市场低迷时，加工企业则迅速退出，加剧市场波动。为争抢资源，不少企业混等混级收购加工，进一步加剧了质量问题。

从我国棉花质量检验看，在2014年棉花目标价格补贴试点政策改革以前，棉花质量检验存在较大体制上的漏洞，难以保证加工质量。2014年以前棉花仪器化公检是由企业自行提取样品，纤检部门到企业与企业交接样品后，拿回公检实验室检验后，给企业提供检测数据。由于取样环节不在监管范畴，这给不良企业提交虚假样品提供了可乘之机，棉花实际质量与标识不符、甚至掺杂使假等现象较为突出，整个棉花质量检验体系缺乏公信力，也给纺织企业采购原料造成极大的困难。2014年以后配合目标价格改革，新疆棉花质检体制也进行了较大调整，由原先的传统公检改为在库公检。在库公检相比传统公检：一是地理位置改变，公检场所由原来各企业自备仓库转移到经过新疆维吾尔自治区资格认定的新疆棉花专业监管仓库；二是公检内容改变，曾经以质量品质检测为主的公检如今要质量重量同检。取样环节进入封闭监管仓库，避免了监管漏洞，保证了样品的真实性，增加了棉花公检的公信力。棉花质检体质实行在库公检后，新疆棉花加工、流通秩序大幅好转，但内地除了甘肃外仍然实行传统公检，棉花加工质量难以保证。

**4. 棉花质量不高，难以满足纺织企业需求**

棉花是纺织企业的主要原料，原料的优劣决定着纺织品的质量。在纺织品市场已经成为买方市场的状况下，棉花质量的重要性正在不断上升。从近些年我国棉花质量看，普遍表现为棉花一致性差、异性纤维含量高，棉花大路货居多，高等级偏少，难以满足纺织企业需求。根据纺织工业对棉花质量的要求，原棉品质主要由遗传品质、生产品质和产后品质三方面决定。从遗传品质看，棉花品种（杂交种）主要指标包括纤维长度、整体度、断裂比强度、马克隆值等。根据农业农村部棉花品质监督检验测试中心连续多年对我国主产棉区生产领域棉花主栽品种的 8 项纤维品质指标分析结果显示，我国生产的陆地棉的纤维品质在国际上处于中上等水平，基本上能满足中、粗支纱的需要。和美国相比，主要差距体现在原棉的长度分布范围。我国棉花纤维品质以中绒为主，原棉长度分布范围较集中，从 26 毫米到 31 毫米，其中 27 毫米、28 毫米、29 毫米占绝大部分，结构较为单一。尤其缺乏长度在 31 毫米以上、长度整齐度指数在 83%以上且各品质指标相互匹配的高档的满足纺 60 支以上高支纱的优质棉。美棉等国外棉的主体长度尽管不如中国，但原棉的长度分布范围宽，能够适应市场上急需的纤维长度在 31 毫米以上、适纺 60 支以上高支纱的高品质原棉。尽管我国棉花从品种品质和美国、印度等国棉花品质差距不大，但最终的商品棉由于多种原因，差距较为明显。主要表现在以下几个方面：一是异性纤维问题严重。异性纤维是指在棉花采摘、交售和加工环节混入的色绒丝、毛发丝和纤维丝，俗称“三丝”。原棉中的“三丝”容易被打碎成无数纤维小疵点，在纺织加工中难以清除，影响棉纱和布的质量，危害很大。异性纤维是我国棉花存在的突出问题，也是影响我国棉花竞争力的主要原因。而美国、澳大利亚等国由于全程机械化采收和严格的质量管控，异性纤维含量很低。新疆部分地区棉花异性纤维含量每吨在 5 克左右，最严重的超过 10 克，远高于美棉、澳棉。二是一致性较差，影响成纱质量。主要表现在同级棉不同批次、不同棉包产品等级均存在差异，难以满足现代棉纺织工业的要求。这主要由两方面原因引起：一方面是种子“多、乱、杂”造成棉花一致性较差。多年来，我国通过国家和省级审定的棉花品种（杂交种）就有 600 多个。而种子市场由于监管不到位，未审先推现象普遍，无证经营屡禁不止，一些不法商贩趁机乱引进、乱起名、乱宣传、乱炒作、乱经营。而棉农由于缺乏甄别种子优劣的能力，只能根据宣传挑选种子。这样势必造成棉花品种过多、过乱和过杂。据国家现代棉花产业技术体系产业经济功能研究室 2022 年对全国棉花生产监测显示，2022 年我国在大田生产中的棉花品种多达 193 个，其中长江流域填报了 86 个品种，黄河流域填报了 48 个棉花品种，新疆维吾尔自治区填报了 59 个棉花品种，而美国全国棉种大的系列总共约 15～20 个。另一方面我国收购环节的混收混存，更加剧了这一现象。据中国棉纺织行业协会 2018 年调查，我国纺织企业对符合“双 28.5”（长度≥28.5 毫米、断裂比强度≥28.5 厘牛/特克斯）的高等级棉花产需缺口为 150 万吨以上，这几年还有扩大趋势。

**5. 绿色发展问题突出，发展后劲不足**

绿色发展是缓解资源环境压力，实现持续发展的必由之路。但长期以来，我国棉花生产尽管实现了单产大幅提高、居于世界前列的骄人成绩，但这是以过度消耗资源为代价的。我国长期以来的棉花生产模式都是高投入、高产出，大量使用化肥、农药，很多地方还在使用大水漫灌等浪费水资源的灌溉方式，资源利用率、产出率不高，地膜问题尤其突出。地膜覆盖是一项重要的科技成果，对于提高棉花单产发挥了重要作用。但是，地膜在提高单产的同时也带来了新的问题，主要是地膜不能够自然降解，在残膜回收不彻底的情况下，随耕翻埋入地下，残膜碎片在土壤中埋藏 20 年仍不能被微生物分解，会在土壤中形成阻隔层，破坏土壤的毛细结构，影响土壤透水和透气性，阻碍棉花的根系生长，从而造成“白色污染”。目前新疆棉花使用的地膜很多为 0.008 毫米，韧性差，播种期后，大多散落在地里，人工清理成本高，农户缺乏回收的积极性。据调查，目前新疆农田废旧地膜平均残留量 4.68 千克/亩，棉田废旧地膜平均残留量 5.73 千克/亩，较 2001 年增加 105%，其中样点棉田中废旧地膜残留量最高的达 26.65 千克/亩。棉田残膜量的大量增加，使得土壤环境恶化，土壤含水量下降，土壤板结、透气性差，削弱抗旱能力。同时，堆放在田头、房前、渠边及被风吹起四处散落的残膜，严重影响了农村生态环境。今后，如何提高水、肥料、农药的利用效率，转变生产资料利用方式，建立残膜回收利用制度，实现棉花生产绿色发展迫在眉睫。

**6. 科技支撑能力不强**

虽然近年来棉花科技支撑能力不断提高，但相对于棉花产业的发展来说仍然滞后。当前我国棉花产业正处于生产方式剧烈变化的时期，传统的人工采摘方式逐渐退出，机械采摘方式开始快速推广。但机采棉的推广绝不是仅仅在收获环节实现机采就可以，它需要品种、栽培模式、落叶催熟、耕作制度、加工工艺等多方面的匹配。但从我国目前棉花科研状况看，显然未能满足产业转型的需求。科研体系和生产脱钩的现象较为明显。当前，我国机采棉品种和采棉机缺乏。新疆机采棉的比例已经达到了 80%以上，但适应机采的成熟度一致、初始果枝较高、长度强度好且能够获得一定产量的品种仍然缺乏，实际生产中很多品种都是通过在原有品种上不断筛选获得。从采棉机来看，目前我国基本上使用的是美国进口采棉机。2019 年“涉疆法案”后，美国为了限制我国棉花产业，不再向我国提供采棉机机头出口供应。但我国采棉机经过多年发展，尽管也能在大田作物中使用，但在采净率、保护棉花纤维、防止异性纤维污染、降低人工成本等方面与国外采棉机仍然有较大的差距，难以满足我国棉花产业发展的需求。

# 第二章　中国棉花生产成本收益变动及国际比较

2017 年中央 1 号文件提出，要深入推进农业供给侧结构性改革，实现农业提质增效。降成本、补短板、提效益是推进供给侧结构性改革的重要方面。深入分析近年来中国棉花生产成本及收益变化，并与世界主要产棉国进行比较分析，探讨未来中国棉花降成本、提效益的思路和方向，对推进棉花产业供给侧结构性改革、促进棉花产业科学发展具有重要的现实意义。从文献资料看，众多学者都对中美棉花生产成本、收益和世界其他棉花生产国进行过比较研究，但研究存在以下不足：一是分析的时间段较早，现在各国经济发展已经表现出较大差异，棉花产业发展也呈现新的特点，棉花生产成本、收益变化较大。二是 2004 年以后，中国农产品成本收益实行了新的指标体系，从以前的生产阶段汇总方法调整为会计成本的统计方法，统计方法更为科学，与其他国家也更具可比性。三是以往研究中由于资料有限，统计方法不同，部分研究者对一些关键指标含义弄混，所以部分研究结论有误。印度、中国、美国和澳大利亚是世界重要的棉花生产国，美国、澳大利亚和印度还是中国棉花进口的主要来源国。基于此，本研究选择美国、印度和澳大利亚作为比较对象，对 2004—2019 年中国、美国、印度、澳大利亚四国棉花成本、收益变化及其特点进行分析。

## 一、中国棉花生产成本收益状况

根据《全国农产品成本收益资料汇编》分类，棉花生产总成本划分为物质与服务费用、人工成本和土地成本三大部分。物质与服务费用主要指在棉花生产过程中投入的农业生产资料的各项支出，包含种子、农药、化肥、农膜、燃料费、机械作业费、固定资产折旧、保险税金以及其他管理费、财务费、销售费等。人工成本主要包括雇工成本和家庭用工折价两大部分。土地成本主要分为流转地租金和自营地折租两部分。

目前中国棉花生产已形成三大棉区，分别是黄河流域棉区、长江流域棉区和西北内陆棉区。由于三大棉区不同的资源禀赋、种植制度和经济发展水平，棉花生产成本和收益差异较大。本研究选取山东、河北、河南3省作为黄河流域的代表省份，湖北、安徽、湖南、江苏4省作为长江流域的代表省份，新疆作为西北内陆棉区的代表，然后计算其成本和收益要素指标的均值作为黄河流域、长江流域和西北内陆棉区的成本和收益指标。

### （一）总成本增速放缓，区域间差异较大

在土地、水等资源约束背景下，伴随着用工成本上升和农资价格上涨，中国棉花生产迈入了高成本时代，但近年来棉花生产总成本增速放缓。2004—2019年，棉花平均每公顷生产总成本从11 146.5元上涨到33 905.5元，年均上涨7.7%；每50千克皮棉生产总成本从419.4元上涨到854.9元，年均增长4.9%（图2-1）。2013—2019年，无论是棉花平均每公顷生产总成本，还是每50千克皮棉生产总成本，均呈现下降的趋势。以每50千克皮棉生产总成本为例，2013—2019年，生产总成本从1 035.9元下降到854.9元，年均下降3.2%，但棉花生产总成本依然处于高位。

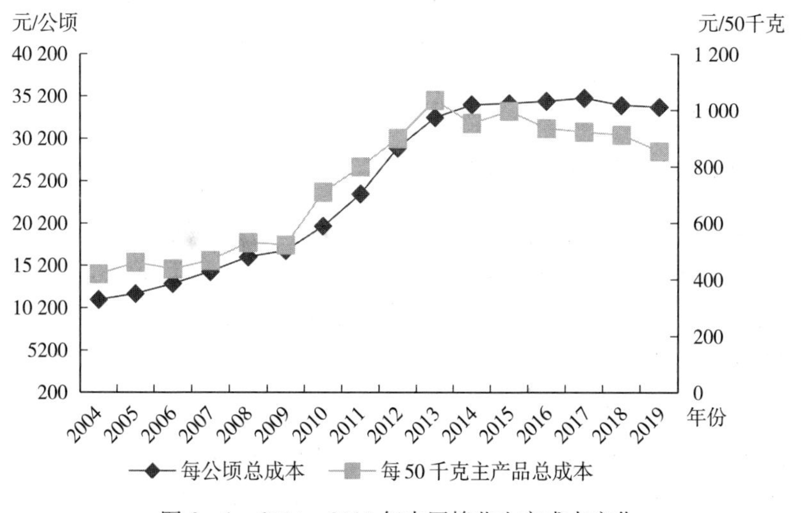


图2-1 2004—2019年中国棉花生产成本变化

数据来源：《全国农产品成本收益资料汇编》。

从区域看，新疆棉花生产总成本增长速度较慢（图2-2）。2012年以前，

新疆棉花生产总成本最高，但 2012 年黄河流域、长江流域棉区的生产总成本超过了新疆。2019 年，黄河流域棉区、长江流域棉区和新疆棉区平均每公顷棉花生产总成本分别为 37 212.7 元、35 061.9 元和 32 671.8 元。与全国平均水平相比，黄河流域棉区、长江流域棉区和新疆棉区平均每公顷棉花生产总成本分别高 9.8%、3.4%和低 3.6%。

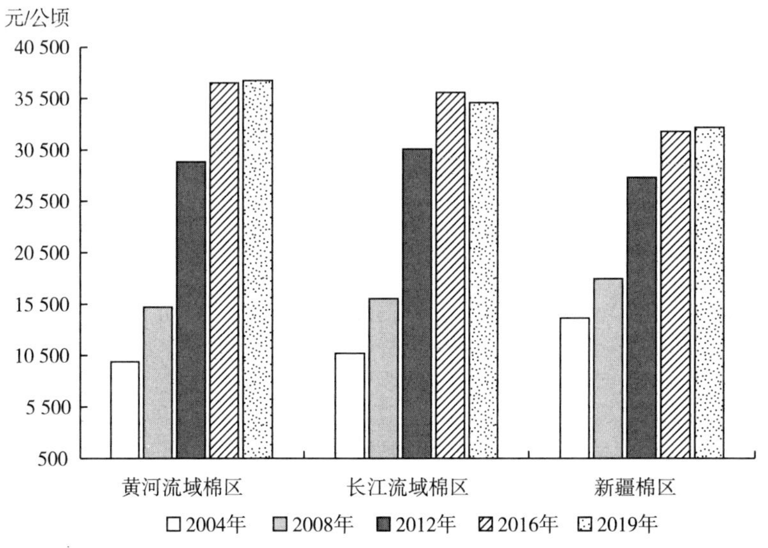


图 2-2　2004—2019 年中国三大棉区棉花生产成本变化

数据来源：《全国农产品成本收益资料汇编》。

## （二）成本要素构成变化较大

棉花生产人工成本占比在经历大幅提升后开始逐渐下降，呈现倒 U 形特征，物质与服务费用占比小幅下降，机械作业费用、土地成本占比上升，区域之间分化明显。2004—2019 年，棉花平均每公顷生产成本中人工成本从 5 321.7元增长到 16 076.16 元，年均增长 7.6%。从棉花生产成本构成来看，人工成本在总成本中所占比重由 2004 年的 47.7%上升到 2013 年的 62.4%，后逐渐下降到 2019 年的 47.4%；平均每公顷机械作业费用从 408 元增长到 2 204.3元，年均增长 11.9%，在总成本中所占比例由 3.7%上升到 6.5%。这意味着，机械化生产经营的推广应用对劳动力形成了替代效应，从而导致人工成本占比逐渐降低，机械作业费用占比逐渐上升；平均每公顷物质与服务费用从 4 467 元增长到 12 527 元，年均增长 7.1%，在总成本中所占比例由 40.1%

下降到 36.9%；平均每公顷土地成本从 1 357.8 元增长到 5 302.4 元，年均增长 9.5%，在总成本中所占比重从 12.2%上升到 15.6%。

不同棉区成本要素构成变化出现分化。黄河流域、长江流域棉区物质与服务费用占比下降，人工成本占比上升，土地成本基本稳定；而新疆棉区物质与服务费用占比呈现小幅波动上升，人工成本占比变动不大，土地成本占比下降（表 2-1）。不同区域棉花生产成本结构变化与各地区棉花生产方式、土地规模存在较大关系。内地棉区户均植棉面积较小，且多采用间作套种模式，机械化率较低。随着工价的上涨，人工成本成了内地棉花生产成本中最主要的部分。而新疆棉区尤其是兵团户均耕作面积较大，便于推进机械化耕作和采收，因此人工成本占比变动不大。2004—2019 年，黄河流域、长江流域棉区人工成本占比分别从 51.3%、56.2%上升到 72.4%和 72.7%，而新疆棉区仅从 33.0%微升到 34.7%。

**表 2-1　2004—2019 年中国三大棉区棉花生产成本构成趋势**

单位：%

| 年份 | 棉区 | 物质与服务费用占比 | 化肥费用占比 | 机械作业费用占比 | 农药费用占比 | 排灌费用占比 | 人工成本费用占比 | 土地成本占比 |
|---|---|---|---|---|---|---|---|---|
| 2004 | 黄河流域 | 39.1 | 14.5 | 3.5 | 5.2 | 2.2 | 51.3 | 9.6 |
| | 长江流域 | 37.3 | 15.0 | 1.1 | 6.4 | 1.1 | 56.2 | 6.5 |
| | 新疆 | 44.8 | 11.7 | 6.1 | 1.9 | 6.1 | 33.0 | 22.1 |
| 2008 | 黄河流域 | 34.5 | 14.6 | 4.2 | 5.6 | 1.9 | 52.0 | 13.5 |
| | 长江流域 | 37.1 | 20.2 | 1.4 | 6.7 | 0.6 | 55.8 | 7.1 |
| | 新疆 | 40.8 | 14.0 | 6.1 | 3.1 | 5.6 | 38.9 | 20.2 |
| 2012 | 黄河流域 | 20.8 | 8.3 | 3.1 | 3.2 | 1.6 | 68.2 | 10.9 |
| | 长江流域 | 22.7 | 11.7 | 1.1 | 4.2 | 0.4 | 70.7 | 6.5 |
| | 新疆 | 41.0 | 11.5 | 9.5 | 2.6 | 6.0 | 40.9 | 18.2 |
| 2016 | 黄河流域 | 16.1 | 6.0 | 2.5 | 2.4 | 1.5 | 73.1 | 10.8 |
| | 长江流域 | 16.9 | 7.7 | 1.2 | 3.4 | 0.2 | 74.7 | 8.4 |
| | 新疆 | 38.8 | 10.3 | 6.6 | 2.9 | 5.7 | 43.5 | 17.7 |
| 2019 | 黄河流域 | 17.2 | 6.5 | 2.5 | 2.9 | 1.5 | 72.4 | 10.4 |
| | 长江流域 | 17.5 | 8.5 | 1.3 | 3.1 | 0.3 | 72.7 | 9.8 |
| | 新疆 | 46.7 | 11.8 | 8.7 | 3.5 | 6.7 | 34.7 | 18.6 |

数据来源：《全国农产品成本收益资料汇编》。

### （三）收益波动较大且近年来持续下降

由于生产成本持续上升，加上棉花价格大幅波动，中国棉花收益呈现显著的不稳定性特征。2004—2019 年，中国平均每公顷棉花收益（不包括政府补贴）从 3 345.8 元波动下降到－9 893.2 元，2013 年以后植棉收益呈现连年亏损态势（图 2-3）。棉花单位产量净利润和单位面积净利润的变化特征较为相似。2004—2019 年，每 50 千克的棉花净收益从 125.9 元波动下降至－249.4元。

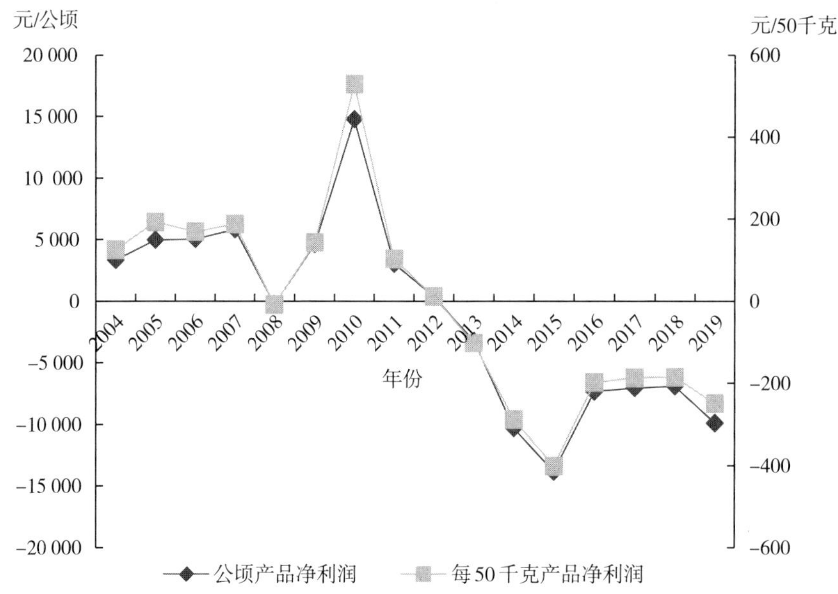


图 2-3　中国棉花的单位面积净利润、单位产量利润

数据来源：《全国农产品成本收益资料汇编》。

从区域来看，新疆棉区棉花单位面积净利润远超黄河流域、长江流域（表 2-2）。以 2012 年为例，黄河流域、长江流域和新疆棉区棉花平均每公顷净利润分别为－4 489.3 元、－1 623.6 元和 8 825.7 元。2014 年以来由于棉花价格大幅下滑，棉花生产亏损程度加深。

**表 2-2 三大植棉区域植棉成本与收益变化**

单位：元/公顷

| 项目 | 2012年 | | | 2016年 | | | 2019年 | | |
|---|---|---|---|---|---|---|---|---|---|
| | 黄河流域 | 长江流域 | 新疆 | 黄河流域 | 长江流域 | 新疆 | 黄河流域 | 长江流域 | 新疆 |
| 总成本 | 29 328.1 | 30 569.3 | 27 810.2 | 36 994.8 | 36 047.9 | 32 279.5 | 37 212.7 | 35 061.9 | 32 671.8 |
| 净利润 | −4 489.3 | −1 623.6 | 8 825.7 | −13 014.3 | −15 291.9 | 99.0 | −15 777.6 | −16 669.2 | −6 903.3 |

数据来源：《全国农产品成本收益资料汇编》。

## 二、成本收益国际比较

美国、印度、澳大利亚都是世界主要产棉国，且都是中国主要的棉花进口来源国。选取美国、印度、澳大利亚作为比较分析的对象，一方面能了解世界主要植棉国棉花生产成本和收益的变动特点，另一方面也能判断中国棉花的竞争力，进而探讨中国提高棉花竞争力的方向和思路。

### （一）中、美、印、澳四国棉花生产成本核算方法拟合

中国、美国、印度、澳大利亚四国棉花生产成本核算方法和具体核算指标存在一定差异，进行比较分析前必须先对各项指标进行重新归类。谭砚文等在比较中美棉花生产成本中根据两国成本核算的方法和项目指标进行了拟合，相同的指标或相似的指标予以保留，不同的项目按投入性质或生产过程的阶段性确定其归属。但存在的问题是，从原始统计数据看，美国统计的是皮棉成本，中国统计的是籽棉成本，但谭砚文等在分析时显然没有认识到这个差异，在分类时，将美国的轧花费与中国的机械作业费归为一类，从而导致了分析结果的谬误。罗英姿等在中国棉花生产成本国际比较中使用的是国际棉花咨询委员会（International Cotton Advisory Committee，ICAC）的调查数据，没有说明不同国家不同统计口径的问题。祁春节等的研究将中美棉花生产成本分为直接费用、间接费用和总成本，但也没有说明中美统计产品不同的处理方法。王莉等的研究注意到了这个问题，借鉴了谭砚文等的方法，并明确了中美两国统计产品不同的现实，对中国的轧花费采取了典型调查估计的方式。

本研究中指标归类借鉴谭砚文等的方法。从中、美、印、澳四国原始数据看，美国统计的是皮棉成本，中国和印度统计的是籽棉成本。从最优方案看，

比较皮棉成本是最科学的，但中国和印度并没有统一的皮棉加工成本，且各国都有上万家棉花加工厂，不同地区、不同规模的加工厂加工成本差异较大，要获取全国平均加工成本比较困难。鉴于数据的可获得性和比较的一致性，本研究分析对象为籽棉生产成本，将美国的皮棉成本中去掉轧花费换算为籽棉成本。

指标核算方法如下：一是对四国棉花成本构成中相同的项目予以保留，包括种子、化肥、农药、燃料动力费、修理费、排灌费、折旧费、税金、管理费、财务费等。将美国项目中的固定资产折旧费、定制服务费用纳入物质与服务费用中。印度的生产成本构成和中国类似，不过多了 1 项杂费，在核算中将其纳入物质与服务费用中。澳大利亚棉花物质与服务费用中还包括杂物碎屑费、咨询费、合同费、许可证费、厂房租金及电费等。二是人工成本。中国和印度人工费用包括家庭用工折价和雇工费用，美国包括雇工费和未付劳工的机会成本。未付劳工的机会成本主要是指农场主及其家庭成员的影子收入，相当于中国和印度的家庭用工折价，因此将其纳入人工成本中。三是土地成本。中国和印度土地成本都包括流转地租金和自营地折租，美国则是耕地的机会成本，相当于中国和印度的自营地折租，将其视同土地成本。需要说明的是，由于数据限制，澳大利亚棉花生产成本中不包含土地成本。

鉴于数据可得性，中国、美国的分析时间段是 2004—2019 年，印度是 2004—2018 年，澳大利亚是 2005—2018 年。不同币种之间的换算汇率按照国际货币基金组织（International Monetary Fund）发布的年度平均汇率进行折算。美国数据来自美国农业部，印度数据来自印度农业部。但由于缺乏印度、澳大利亚全国数据，本研究中印度数据由印度的马哈拉施特拉邦（Maharashtra）的数据代替，该地区是印度主要产棉区，常年棉花种植面积约占印度棉花种植面积的 1/3；澳大利亚数据来源于 Australian Cotton Comparative Analysis（2018），该报告样本棉花产量约为澳大利亚总产量的 15%。

## （二）中、美、印、澳棉花生产成本比较

本研究从三个方面进行比较分析，分别是平均每公顷生产成本、单位产量生产成本和生产成本结构。

### 1. 平均每公顷生产成本

比较发现，2004—2019 年，美国棉花平均每公顷生产成本较为平稳，从 8 244.0元增长到 11 001.2 元，年均仅增长 1.9%。印度棉花生产成本较低，

2009 年以后增长速率加快。2004—2018 年，印度平均每公顷棉花生产成本从 3 867.6 元增长到 8 206.3 元，年均增长 5.1%。中国棉花单位面积生产成本在 2014 年以前增速较快，2014 年以后较为稳定。2005—2018 年，棉花生产成本增速由高到低依次为中国、印度、澳大利亚和美国。以 2018 年为例，中国棉花单位面积生产成本是美国的 3.4 倍、印度的 4.2 倍、澳大利亚的 1.8 倍（图 2-4）。

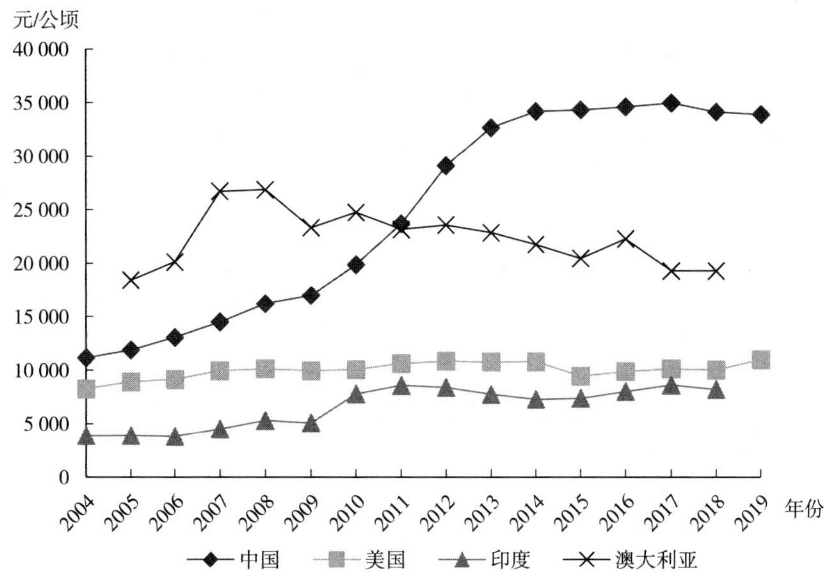


图 2-4 中国、美国、印度和澳大利亚棉花平均每公顷生产成本对比

数据来源：《全国农产品成本收益资料汇编》、美国农业部、印度农业部、Australian Cotton Comparative Analysis (2018)。

**2. 单位产量生产成本比较**

中国、美国、印度和澳大利亚四国棉花单产差异较大，单纯比较单位面积生产成本难以完整分析棉花生产成本差异，单位产量成本的比较更具实际意义。从趋势看，美国和印度棉花单位产量生产成本都呈波动上涨态势，澳大利亚较为平稳，中国棉花单位产量生产成本于 2015 年后呈下降趋势（图 2-5）。2005—2018 年，每千克棉花生产成本中国从 10.6 元上涨到 21.5 元，年均增幅 5.6%；美国从 9.7 元上涨到 14.3 元，年均增幅 3.0%；印度从 8.3 元上涨到 18.4 元，年均上涨 6.3%；澳大利亚从 8.1 元下降到 7.2 元，年均下降 0.9%。比较来看，单位产量棉花生产成本增速由高到低依次为印度、中国、美国和澳大利亚。从 2018 年单位产量棉花生产成本绝对值看，中国最高，印度第二，美国第三，澳大利亚最低。2018 年中国棉花单位产量生产成本分别高出印度、美国、澳大利亚 3.1 元/千克、7.2 元/千克和 14.3 元/千克。

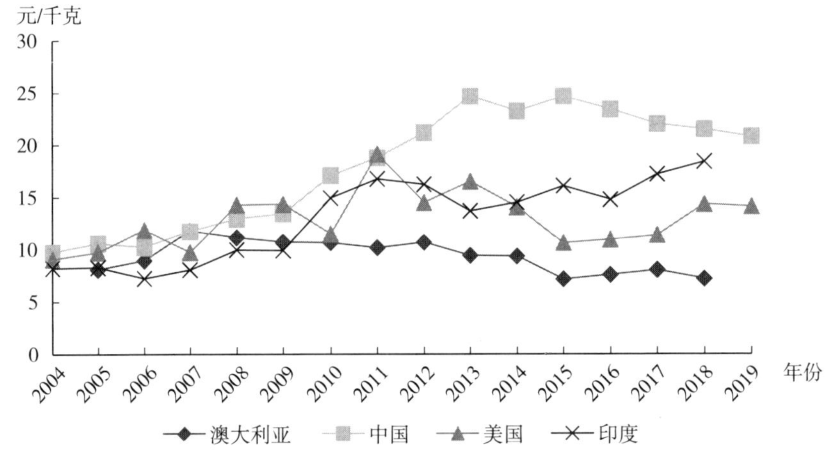


图 2-5　中国、美国、印度和澳大利亚皮棉单位生产成本对比

数据来源：《全国农产品成本收益资料汇编》、美国农业部、印度农业部、Australian Cotton Comparative Analysis（2018）。

**3. 中、美、印、澳生产成本结构比较**

中国、美国、印度和澳大利亚四国棉花生产成本结构存在较大差异（表 2-3）。平均每公顷生产成本中，中国占比最大的是人工成本，2018 年人工成本占比达到 52.5%；物质和服务费用尽管绝对值在上升，但在总成本中的比重下降。2018 年中国棉花每公顷生产成本中物质与服务费用占比为 33.2%；土地成本占总成本的比重呈现小幅上升趋势，2018 年中国棉花每公顷生产成本中土地成本占比 14.3%。美国是物质和服务费用占比最大，常年约占 80%，其中固定资产折旧、种子、肥料和农药是主要支出项；人工成本在总成本中的比重下降，由 2004 年的 12.1%下降到 2018 年的 9.6%；土地成本在总支出中的占比保持基本不变。印度棉花生产成本中，物质和服务费占比最大，但其在总成本中的比重不断下降，由 2004 年的 64.2%下降到 2018 年的 50.9%，其中种子、肥料是较大支出；人工成本在总成本支出中的比重大幅上升，特别是雇工费用。2004—2018 年，印度棉花平均每公顷人工成本支出占总成本的比重由 20.7%上升到 31.9%。土地成本在总成本支出中的比重基本稳定，保持在 15%～18%。澳大利亚棉花生产成本中，物质和服务费占比最大且较为稳定，维持在 83%左右，其中农药、肥料是较大支出；人工成本在总成本支出中的比重小幅下降，由 2005 年的 12.4%下降到 2018 年的 10.5%。其中，雇工费用是人工成本构成的主要部分。

从四国棉花生产平均每公顷成本结构及变化看，主要有以下几个特点：

一是中国人工成本占比显著高于印度、美国和澳大利亚。2018 年中国人工成本分别是美国、印度、澳大利亚的 5.5 倍、1.6 倍和 5.0 倍。这主要是由三国不同的土地规模、经济发展水平导致的不同耕作模式所决定的。美国农业基本上已经实现全程机械化，用工数量少，人工成本持续下降，但机械作业费用占比较高（按照实际支出看，美国棉花成本构成中物质与服务费用中的固定资产折旧、燃料动力费、修理服务费都属于中国棉花成本构成中的机械作业费用的范畴）。2018 年，固定资产折旧、燃料动力费、修理服务费 3 项支出占美国棉花单位面积生产成本的 40.6%，澳大利亚固定资产折旧、燃料动力费、修理服务费 3 项支出占比也较高，达到了 20.0%。相比美国、澳大利亚全程机械化耕作方式，中国、印度棉花生产机械化水平仍然较低，在关键的管理、采摘等环节尚未实现大范围机械化。

二是中国化肥、农药、排灌等物质投入大于美国和印度。这和谭砚文等研究的 1997—2001 年期间中国物质费用低于美国的情况已经完全不同。目前中国黄河流域、长江流域都是高产高效栽培模式，比如麦—棉—蒜、麦—棉—菜、麦—菜—棉、麦—棉—瓜等一年多熟模式，需要依靠高投入才能获得高产出。尽管新疆大部分地区是一熟制，但由于干旱缺水必须采用地下水灌溉，所以其排灌费用较高。2018 年中国以上 3 项费用绝对值达到 6 002.6 元/公顷。澳大利亚化肥、农药、排灌 3 项投入最高，2018 年达到 6 369.2 元/公顷。印度由于农业发展水平受限，物质投入较低。美国和印度化肥、农药、排灌 3 项支出分别为 1 929.8 元/公顷和 1 406.0 元/公顷，只有中国的 32.1%和 23.4%。

三是美国种子费大大高于中国、澳大利亚和印度。无论从绝对值还是在总成本中的占比看，种子费均是美国棉花生产成本中的一大部分，2018 年占总成本的 10.9%，远高于中国的 2.5%、印度的 3.5%和澳大利亚的 3.2%。美国是世界第一种业大国，全球十大种业公司美国占据 2 家①。为了保护种子公

① 资料来源：https://www.accesstoseeds.org/。

表 2-3 中国、美国、印度和澳大利亚四国棉花生产成本结构动态比较

单位：元/公顷

| 成本构成因子 | 中国 | | | 美国 | | | 印度 | | | 澳大利亚 | | |
|---|---|---|---|---|---|---|---|---|---|---|---|---|
| | 2004 年 | 2012 年 | 2018 年 | 2004 年 | 2012 年 | 2018 年 | 2004 年 | 2012 年 | 2018 年 | 2005 年 | 2012 年 | 2018 年 |
| 物质和服务费用 | 4 467.0 | 8 123.3 | 11 333.4 | 6 267.3 | 8 895.7 | 7 865.2 | 2 483.2 | 4 302.1 | 4 180.1 | 15 429.5 | 19 724.6 | 16 178.0 |
| 种子费 | 466.2 | 810.2 | 853.7 | 939.0 | 1 538.1 | 1 096.1 | 363.0 | 435.9 | 283.4 | 504.8 | 954.8 | 623.6 |
| 肥料费 | 1 728.9 | 3 243.6 | 3 528.3 | 685.4 | 1 553.7 | 866.1 | 336.5 | 1 131.7 | 830.5 | 1 527.2 | 3 381.2 | 2 385.4 |
| 农药费 | 487.4 | 985.1 | 1 084.5 | 1 224.1 | 1 080.7 | 1 014.3 | 126.5 | 330.1 | 296.7 | 3 458.2 | 2 354.4 | 2 207.2 |
| 燃料动力费 | 5.4 | 34.4 | 92.9 | 585.6 | 1 006.2 | 729.3 | — | — | — | 1 445.1 | 1 772.3 | 1 558.9 |
| 修理维护费 | 19.8 | 29.0 | 72.2 | 426.5 | 575.5 | 814.1 | — | — | — | 1 817.5 | 1 262.2 | 1 281.8 |
| 排灌费 | 336.2 | 769.4 | 1 389.8 | 36.0 | 53.3 | 49.4 | 110.3 | 257.9 | 278.8 | 713.1 | 922.1 | 1 776.7 |
| 税金保险 | 318.9 | 48.9 | 707.6 | 164.6 | 127.8 | 180.1 | 6.8 | 3.4 | 3.7 | 732.0 | 804.4 | 524.6 |
| 固定资产折旧 | 104.1 | 707.6 | 366.9 | 1 326.3 | 2 319.5 | 2 521.0 | 74.1 | 78.8 | 68.1 | 1 300.0 | 1 164.1 | 1 019.5 |
| 人工成本 | 5 321.7 | 17 560.7 | 17 923.6 | 1 000.9 | 668.0 | 958.6 | 799.1 | 2 714.8 | 2 615.6 | 2 316.0 | 2 387.1 | 2 034.0 |
| 家庭用工折价 | 4 796.4 | 15 916.4 | 14 443.6 | 690.3 | 431.0 | 669.1 | 233.6 | 930.8 | 1 016.5 | 290.3 | 137.3 | 158.4 |
| 雇工费用 | 525.3 | 1 644.3 | 3 480.0 | 310.7 | 237.0 | 289.5 | 565.5 | 1 784.0 | 1 599.1 | 2 025.7 | 2 249.8 | 1 875.6 |
| 土地成本 | 1 357.8 | 3 412.1 | 4 871.1 | 975.8 | 1 279.3 | 1 193.6 | 585.4 | 1 378.8 | 1 406.5 | — | — | — |
| 流转地租金 | 268.4 | 480.5 | 741.9 | — | — | — | 0.0 | 1.8 | 0.0 | — | — | — |
| 自营地折租 | 1 089.5 | 2 931.6 | 4 129.2 | — | — | — | 585.4 | 1 377.0 | 1 406.5 | — | — | — |
| 总成本 | 11 146.5 | 29 096.0 | 34 128.1 | 8 244.0 | 10 842.9 | 10 017.4 | 3 867.6 | 8 395.7 | 8 206.3 | 18 610.0 | 23 550.5 | 19 280.9 |

数据来源：《全国农产品成本收益资料汇编》、美国农业部、印度农业部、Australian Cotton Comparative Analysis（2018）。

司的合理权益，美国出台了包括《联邦种子法》等一系列法律法规。严格的法律保护了种子公司的合理利益，确保种子公司有足够的动力研发新技术、新种子，反过来新技术、新种子的研发也为美国农业的发展提供了源源不断的动力。

## （三）中、美、印、澳棉花收益比较

由于四个国家对棉花生产都有支持政策，所以棉农收益包括两个方面——市场售棉收入和政府补贴收入。本研究仅对市场售棉收入进行分析。2004—2019 年中国、美国、印度、澳大利亚四国棉花平均每公顷收益变化如图 2-6 所示。

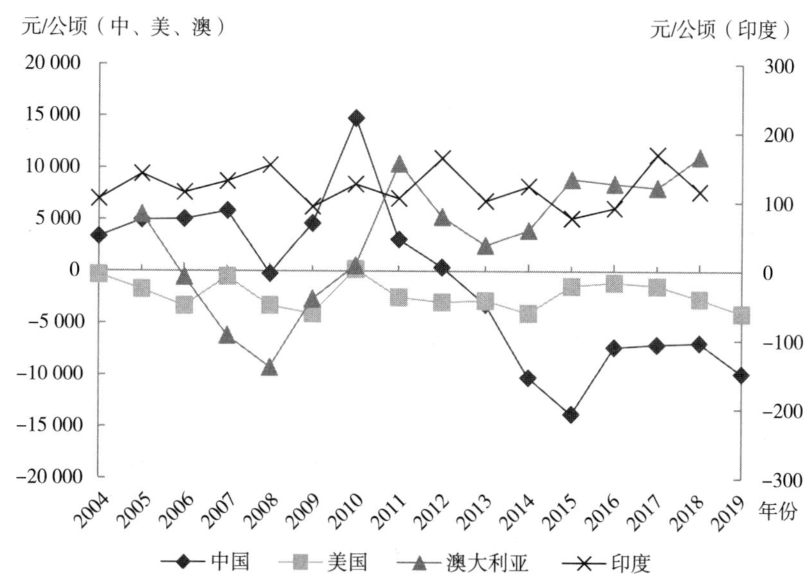


图 2-6　2004—2019 年中、美、印、澳四国棉花平均每公顷收益

数据来源：《全国农产品成本收益资料汇编》、美国农业部、印度农业部、Australian Cotton Comparative Analysis（2018）。

**1. 2010 年中国棉花收益最高，但 2012 年以后中国棉花收益亏损程度最大**

2004—2010 年，中国棉花平均每公顷收益为 5 472.6 元，在四个国家中收益最高，印度次之，为 123.2 元。2004—2010 年，美国和澳大利亚棉花平均每公顷收益呈现亏损状态，分别为－1 902.8 元和－2 119.9 元。自 2012 年起，中国棉花净利润开始连续为负，在四个国家中亏损程度最大。

**2. 中国棉花收益波动最大，印度最为平稳**

2004—2019年，中国棉花平均每公顷收益在－13 823～14 760.0元波动，平均为－1 050.3元，标准差达到7 427.8元。美国棉花平均每公顷收益在－4 110.7～169.3元波动，平均为－2 282.8元，标准差为1 343.6元；2005—2018年，澳大利亚棉花平均每公顷收益在－9 268.5～11 055.9元波动，平均为3 271.9元，标准差为6 024.2元；印度最为平稳，2004—2018年平均每公顷棉花收益在76.9～168.8元波动，平均收益为120.6元，标准差为26.0元。中国棉花收益波动较大主要有两方面原因：一是政策的原因。2008年以来，中国棉花市场调控政策变动较大。2008—2013年多次启动了棉花临时收储政策，通过政府定价调控国内棉花价格。2014年后国家取消棉花临时收储政策，实行目标价格补贴政策，棉花价格回归市场。政策的调整是这几年中国棉花价格和收益变化的主要原因之一。二是中国棉花流通秩序混乱。1998年中国棉花流通体制改革后，市场主体发育不成熟，棉花加工能力严重过剩，流通秩序较为混乱，棉花价格异常波动，从而导致棉花收益波动较大。而美国农产品市场体系尤其是期货市场比较发达，能够为农场主生产决策提供相对精准的市场信息。因此，在生产成本变动不大的状况下，美国植棉收益相对稳定。

**3. 美国棉农收入保障制度较为完善**

相比中国和印度，美国有较为完善的农民收入保障制度。2014年农业法案中，美国对棉花支持保护政策做出重大调整，取消了直接补贴、反周期支付和平均作物收入选择计划，新增了堆叠收入保护计划（Stacked Income Protection Plan，简称STAX），用于扩大农业保险的覆盖范围。STAX能够保障农户90%的预期收益，为植棉农户提供稳定收益预期，保护农民植棉积极性，稳定棉花生产。据Lau等计算，如果美国没有棉花支持政策，按照2015年市场价格每磅（约为0.453 6千克）0.6美元计算，美国棉花种植面积将减少97万公顷，下降21.9%。由此可见美国政府对棉农的保护程度。2014年中国出台棉花目标价格补贴政策主要针对新疆棉区，对其他棉区的补贴额度仅为新疆的1/3。加上中国植棉成本不断上涨，政府补贴对棉农的收入保障作用有限。印度有最低收购价政策，如果市场价格过低，政府以预先制定的最低收购价收购农民棉花。但印度棉花最低收购价较低，对农户收益的保护作用也非常有限。

## 三、结论与政策启示

### （一）结论

综上分析发现，近些年中国棉花生产成本快速增长，其增长速度远远超过了印度、美国、澳大利亚等其他世界棉花主产国。如果单纯从成本竞争力看，中国棉花相比美国、印度、澳大利亚已经完全没有了竞争力。从成本构成看，由于不同的耕作制度、资源禀赋，中国、美国、印度和澳大利亚呈现不同的变化特点。中国、印度人工成本在棉花生产总成本中占比较高，物质与服务费用占比呈下降趋势。而美国和澳大利亚机械作业费用较高，物质投入较为稳定，人工成本占比较小。印度尽管棉花生产成本增长也较快，但总成本偏低。成本结构中，印度棉花人工成本占比较大。从四国的棉花收益看，中国棉花收益波动较大。除了市场价格本身波动较大外，中国棉花市场调控政策的变化、棉花流通体制不健全、加工能力过剩、加工秩序混乱等也是造成棉花收益波动较大的主要原因。

### （二）政策启示

通过对比中国、美国、印度、澳大利亚棉花生产成本和收益的变化和构成差异，中国棉花生产成本高、规模小、效益低是基本特点，这也是中国棉花缺乏价格竞争力的主要原因。降本提质增效是推动农业供给侧改革、促进中国棉花产业稳定发展的关键。

**1. 大力发展机采棉，降低人工成本**

发展机采棉降低人工成本是关系中国棉花竞争力的重要方面。从新疆的植棉经验看，推广机采棉能降低约30％的成本。今后要把支持机采棉发展作为一项重大政策来抓，在品种培育、田间管理、机械采摘、棉花清理加工等关键环节加强科研联合攻关，突破机采棉推广的障碍，打造现代化植棉的系统工程。

**2. 发展适度规模经营，提升农业要素使用效率**

鼓励棉农组建合作社，发展适度规模经营。支持纺织企业、加工企业与棉农、棉农合作社建立产销联结机制，发展订单式农业和股份合作，使市场需求与生产直接挂钩。发展“代育代栽代管”的社会化服务模式，由公司或农民合作组织实现集中式工厂化棉花育苗、移栽，推广植保托管式生产经营形式，由专业化公司、农民合作社、国有农场和种植大户等新型经营主体代耕代种代管，发挥规模优势。

**3. 加强基础设施建设，提高棉花生产能力**

在重点棉区建立棉花生产功能区。将内地适宜棉区及华北漏斗区、黄河三角洲盐碱地、苏北盐碱地等纳入棉花生产功能区。对棉花生产功能区以县为单位，每年固定投资额度，主要用于改良棉田质量，改善水利设施，推广高品质棉及其配套技术应用、超早熟短季棉及其配套技术试验示范、轻简栽培技术示范，对广大棉农技术培训和宣传。加大对棉田质量改良的投资力度，特别是对新疆等常年连续只种植棉花的地区要有所倾斜。加大对棉田水利设施的投入，改善灌溉设施条件，推广节水灌溉。

**4. 加大科技推广投入，提高棉田产出率**

增加科技研发投入，大力培育和推广高产、抗病、抗逆、早熟等优良品种。大力探索和推进简约种植方式，研发适合内地小规模生产的种植方式，推进播种或移栽环节的机械化程度；加快重要生产技术的推广，包括节水灌溉技术、超早熟短季棉及其配套技术试验示范、轻简栽培技术示范、高密度栽培模式等。

# 第三章　中国棉花生产区域布局变迁及影响因素

20 世纪 70 年代以来，我国棉花生产逐渐发展为三足鼎立的格局，主要分布在黄河流域、长江流域和西北内陆地区。2001 年我国加入世界贸易组织，从 2004 年起国家开始对农业生产进行补贴，临时收储、农产品最低收购价、目标价格补贴等农产品市场调控政策的变化导致各地区农作物种植结构发生较大调整，内地棉区生产规模不断萎缩，新疆植棉面积持续扩大。研究中国棉花生产布局变迁、比较优势及其影响因素，对促进棉花生产可持续发展、保持棉花供求平衡、促进棉纺业稳定发展具有重要意义。

## 一、中国棉花生产布局演变

### （一）主要省区棉花播种面积变化

2001 年以来全国棉花播种面积呈现先升后降的趋势，全国棉花种植面积由 2001 年的 4 809.8 千公顷波动上升至 2006 年的 5 815.7 千公顷，之后逐渐降至 2017 年的 3 194.7 千公顷，2018 年、2019 年稍有回升，2020 年播种面积继续下降，2021 年为 3 028.1 千公顷。我国棉花主产区有新疆、山东、河北、湖北、河南、安徽等地，主产区较为稳定，但棉花播种面积波动较大。2001 年以来新疆棉花播种面积位居全国第一，总体呈增长趋势，尤其是 2014 年以来增长较快，2021 年新疆棉花播种面积达 2 506.1 千公顷，是 2001 年的 2.2 倍，占全国棉花播种面积的 82.8%。除新疆种植面积大幅上升外，2005 年以来河南、山东、河北、江苏、安徽等省棉花种植面积均逐年下降。河北省取代山东省棉花种植面积位列全国第二位。河南省种植面积显著下降，由 2001 年的 858.2 千公顷骤降至 2021 年的 11.5 千公顷，排名也由第二位降至第八位。我国棉花传统产区播种面积不断萎缩，新疆棉区播种面积快速增长（表 3 - 1）。

表 3-1　2001—2021 年中国主要棉花种植省区播种面积变化

单位：千公顷

| 排序 | 2001 年 | | 2005 年 | | 2010 年 | | 2015 年 | | 2021 年 | |
|---|---|---|---|---|---|---|---|---|---|---|
| | 省区 | 面积 | 省区 | 面积 | 省区 | 面积 | 省区 | 面积 | 省区 | 面积 |
| | 全国 | 4 809.8 | 全国 | 5 061.8 | 全国 | 4 366.0 | 全国 | 3 775.0 | 全国 | 3 028.1 |
| 1 | 新疆 | 1 129.7 | 新疆 | 1 160.5 | 新疆 | 1 460.6 | 新疆 | 1 904.3 | 新疆 | 2 506.1 |
| 2 | 河南 | 858.2 | 山东 | 846.3 | 山东 | 766.4 | 山东 | 515.5 | 河北 | 139.8 |
| 3 | 山东 | 735.4 | 河南 | 781.6 | 河北 | 581.6 | 河北 | 359.3 | 湖北 | 120.7 |
| 4 | 河北 | 418.5 | 河北 | 573.5 | 湖北 | 480.1 | 湖北 | 264.7 | 山东 | 110.2 |
| 5 | 江苏 | 384.0 | 湖北 | 390.3 | 河南 | 467.3 | 安徽 | 232.5 | 湖南 | 60.2 |
| 6 | 安徽 | 363.0 | 安徽 | 375.7 | 安徽 | 344.4 | 河南 | 120.0 | 安徽 | 34.4 |
| 7 | 湖北 | 346.7 | 江苏 | 368.3 | 江苏 | 235.7 | 湖南 | 113.7 | 甘肃 | 16.2 |
| 8 | 湖南 | 149.4 | 湖南 | 150.9 | 湖南 | 175.0 | 江苏 | 94.3 | 河南 | 11.5 |
| 9 | 山西 | 90.1 | 山西 | 97.5 | 江西 | 79.7 | 江西 | 81.1 | 江西 | 11.0 |
| 10 | 江西 | 70.5 | 陕西 | 70.2 | 山西 | 58.7 | 陕西 | 27.4 | 江苏 | 5.8 |

数据来源：《中国统计年鉴》(2002—2020 年)，“国家统计局关于 2021 年棉花产量的公告”。

## （二）主要省区棉花产量变化

2001 年以来，全国棉花产量和面积变化趋势基本一致，总体呈先升后降趋势。2001 年全国棉花总产量为 532.4 万吨，2007 年升至 759.7 万吨，后波动下降，2021 年降至 573.1 万吨。2005 年以来，除新疆棉花产量大幅增长外，山东、河南、河北、江苏、安徽和湖北等省区棉花产量均波动下降。新疆棉花产量由 2001 年的 145.8 万吨升至 2021 年的 512.9 万吨，增长了 2.5 倍；河南省棉花产量下降较快，由 2001 年的 82.8 万吨降至 2021 年的 1.4 万吨，排名由第二位降至第九位；山东省棉花产量由 2001 年的 78.1 万吨降至 2021 年的 14.0 万吨，排名第三位；2021 年河北省棉花产量 16.0 万吨，位居第二位（表 3-2）。

**表 3-2 2001—2021 年中国主要棉花种植省区产量变化**

单位：万吨

| 排序 | 2001 年 | | 2005 年 | | 2010 年 | | 2015 年 | | 2021 年 | |
|---|---|---|---|---|---|---|---|---|---|---|
| | 省区 | 产量 | 省区 | 产量 | 省区 | 产量 | 省区 | 产量 | 省区 | 产量 |
| | 全国 | 532.4 | 全国 | 571.4 | 全国 | 577.0 | 全国 | 590.7 | 全国 | 573.1 |
| 1 | 新疆 | 145.8 | 新疆 | 187.4 | 新疆 | 247.9 | 新疆 | 350.3 | 新疆 | 512.9 |
| 2 | 河南 | 82.8 | 山东 | 84.6 | 山东 | 72.4 | 山东 | 53.7 | 河北 | 16.0 |
| 3 | 山东 | 78.1 | 河南 | 67.7 | 河北 | 57.0 | 河北 | 37.3 | 山东 | 14.0 |
| 4 | 江苏 | 46.1 | 河北 | 57.7 | 湖北 | 47.2 | 湖北 | 29.8 | 湖北 | 10.9 |
| 5 | 河北 | 41.9 | 湖北 | 37.5 | 河南 | 44.7 | 安徽 | 23.4 | 湖南 | 8.0 |
| 6 | 湖北 | 37.4 | 安徽 | 32.5 | 安徽 | 31.6 | 湖南 | 14.5 | 甘肃 | 3.1 |
| 7 | 安徽 | 35.7 | 江苏 | 32.3 | 江苏 | 26.1 | 河南 | 12.6 | 安徽 | 2.9 |
| 8 | 湖南 | 19.0 | 湖南 | 19.8 | 湖南 | 22.7 | 江苏 | 11.7 | 江西 | 1.7 |
| 9 | 甘肃 | 9.9 | 甘肃 | 11.1 | 江西 | 13.1 | 江西 | 11.5 | 河南 | 1.4 |
| 10 | 山西 | 8.4 | 山西 | 10.3 | 甘肃 | 7.6 | 甘肃 | 4.3 | 江苏 | 0.8 |

数据来源：《中国统计年鉴》(2002—2020 年)，"国家统计局关于 2021 年棉花产量的公告"。

## （三）棉花生产集中度分析

我国棉花生产区域分布广泛，但 2001 年以来棉花生产不断向少数省区集中。将各省区假定为一个生产单位，以集中度指数 $CR_n$ 反映棉花产量前 $n$ 位的地区棉花产量占全国总产量的比重。计算得知，2001—2021 年，我国棉花产量 $CR_1$、$CR_2$、$CR_5$、$CR_{10}$ 值分别从 27.4%、42.9%、74.1%和 94.9%升至 89.5%、92.3%、98.0%和 99.8%（表 3-3）。我国棉花产地高度集中，新疆、河北、山东、湖北等少数主产省区产量占比很大。

**表 3-3 2001—2021 年中国棉花产量 $CR_n$ 值**

单位：%

| 年份 | $CR_1$ | $CR_2$ | $CR_5$ | $CR_{10}$ |
|---|---|---|---|---|
| 2001 | 27.4 | 42.9 | 74.1 | 94.9 |
| 2002 | 30.0 | 45.6 | 75.9 | 95.3 |
| 2003 | 32.9 | 51.0 | 76.1 | 94.3 |
| 2004 | 28.2 | 45.6 | 74.6 | 94.4 |
| 2005 | 32.8 | 47.6 | 76.1 | 94.6 |

（续）

| 年份 | $CR_1$ | $CR_2$ | $CR_5$ | $CR_{10}$ |
|---|---|---|---|---|
| 2006 | 29.1 | 42.6 | 68.0 | 85.0 |
| 2007 | 39.7 | 52.8 | 79.6 | 95.7 |
| 2008 | 41.8 | 56.2 | 82.5 | 98.7 |
| 2009 | 40.5 | 55.3 | 81.0 | 97.5 |
| 2010 | 43.0 | 55.5 | 81.3 | 98.8 |
| 2011 | 44.5 | 56.5 | 80.4 | 96.9 |
| 2012 | 53.6 | 64.1 | 85.4 | 99.9 |
| 2013 | 56.0 | 65.9 | 84.5 | 97.2 |
| 2014 | 58.4 | 68.9 | 85.7 | 95.7 |
| 2015 | 59.3 | 68.4 | 83.7 | 93.0 |
| 2016 | 67.3 | 77.5 | 90.1 | 97.6 |
| 2017 | 80.8 | 85.0 | 93.9 | 99.1 |
| 2018 | 83.7 | 87.7 | 95.1 | 99.2 |
| 2019 | 84.9 | 88.8 | 96.0 | 99.4 |
| 2020 | 87.3 | 90.9 | 97.0 | 99.6 |
| 2021 | 89.5 | 92.3 | 98.0 | 99.8 |

数据来源：《中国统计年鉴》（2002—2019）整理所得。

## （四）三大棉区棉花生产规模指数变化

中国棉花生产区主要集中在河北、天津、山西、江苏、浙江、安徽、江西、山东、河南、湖北、湖南、四川、陕西、甘肃和新疆15个省份。其中黄河流域棉区包括山东、河南、河北、山西、陕西、天津等6省（市），长江流域棉区包括江苏、湖北、安徽、四川、湖南、江西、浙江等7省，西北内陆棉区包括新疆、甘肃两省（区）。本研究用生产规模指数（Production Scale Index）来分析中国三大棉花主产区生产布局变化。$PSI_{it} = S_{n}/\sum S_{it}$，即某时期的棉花生产规模指数是某省份$t$时期棉花播种面积占同期全国棉花播种面积的比重。2001年，黄河流域棉区棉花生产规模指数最高为45.7%，其次是长江流域棉区为29.3%，西北内陆棉区为24.7%。2001—2010年期间，黄河流域棉区棉花生产规模指数、长江流域棉区棉花生产规模指数波动中下降，西北内陆棉区棉花生产规模指数增长较快，尤其是2007年提高较多。2010年黄河流域棉区、长江流域棉区、西北内陆棉区棉花生产规模指数分别是 45.3%、31.1%和 34.6%，相比 2001 年分别提高−0.4%、1.7%和 9.9%。2011 年起，三大棉区棉花生产规模指数变化较快，黄河流域棉区、长江流域棉区棉花生产规模指数持续下滑，西北内陆棉区棉花生产规模指数迅速提高，尤其是 2014 年以来，变化更为显著。2021 年黄河流域棉区、长江流域棉区、西北内陆棉区生产规模指数分别为 8.8%、7.9%和 83.3%，黄河流域棉区、长江流域棉区较 2010 年分别降低 36.5%、23.1%，西北内陆棉区提高 48.7%。中国内地棉区生产规模持续萎缩，西北内陆棉区继续扩大，棉花生产区向西北内陆集中。

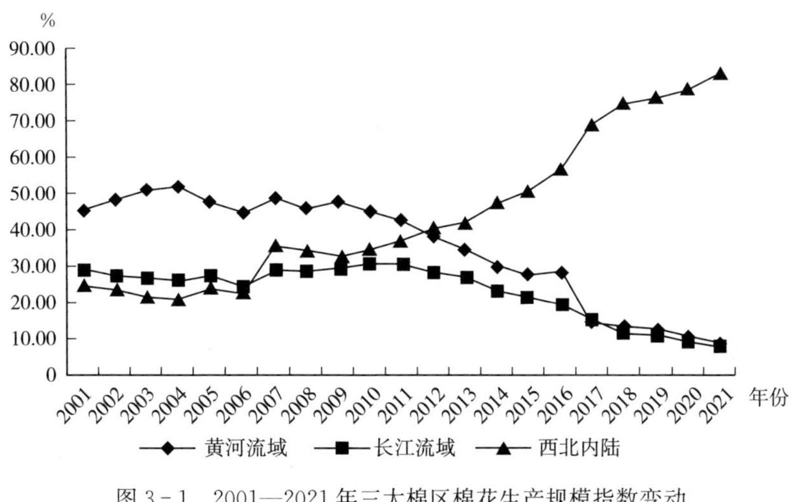


图 3-1 2001—2021 年三大棉区棉花生产规模指数变动

数据来源：《中国统计年鉴》(2002—2021) 整理所得。

## 二、中国棉花生产区域比较优势分析

### (一) 资源禀赋指数分析

对农业生产而言，不同地区气候、土壤、生产技术、种植制度等差异较大，各地区根据比较优势状况优化布局，扩大具有比较优势的作物生产，减少比较劣势的作物生产，达到资源配置效率最佳化和整体福利效用最大化（王志丹等，2014)。资源禀赋指数（*EF*）指某个国家或地区某种资源拥有量在世界或全国拥有量中所占份额与该国或该地区国内生产总值在世界或国内生产总值中所占份额之比，通常反映国家或地区某种资源相对丰富程度。计算公式如下：

$$EF_{it} = (V_{it}/V_t)/(Y_{it}/Y_t)$$

其中，$EF_{it}$ 代表 $i$ 地区 $t$ 年棉花生产资源禀赋指数；$V_{it}$ 和 $V_t$ 分别表示 $i$ 地区和 $t$ 年全国棉花产量；$Y_{it}$ 和 $Y_t$ 分别表示 $i$ 地区和全国 $t$ 年国内生产总值。一般认为 $0 < EF_{it} < 1$ 时，$i$ 地区 $t$ 年棉花生产资源禀赋缺乏区域比较优势；$1 < EF_{it} < 2$ 时，$i$ 地区 $t$ 年棉花生产资源禀赋具有一定区域比较优势；$EF_{it} > 2$ 时，$i$ 地区 $t$ 年棉花生产资源禀赋具有较强区域比较优势。

由图 3－2 可知，2001—2020 年新疆资源禀赋指数平均值为 37.7，显著大于 2，说明新疆棉花生产资源禀赋优势极强；河北、湖北、安徽、山东、甘肃和河南 6 省资源禀赋指数平均值分别为 1.62、1.56、1.47、1.23、1.22 和 1.20，位于 1～2，表明具有一定棉花生产资源禀赋优势；湖南、江西、天津、山西、江苏、陕西、四川、浙江 8 省（市）资源禀赋指数平均值均小 1，表明棉花生产缺乏资源禀赋优势，特别是四川和浙江。

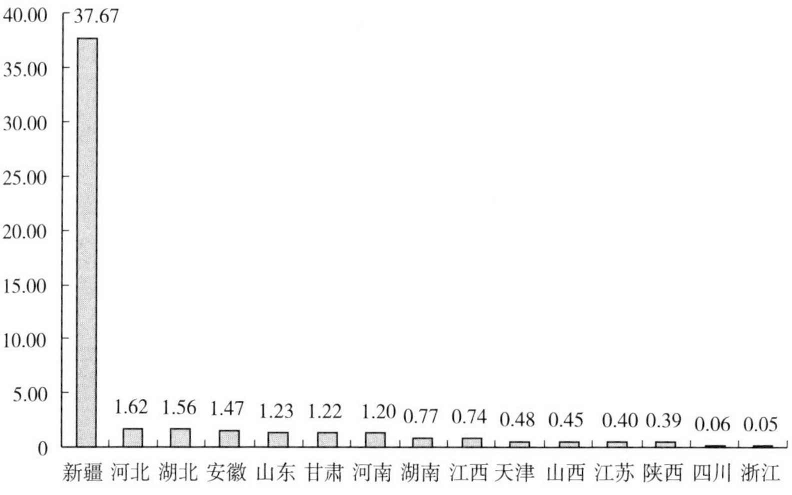


图 3－2　2001—2021 年中国主要棉花生产省区资源禀赋指数平均值

数据来源：《中国统计年鉴》（2002—2021 年）整理所得。

随着我国经济社会快速发展及城市化进程加快，包括棉花产业在内的农业部门生产机会成本大幅提高，各省份经济发展重心发生变化，土地、劳动力、资本等生产要素从农业生产逐渐向非农产业转移。2001—2017 年我国各省区棉花生产资源禀赋优势发生变化，部分地区棉花生产资源禀赋优势日益增强，部分地区逐渐丧失资源禀赋优势（表 3－4）。其中，新疆棉花生产保持资源禀赋优势，且优势不断增强，资源禀赋指数由 2001 年的 20.4 上升至 2020 年的 64.3；河南、安徽、湖北、河北、甘肃 5 省资源禀赋优势逐渐减弱，资源禀赋指数呈下降趋势，特别是河南省，2001 年资源禀赋指数为 3.1，2020 年降至 0.06。

**表 3－4　2001—2020 年中国棉花资源禀赋优势省区**

| 年份 | 地区（1<$EF$<2） | 地区（$EF$>2） |
|---|---|---|
| 2001 | 甘肃、山东、河北、湖南、江苏 | 新疆、河南、安徽、湖北 |
| 2005 | 安徽、湖北、甘肃、河北、山东 | 新疆、河南 |
| 2010 | 安徽、河南、山东、甘肃、湖南 | 新疆、湖北、河北 |
| 2015 | 河北、安徽、湖北、山东 | 新疆 |
| 2020 | 河北 | 新疆 |

数据来源：《中国统计年鉴》（2002—2021 年）整理所得。

## （二）生产成本优势分析

由于各省区在棉花物质与服务费用、人工成本、土地成本、棉花市场条件、棉花品质等方面差异较大，2001—2020 年各主产省区棉花生产成本和收益差异显著。从生产成本看，近年棉花生产成本快速上涨，2001 年 13 个省（市、区）中 9 个省（市、区）平均生产成本低于全国平均水平，2005 年仅 3 个省（市、区）棉花平均生产成本低于全国平均水平，自 2010 年起仅天津、甘肃、新疆棉花平均生产成本显著低于其他省（市、区），且低于全国平均水平。从生产成本的增长看，与 2001 年相比棉花生产成本增长较快的省依次是陕西、江苏、江西、河北和湖南省，2020 年较 2001 年分别增长 7.6 倍、5.3 倍、5.1 倍、4.5 倍和 4.1 倍。从生产收益看，2001 年以来河北、安徽、江西、山东、河南等地棉花出售价格高于全国平均水平，新疆棉花平均出售价格显著低于其他省份，且低于全国平均水平；从收益与成本之比看，2001 年 13 个省（市、区）中 8 个省（市、区）棉花出售价格与生产成本之比高于全国平均水平，2005 年河北、甘肃、新疆棉花出售价格与生产成本之比高于全国平均水平，随后仅新疆和甘肃两省（区）棉花出售价格与生产成本之比高于其他省（市、区），且高于全国平均水平（表 3－5）。

表 3-5 2001—2020 年主产省（市、区）棉花生产成本和收益变化情况

单位：元/50 千克

| 2001 年 | | | | 2005 年 | | | | 2010 年 | | | |
|---|---|---|---|---|---|---|---|---|---|---|---|
| 省区 | 出售价格 | 生产成本 | 价格/成本 | 省区 | 出售价格 | 生产成本 | 价格/成本 | 省区 | 出售价格 | 生产成本 | 价格/成本 |
| 全国 | 378.6 | 293.6 | 1.3 | 全国 | 653.5 | 403.3 | 1.6 | 全国 | 1 238.3 | 616.0 | 2.0 |
| 天津 | | | | 天津 | | | | 天津 | 1 241.8 | 426.5 | 2.9 |
| 河北 | 358.8 | 236.9 | 1.5 | 河北 | 686.8 | 395.8 | 1.7 | 河北 | 1 303.2 | 611.0 | 2.1 |
| 山西 | | | | 山西 | | | | 山西 | 1 144.3 | 674.6 | 1.7 |
| 江苏 | 343.0 | 236.3 | 1.5 | 江苏 | 668.6 | 488.9 | 1.4 | 江苏 | 1 274.5 | 606.7 | 2.1 |
| 安徽 | 338.7 | 266.2 | 1.3 | 安徽 | 688.5 | 484.3 | 1.4 | 安徽 | 1 260.9 | 690.2 | 1.8 |
| 江西 | 368.2 | 364.4 | 1.0 | 江西 | 654.1 | 446.9 | 1.5 | 江西 | 1 249.4 | 732.2 | 1.7 |
| 山东 | 412.5 | 278.6 | 1.5 | 山东 | 665.9 | 430.0 | 1.5 | 山东 | 1 263.6 | 697.9 | 1.8 |
| 河南 | 399.4 | 272.8 | 1.5 | 河南 | 651.2 | 448.3 | 1.5 | 河南 | 1 433.9 | 761.3 | 1.9 |
| 湖北 | 373.0 | 370.9 | 1.0 | 湖北 | 636.2 | 404.6 | 1.6 | 湖北 | 1 219.1 | 696.3 | 1.8 |
| 湖南 | 395.8 | 342.9 | 1.2 | 湖南 | 621.5 | 463.7 | 1.3 | 湖南 | 1 330.7 | 661.5 | 2.0 |
| 陕西 | 361.1 | 242.8 | 1.5 | 陕西 | 645.0 | 432.8 | 1.5 | 陕西 | 1 290.8 | 952.0 | 1.4 |
| 甘肃 | 414.6 | 227.4 | 1.8 | 甘肃 | 644.3 | 358.1 | 1.8 | 甘肃 | 1 220.5 | 469.9 | 2.6 |
| 新疆 | 370.9 | 272.6 | 1.4 | 新疆 | 634.7 | 329.5 | 1.9 | 新疆 | 1 147.1 | 514.6 | 2.2 |

| 2015 年 | | | | 2016 年 | | | | 2020 年 | | | |
|---|---|---|---|---|---|---|---|---|---|---|---|
| 省区 | 出售价格 | 生产成本 | 价格/成本 | 省区 | 出售价格 | 生产成本 | 价格/成本 | 省区 | 出售价格 | 生产成本 | 价格/成本 |
| 全国 | 595.2 | 874.4 | 0.7 | 全国 | 738.1 | 813.7 | 0.9 | 全国 | 692.6 | 648.1 | 1.1 |
| 天津 | | | | 天津 | | | | 天津 | | | |
| 河北 | 640.0 | 935.2 | 0.7 | 河北 | 759.3 | 904.3 | 0.8 | 河北 | 731.2 | 1 059.2 | 0.9 |
| 山西 | 654.0 | 1 224.5 | 0.5 | 山西 | 744.0 | 1 197.4 | 0.6 | 山西 | | | |
| 江苏 | 617.1 | 1 235.1 | 0.5 | 江苏 | 691.4 | 1 235.7 | 0.6 | 江苏 | 648.5 | 1 246.8 | 0.8 |
| 安徽 | 629.8 | 945.0 | 0.7 | 安徽 | 706.3 | 977.5 | 0.7 | 安徽 | 696.9 | 1 063.6 | 0.8 |
| 江西 | 659.9 | 1 288.3 | 0.5 | 江西 | 809.7 | 1 364.9 | 0.6 | 江西 | 748.8 | 1 855.7 | 0.8 |
| 山东 | 630.7 | 1 168.1 | 0.5 | 山东 | 776.1 | 1 090.9 | 0.7 | 山东 | 749.9 | 1 055.5 | 1.1 |
| 河南 | 630.5 | 1 159.1 | 0.5 | 河南 | 758.5 | 1 208.0 | 0.6 | 河南 | 719.0 | 1 087.7 | 0.9 |
| 湖北 | 596.3 | 975.9 | 0.6 | 湖北 | 706.4 | 1 177.2 | 0.6 | 湖北 | 637.2 | 1 243.7 | 0.9 |
| 湖南 | 580.2 | 1 063.6 | 0.5 | 湖南 | 774.2 | 1 187.2 | 0.7 | 湖南 | 603.5 | 1 420.3 | 0.8 |
| 陕西 | 653.6 | 1 783.3 | 0.4 | 陕西 | 715.6 | 1 839.8 | 0.4 | 陕西 | 706.5 | 1 854.5 | 1.0 |
| 甘肃 | 629.5 | 600.2 | 1.0 | 甘肃 | 783.0 | 643.1 | 1.2 | 甘肃 | 802.9 | 664.0 | 1.0 |
| 新疆 | 564.5 | 676.1 | 0.8 | 新疆 | 728.7 | 598.0 | 1.2 | 新疆 | 689.4 | 540.1 | 1.1 |

数据来源：《全国农产品成本收益资料汇编》（2002—2021 年）。

### （三）综合比较优势指数分析

根据区域比较理论，区域农作物比较优势是农业自然资源禀赋、社会经济及区位条件、科学技术、种植制度及市场需求等因素综合作用结果。区域比较优势指数分别从效率比较优势、规模比较优势以及综合比较优势的角度反映棉花生产布局的变动情况。棉花生产效率是当地自然资源禀赋以及各种物质投入水平和生产技术水平等因素的综合体现；棉花种植规模则是当地自然资源禀赋、劳动与物质可投入能力、棉花生产经济效益以及政策支持等因素的综合体现。各地由棉花生产效率与种植规模相互作用所形成的棉花综合生产能力是自然资源禀赋、社会经济条件、技术水平、棉花生产经济效益和政策支持等因素综合作用的结果。本研究采用棉花综合比较优势指数分析各省（市、区）棉花生产与全国平均水平相比的比较优势，计算公式如下（张怡，2014）：

$$AAI_i = \sqrt{EAI_i \times SAI_i} = \sqrt{\frac{AP_i}{AP} \times \frac{GS_i/TS_i}{GS/TS}} \qquad (3-1)$$

式（3－1）中，$AAI_i$ 为 $i$ 区棉花综合比较优势指数；$EAI_i$ 为 $i$ 区棉花效率比较优势指数；$SAI_i$ 为 $i$ 区棉花规模比较优势指数；$AP_i$ 为 $i$ 区棉花单产；$AP$ 为同期全国棉花平均单产；$GS_i$ 为 $i$ 区棉花播种面积；$TS_i$ 为 $i$ 区所有农作物播种面积之和；$GS$ 为全国棉花播种面积；$TS$ 为全国所有农作物播种面积之和。$AAI_i<1$，说明 $i$ 区棉花综合比较优势与全国平均水平相比处于劣势，不具有综合比较优势；$AAI_i>1$，说明 $i$ 区棉花综合比较优势与全国平均水平相比处于优势，具有综合比较优势。$AAI_i$ 值越大，说明 $i$ 区棉花综合比较优势越强。

如图 3－3 所示 2001—2020 年我国棉花生产具有综合比较优势的地区主要集中于新疆、天津、山东、河北和湖北 5 省（市、区），分别为 16.6、3.34、1.69、1.45 和 1.23。具体而言，2001—2020 年，新疆棉花生产综合比较优势指数平均值大于 2，表明其棉花生产具有明显综合比较优势，天津、山东、河北和湖北 4 省（市）棉花生产综合比较优势指数平均值均大于 1 且小于 2，表明其棉花生产具有一定综合比较优势。2001—2017 年，我国棉花生产综合比较优势地区大致变化情况如下：新疆地区持续保持综合比较优势；河南、安徽、江苏 3 省综合比较优势指数自 2001 年呈下降趋势，综合比较优势已逐渐丧失；湖北、河北、山东具有相对稳定的综合比较优势，但 2015 年后优势也逐渐丧失；新疆作为新兴棉花主产区，综合比较优势指数自 2001 年以后均持续大于 3，总体处于上升趋势，具有较强综合比较优势（表 3－6）。

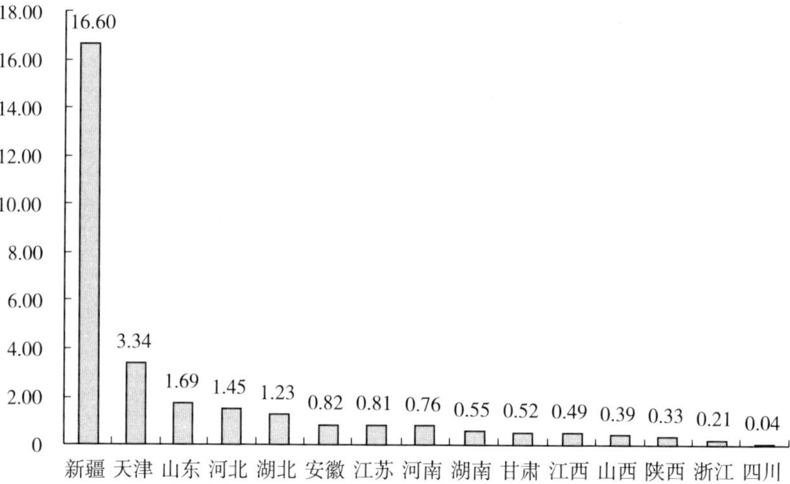


图 3-3　2001—2020 年中国主要棉花生产省区综合比较优势指数平均值

数据来源：根据《中国统计年鉴》(2002—2021) 计算所得。

**表 3-6　2001—2020 年中国棉花综合比较优势省区**

| 年份 | $AAI_i>1$ 地区 |
| --- | --- |
| 2001 | 新疆、天津、山东、河南、江苏、湖北、河北、安徽 |
| 2005 | 新疆、天津、山东、河南、江苏、河北、湖北 |
| 2010 | 新疆、天津、山东、河北、湖北 |
| 2015 | 新疆、天津、山东、河北、湖北 |
| 2020 | 新疆 |

数据来源：《中国统计年鉴》(2002—2021 年) 整理所得。

## 三、影响中国棉花生产布局变迁的因素分析

### （一）理论分析

中国棉花生产区域格局变动是多种因素共同作用的结果。各个微观棉花生产主体棉花播种面积增减变化，汇合加总形成了中国棉花生产区域格局的变动，因此影响微观主体播种面积决策的各种因素都会对棉花区域布局产生影响。根据理性人假说，种植业内部比较利益、非农就业机会成本、自然条件、机械化和产业政策等因素均会对棉花生产决策产生影响，进而影响棉花生产区域布局。

(1) 作为理性人，农民在决定是否种植棉花时，会权衡植棉的经济效益情况。因此，植棉的经济效益会影响农民种植棉花的积极性和棉花种植面积。

(2) 随着农民非农就业机会的增加和非农收入的提高，农民种植棉花的机会成本也会不断增大，这种源自植棉机会成本差异的地区社会经济发展差异将对农户植棉面积和中国棉花生产区域格局产生影响。

(3) 水对棉花生长来说是不可缺少的，近年来除了长江流域，中国其他棉区普遍存在水资源短缺的问题，水资源将影响棉花生产布局。

(4) 棉花生产受自然条件影响较大。干旱、洪涝以及病虫害的爆发等都会严重影响作物生长，导致减产，甚至绝收，农民是理性经济人，某一年度种植某种作物的收益会影响其下一年度的种植决策。

(5) 棉花生产过程中劳动用工较多，内地棉区和新疆棉区棉花机械化发展水平差异较大，棉花生产机械化水平的变化直接影响到棉花的生产成本，进而影响农民的生产决策行为和棉花种植面积。

(6) 国家政策的变化会对棉农生产棉花的积极性和植棉效益有明显影响。2014 年国家实施棉花目标价格政策，促进了新疆农民的植棉积极性，国家政策也是重要的影响因素。

根据上述分析，本研究提出以下待检验的假说：第一，一个地区植棉的经济效益对该地区棉花种植面积占全国棉花种植总面积的比重有重要影响。第二，农民非农就业机会较多的地区，其棉花种植面积占全国的比重较少；反之，则相反。第三，灌溉条件较好的地区，其棉花种植面积占全国的比重较高；反之，则相反。第四，自然灾害比较严重的地区，其棉花种植面积占全国的比重较低；反之，则相反。第五，一个地区棉花生产的机械化水平与其棉花种植面积占全国的比重呈正相关关系。第六，棉花目标价格政策等对棉花生产的干预政策对一个地区棉花种植面积占全国比重的影响可能是正面的，也可能是负面的。

## （二）模型构建和数据说明

### 1. 计量模型构建

根据前文设定的影响因素，建立如下模型：

$$\ln Y_{it} = \alpha + C_1 \ln X_{1it-1} + C_2 \ln X_{2it} + C_3 \ln X_{3it-1} + C_4 \ln X_{4it-1} + C_5 \ln X_{5it} + C_6 D + \varepsilon_i \tag{3-2}$$

式（3－2）中，$Y_i$ 为第 $i$ 地区第 $t$ 年的棉花播种面积占全国棉花播种总面积的比重，$X_{1it}$ 为 $i$ 地区（$t$—1）年植棉的经济效益，$X_{2it}$ 为 $i$ 地区 $t$ 年植棉机会成本，$X_{3it}$ 为 $i$ 地区第（$t$—1）年棉花有效灌溉面积，$X_{3it-1}$ 为 $i$ 地区（$t$—1）年棉花有效灌溉条件，$X_{4it-1}$ 为 $i$ 地区第（$t$—1）年棉花受灾面积，$X_{5it}$ 为 $i$ 地区第 $t$ 年每亩棉花的农业机械化作业费用，代表棉花生产的机械化水平，$D$ 为政策变量，$\varepsilon_i$ 反映了无法观察到的其他影响因素，即为随机扰动项，$C_i$ 为各变量的估计系数。

**2. 数据来源及说明**

本研究模型所采用的数据为 2001—2017 年黄河流域棉区：山东、河南、河北、山西、陕西、天津等 6 省（市），长江流域棉区：江苏、湖北、安徽、四川、湖南、江西、浙江等 7 省，西北内陆棉区：新疆、甘肃 2 省（区）分地区的时间序列和截面数据所构成的面板数据。各主产省（市、区）以及全国棉花种植面积数据来源《中国统计年鉴》；各省（市、区）植棉经济效益，用各地区亩均棉花现金收益表示，数据来源《全国农产品成本收益资料汇编》；各省（市、区）植棉机会成本，用各地区农民人均工资性收入除以人均可支配收入获得，数据来自《中国统计年鉴》（由于统计口径调整，2001—2012 年为人均纯收入及构成，2013—2017 年为人均可支配收入及构成）；目前，中国统计资料没有提供有关棉花生产的有效灌溉面积和受灾面积的统计数据，棉花生产的有效灌溉面积和棉花受灾面积是根据各省（市、区）棉花种植面积、当年农作物种植总面积、有效灌溉面积与农作物受灾面积估算得到的，这些数据来源《中国统计年鉴》《中国农业年鉴》，其计算方法是：棉花有效灌溉面积＝有效灌溉面积×（棉花种植面积÷农作物种植总面积）；棉花受灾面积＝农作物成灾面积×（棉花种植面积÷农作物种植总面积）；各省（市、区）棉花的农业机械化作业费用来源《全国农产品成本收益资料汇编》；政策变量的赋值方面，以 2014 年为节点，2001—2013 年各省赋值为 0，2014 年起，新疆实行目标政策，赋值为 1，内地棉区部分省份实行棉花种植固定补贴，赋值为 1。

## （三）估计结果分析

分析面板数据时，通常有固定效应和随机效应两种方式。本研究借鉴已有研究成果运用 stata10 软件，采用固定效应模型对棉花主产区棉花种植面积比重的影响因素及其影响程度进行回归，回归结果如下（表 3－7）：

表 3-7 棉花区域布局影响因素模型估计

| | 系数 | 标准差 | $T$ 值 | $P$ 值 |
|---|---|---|---|---|
| 植棉收益 | 0.304** | 0.144 | 2.11 | 0.037 |
| 植棉机会成本 | −1.536*** | 0.223 | −6.89 | 0.000 |
| 有效灌溉面积 | −0.018 9 | 0.167 | −0.11 | 0.911 |
| 成灾面积 | −0.195* | 0.108 | −1.80 | 0.074 |
| 机械化 | 0.019 | 0.070 | 0.27 | 0.788 |
| 政策变量 | 1.697*** | 0.391 | 4.34 | 0.000 |
| 常数项 | −3.261*** | 1.061 | −3.07 | 0.002 |
| within $R^2$ | 0.365 | | | |
| Prob>$F$ | 0.000 0 | | | |

注：***、**和 * 分别表示 1%、5%和 10%的显著性水平。

由模型的 within$R^2$ 及 $P$ 值可知，模型的拟合优度和变量整体显著性都较好，不能拒绝所有系数为 0 的假设。

植棉收益对棉花种植面积和区域布局有正向作用，估计系数在 5%的显著性水平下显著，与理论分析一致，植棉收益增加将提高农户植棉积极性。植棉机会成本对棉花种植面积和区域布局有负向影响，估计系数在 1%的显著性水平下显著，与理论分析一致，非农就业机会较多的地区，农户更倾向于减少棉花种植，这在黄河流域河南等外出务工大省的棉花种植面积缩减较快中也能得到印证。有效灌溉面积对棉花种植面积和区域布局有负向影响，与预期不一致，但结果并不显著，近年来随着水利工程发展，农业灌溉问题得到基本解决。成灾面积对农户棉花种植面积和区域布局有负向影响，与理论预期一致，估计系数在 10%的显著性水平上显著，干旱、低温、寡照等天气会直接影响棉花的产量和品质，进而影响棉花单产和收益。机械化对农户棉花种植有正向影响，与理论预期一致，近两年新疆机采棉发展迅速，而内地棉区棉花机械化程度低，劳动用工多成为内地棉区棉花种植面积迅速下降的重要原因，如何推广棉花机械化，发展直播棉是促进内地棉区发展的关键。政策变量对植棉面积有正向影响，与理论预期一致，估计系数在 1%的显著性水平下显著。这在前述统计分析中也能得到体现，国家对新疆棉区实行棉花目标价格补贴政策，有效促进了新疆棉花产业发展，极大调动了棉农植棉积极性。

## 四、小结

本部分系统分析了2001—2021年我国棉花生产布局及演变过程，利用资源禀赋指数、生产成本优势分析和综合比较优势指数，从比较优势角度分析棉花生产布局，利用面板数据模型对影响棉花生产区域格局的因素进行了实证分析。主要结论如下：

一是从棉花生产布局变迁看，我国内地棉区棉花生产不断萎缩，西北内陆棉区棉花生产规模持续增长。棉花生产由分散走向集中，棉花产量排名前10位的省份占全国产量的95%以上，产量排名前5位的省份占全国产量的70%以上，呈逐步向棉花生产比较效益高、非农产业发展相对滞后、机械化水平高、光热资源丰富气候干燥地区集中趋势。

二是在棉花生产比较优势方面，我国各产区棉花生产比较优势差异较大且具有动态变化性。新疆棉花生产比较优势显著，湖北、河北和山东省具有一定资源禀赋优势和综合比较优势，甘肃省、天津市和新疆在生产成本方面具有比较优势，新疆、河北、山东和湖北4省（区）是我国棉花生产优势产区。

三是从影响因素看，通过实证分析可以看出植棉效益、植棉机会成本、成灾面积、机械作业费用、产业政策是影响棉花生产区域布局的主要因素。从影响方向上看，植棉效益、机械化水平、产业政策对植棉面积有正向影响，植棉机会成本、成灾面积对植棉面积有负向影响。

# 第四章　中国棉花产业增长分析

作为关系国计民生的重要战略产业，改革开放以来，我国棉花产业取得了长足发展。棉花产量从 1978 年的 216.70 万吨增加到 2018 年的 609.60 万吨，增长约 1.8 倍，年均增长 2.62%，为棉纺织工业发展提供了大量原料。尤其在 1978—2007 年期间，棉花产量持续增长近 2.51 倍。2007 年棉花产量 759.71 万吨，达到历史最高点，约占全球棉花产量的 30%。但 2007 年后，棉花产量就不断下降，2018 年较 2007 年下降 19.76%。分析近几十年棉花产量的变化，显而易见的疑问是什么因素促使我国棉花产出变动。从经济增长的角度看，要素投入、技术进步和技术效率是促进产业增长的三大源泉，那么在棉花产出变化过程中，这三者对产业发展的作用发生了什么样的变化？回答这些问题有助于辨析我国棉花产出增长源泉，判断产出增长模式，能够为推动棉花产业实现高质量发展寻找可能的途径。

从现有文献看，针对棉花产出增长的研究主要集中在棉花生产技术进步率与影响因素的分析（田伟等，2010；田伟、谭朵朵，2011；续竞秦、杨永恒，2012；宋玉兰等，2013；关建波、谭砚文，2014；祝宏辉、耿蕾，2015；王力、韩亚丽，2016；徐榕阳、马琼，2017），对要素投入、技术进步和技术效率在棉花产出变化过程中的作用虽有涉及，但缺乏总体考虑。而且现有研究在测算和分析棉花生产技术进步率时，尽管采用相同的估计方法，选取不同的指标、不同的时间段，结论也出现不一致。以田伟等（2010）、王力、韩亚丽（2016）为例：①棉花生产技术效率变化趋势方面。田伟等（2010）选取产量（千克/亩）为产出变量，用工数量（日/亩）、物质费用（不包含投入的化肥费用，元/亩）、化肥用量（千克/亩）以及时间项 $T$ 作为投入变量，采用超越对数生产函数模型研究发现，1995—2008 年期间，全国棉花生产技术效率维持在一个较高的水平，最低为 86.70%，且呈不断上升的趋势。王力、韩亚丽（2016）选取产量（千克/亩）为产出变量，用工数量（日/亩）、物质费用（元/亩）以及时间项 $T$ 作为投入变量，同样采用超越对数生产函数模型研究却发现，1995—2014 年期间，我国棉花生产技术效率维持在一个较低的水平，平均为 48.80%，且整体呈下降趋势。②劳动和资本产出弹性方面。田伟等（2010）、王力、韩亚丽（2016）研究一致表明，棉花生产过程中存在劳动力过剩，劳动的产出弹性平均为负，但对资本产出弹性的判断不一致。田伟等（2010）发现资本产出弹性为正，而王力、韩亚丽（2016）发现资本产出弹性平均为负。研究结论存在争议为后续研究提供了空间，且生产要素产出弹性为负也值得进一步探讨。

研究方法上，现有研究主要采用随机前沿分析法（Stochastic Frontier Analysis，简称 SFA）（田伟等，2010；田伟、谭朵朵，2011；祝宏辉、耿蕾，2015；王力、韩亚丽，2016；徐榕阳、马琼，2017）和 DEA - Malmquist 法（续竞秦，杨永恒，2012；宋玉兰等，2013；关建波、谭砚文，2014，李学林等，2019，龚斌磊，2018）。DEA - Malmquist 法在计算技术效率时，不需对生产函数结构做先验假定和估计参数，允许存在技术非效率行为，可以解决技术中性、技术非有效等问题，但假设生产前沿面是确定的，不能进行假设检验，无法考虑随机因素对前沿面的影响，而且要受异常值的影响。而 SFA 法在计算技术效率时，一方面充分考虑随机因素对前沿面的影响，纳入经典白噪声项，从而允许所估计的生产前沿面是随机的，这更符合农业的生产特征（李谷成、冯中朝，2010）。另一方面，SFA 模型视生产边界的差异为随机误差和技术无效率因子共同作用的结果，从而能更准确地把握生产有效程度，且可对模型估计结果进行假设检验，有效克服了 DEA - Malmquist 法存在的缺陷。但 SFA 模型采用的估计方法为极大似然法（MLE），这种估计方法假设模型参数是确定的，无法考虑参数的不确定性，估计结果有待商榷。引入贝叶斯估计法可有效解决这一问题，并可提供精确的参数后验分布（刘天军、蔡起华，2013）。贝叶斯随机前沿模型（Bayesian Stochastic Frontier Analysis，简称 BSFA）最早由 Van Den Broeck 等（1994）提出。之后被广泛应用于医院经营效率（Koop et al.，1997）、经济增长（Makiela，2009；Makiela，2014）、旅游绩效评价（Assaf et al.，2016）、能源绩效评价（Cengiz et al.，2017）、水资源管理（Brea - Solis et al.，2017）、农业（Makieła et al.，2017）等领域。目前在国内利用 BSFA 模型研究农业的文献还非常少，仅刘天军、蔡起华（2013）利用 BSFA 模型分析了陕西省不同经营规模农户的猕猴桃生产技术效率。与 DEA - Malmquist 以及传统 SFA 模型相比，贝叶斯随机前沿模型估计结果较为稳定，不易受异常值和噪声的影响。尤为重要的是，贝叶斯随机前沿模型考虑了参数的不确定性，可获得精确的参数后验分布，估计结果不仅具有良好的小样本性质，还可根据经济理论对变量参数施加约束（Koop et al.，1999；Makiela，2014）。

本研究利用1994—2017年我国12个棉花主产区的面板数据，基于贝叶斯随机前沿模型估计结果，将棉花产出分解为要素投入、技术效率和技术进步三个部分，剖析这三者对棉花产出变化的影响。同时，基于经济理论和已有研究结论，约束生产要素的产出弹性为非负。与已有研究相比，本研究的不同之处在于：①在面板随机前沿模型中，引入贝叶斯估计法，更加贴近实际状况。目前在国内的农业研究领域，尚未有将贝叶斯方法应用于面板随机前沿模型的研究。②分阶段分析了要素投入、技术效率、技术进步对棉花产出增长的影响，有助于辨析棉花产出变化的源泉，对已有研究内容进行了补充和完善。

结构安排如下：第一部分介绍模型和方法；第二部分对变量选取依据以及数据来源进行说明；第三部分对模型的约束条件进行检验；第四部分分析贝叶斯面板随机前沿模型的估计结果；第五部分分析棉花产出增长分解结果；第六部分为主要研究结论和政策启示。

## 一、模型与方法

### （一）随机前沿模型

随机前沿模型最早由 Aigner 等（1977）、Meeusen 和 Van Den Broeck（1977）提出，假设实际产出不仅受潜在产出的影响，还受技术效率损失及随机扰动项的影响。其模型表达式为：

$$Y_{it} = f_t(Z_{it};\beta_t)\,\xi_{it}exp(\upsilon_{it}) \tag{4-1}$$

式（4-1）中，$Y$ 为实际产出，$f_t(Z_{it};\beta_t)$ 为 $t$ 时期的潜在产出，$\xi_{it}\in(0,1]$ 代表技术效率水平，$\upsilon_{it}$ 为随机扰动项，服从正态分布，即 $\upsilon_{it}\sim N(0,\sigma_v^2)$，$Z$ 表示劳动、资本等生产要素，$\beta$ 为待估计参数。当 $0<\xi_{it}<1$ 时，表明存在技术效率缺失，意味着在现有技术水平下，生产要素未得到充分利用，产出还有进一步提升空间。当 $\xi_{it}=1$ 时，表明生产要素已得到充分利用，产出达到最大。$f(\cdot)$ 为生产函数，不同形式的生产函数对应不同的随机前沿模型，常用生产函数有C-D生产函数和超越对数（Trans-Log，简称TR）生产函数两种，Makiela（2014）对C-D、TR等7种可能的生产函数形式进行了详细讨论。本研究采用TR函数，该函数形式相对灵活，不仅允许要素替代弹性、要素

产出弹性可变，而且放松了中性技术进步假说，更加贴合现实。同时，为捕捉技术进步对生产要素的影响，在 TR 函数的待估参数中引入线性趋势项（Makiela，2014），即 $\mu_{it}=-\ln(\xi_{it})$，构建参数带线性趋势项的超越对数生产函数：

$$\ln Y_{it}=\beta_{t0}+\beta_{t1}\ln L_{it}+\beta_{t2}\ln K_{it}+\beta_{t3}(\ln L_{it})^2+\beta_{t4}(\ln K_{it})^2+\beta_{t5}\ln L_{it}\ln K_{it}-\mu_{it}+\upsilon_{it} \quad (4-2)$$

式（4－2）中，$L$ 、$K$ 分别表示劳动力和资本，$\mu_{it}$ 服从半正态分布 $N^+(0,\omega^2)$，为技术无效率因子，用于衡量技术效率损失大小。$\beta$ 为待估计参数，$\beta_{ti}=\dot{\beta}_i+t\ddot{\beta}_i(i=0,1,2,3,4,5)$，表示参数带线性趋势项，随时间发生改变。在估计过程中，约束生产要素的产出弹性为非负，有：

$$EL_{it}=\frac{\partial\ln Y_{it}}{\partial\ln L_{it}}=\beta_{t1}+2\beta_{t3}\ln L_{it}+\beta_{t5}\ln K_{it}\geqslant 0$$

$$EK_{it}=\frac{\partial\ln Y_{it}}{\partial\ln K_{it}}=\beta_{t2}+2\beta_{t4}\ln K_{it}+\beta_{t5}\ln L_{it}\geqslant 0 \quad (4-3)$$

### （二）产出分解思路

假设（4－2）式的参数估计量为 $\hat{\beta}_{ti}(i=0,1,2,3,4,5)$。为便于说明，记为 $\hat{\beta}_t=(\hat{\beta}_{t0},\cdots,\hat{\beta}_{t5})'$，$x_{it}=(1,\ln L_{it},\ln K_{it},(\ln L_{it})^2,(\ln K_{it})^2,\ln L_{it}\ln K_{it})'$，式（4－2）可表示成：

$$\widehat{\ln Y_{it}}=x_{it}\hat{\beta}_t-\hat{\mu}_{it} \quad (4-4)$$

相邻两期的产出变化可分解为：

$$\Delta\widehat{\ln Y_{it+1}}=\widehat{\ln Y_{it+1}}-\widehat{\ln Y_{it}}=(x'_{it+1}\hat{\beta}_{t+1}-x'_{it}\hat{\beta}_t)+(\hat{\mu}_{it}-\hat{\mu}_{it+1}) \quad (4-5)$$

式（4－5）中，第一项综合反映要素投入和技术进步对产出变化的影响，第二项反映技术效率对产出变化的影响。进一步可将要素投入和技术进步对产出变化的影响从第一项中分解出来，可表示为：

$$(x'_{it+1}\hat{\beta}_{t+1}-x'_{it}\hat{\beta}_t)=(x'_{it+1}\hat{\beta}_{t+1}-x'_{it+1}\hat{\beta}_t)+(x'_{it+1}\hat{\beta}_t-x'_{it}\hat{\beta}_t) \quad (4-6)$$

或者：

$$(x'_{it+1}\hat{\beta}_{t+1}-x'_{it}\hat{\beta}_t)=(x'_{it}\hat{\beta}_{t+1}-x'_{it}\hat{\beta}_t)+(x'_{it+1}\hat{\beta}_{t+1}-x'_{it}\hat{\beta}_{t+1}) \quad (4-7)$$

式（4-6）、式（4-7）中，第一项反映技术进步对产出变化的影响，第二项反映要素投入对产出变化的影响。很明显，尽管式（4-6）、式（4-7）中的第一项都同样表示技术进步对产出变化的影响，但两者并不相同，第二项也存在类似的问题。为此，同 Maikiela（2014）一样，参照 Koop（1999）进行折中处理：

$$(x'_{it+1}\hat{\beta}_{t+1}-x'_{it}\hat{\beta}_t)=\frac{1}{2}(x_{it+1}+x_{it})'(\hat{\beta}_{t+1}-\hat{\beta}_t)+\frac{1}{2}(\hat{\beta}_{t+1}+\hat{\beta}_t)'(x_{it+1}-x_{it}) \tag{4-8}$$

结合式（4-5）、式（4-8），可将产出变化（$OC$）分解为要素投入（$IC$）、技术进步（$TC$）以及技术效率（$TE$）三部分：

$$\underbrace{\Delta \widehat{\ln Y_{it+1}}}_{\text{产出变化}OC}=\underbrace{\frac{1}{2}(\hat{\beta}_{t+1}+\hat{\beta}_t)'(x_{it+1}-x_{it})}_{\text{要素投入}(IC)}+\underbrace{\frac{1}{2}(x_{it+1}+x_{it})'(\hat{\beta}_{t+1}-\hat{\beta}_t)}_{\text{技术进步}(TC)}+\underbrace{(\hat{\mu}_{it}-\hat{\mu}_{it+1})}_{\text{技术效率}(EC)} \tag{4-9}$$

## （三）模型估计方法

本研究采用 Van Den Broeck 等（1994）提出的贝叶斯随机前沿分析法估计（4-2）式。根据 Makiela（2014），当技术无效率因子 $\mu_{it}$ 服从半正态分布 $N^{+}(0,\omega^2)$ 时，对应的贝叶斯模型为：

$$f_N(\beta\mid b,C^{-1})\,f_G(\sigma^{-2}\mid 0.5\,n_0,0.5\,a_0)\,f_G(\omega^{-2}\mid 5,10\,(\ln r_0)^2)$$
$$\prod_{i=1}^{N}\prod_{t=1}^{T}f_N(y_{it}\mid x'_{it}\beta-\mu_{it},\sigma^2)\,f_N(\mu_{it}\mid 0,\omega^2) \tag{4-10}$$

式（4-10）中，$f_N(.\mid a,B)$ 表示服从均值为 $a$，协方差矩阵为 $B$ 的正态分布，$f_G(.\mid a,b)$ 表示服从均值为 $a/b$、方差为 $(a/b)^2$ 的 Gamma 分布。由于式（4-10）过于复杂，难以直接推导出参数的边际后验分布。因此，本研究同 Makiela（2014）一样，基于参数的条件后验分布，利用 Gibbs 抽样法以近似获得参数的边际后验分布。所用软件为 Matlab 14，估计次数为 50 000 次，为消除初始值对估计结果的影响，剔除前 10 000 次估计结果。

估计过程中，$\beta$、$\sigma^{-2}$、$\omega^{-2}$、$\mu_{it}$ 的条件后验分布分别为：

$$p(\beta\mid y,X,\mu_{it},\omega^{-2},\sigma^{-2})\propto f_N^J(\beta\mid C_*^{-1}[Cb+\sigma^{-2}X'(y+\mu_{it})],C_*^{-1})$$

$$p(\sigma^{-2}\mid y,X,\mu,\omega^{-2},\beta)\propto f_G\left(\sigma^{-2}\,\middle|\,\frac{n_0+NT}{2},\frac{1}{2}[a_0+(y+\mu_{it}-X\beta)'(y+\mu_{it}-X\beta)]\right)$$

$$p(\omega^{-2} \mid y,X,\beta,\mu,\sigma^{-2}) \propto f_G\left(\omega^{-2} \middle| \frac{NT}{2}+5,\frac{1}{2}\sum_{n=1}^{N}\sum_{t=1}^{T}\mu_{it}+10\,(\ln r_0)^2\right)$$

$$p(\mu_{it} \mid y,X,\beta,\omega^{-2},\sigma^{-2}) \propto f_N^{NT}\left(\mu_{it} \middle| \frac{\omega(X\beta-y)}{\omega^2+\sigma^2},\frac{\omega^2\sigma^2}{\omega^2+\sigma^2}\right)I(\mu_{it}\geqslant 0) \tag{4-11}$$

式（4-11）中，“$\propto$”表示“正比例关系”，$J$ 为 $\beta$ 中的参数个数，$C_*^{-1}=(C+\sigma^{-2}X'X)^{-1}$，$n_0=a_0=10^{-6}$。$r_0$ 为棉花生产技术效率的中位数，利用 MLE 法估计（4-2）式可得，$r_0=0.80$。$\beta$ 的初始值为 OLS 估计量。$\sigma^{-2}$、$b$ 和 $C$ 等其他参数设置同 Makiela（2014）。

## 二、数据来源与变量说明

### （一）变量说明

已有研究表明，选取不同的投入产出变量，会得出不同甚至完全相反的研究结论。因此，有必要对变量的选取依据进行详细说明。

关于产出变量。是选择总产量还是单位面积产量？由于本研究关注的是全国棉花产量的变化情况，而不仅仅是如何提高单位面积的产出，因此选择棉花总产量作为本研究的产出变量。

关于投入变量。当产出变量是总产量时，是选择每亩用工数量、每亩物质与服务费用、播种面积作为投入变量，还是选择用工总量、资本总量作为投入变量？尽管在已有文献中，这两者都有被使用过，但严格说来，使用前者作为投入变量的估计结果有待商榷。假设记总产量为 $Q$，单位面积产量为 $q$，播种面积为 $S$，根据 $Q=q\times S$，当使用 C-D 生产函数时，有理由预期播种面积 S 的产出弹性为 1，否则估计结果是不准确的。当使用超越对数生产函数时，与 S 相关的变量系数没有任何的经济意义。尤为重要的是，每亩用工数量、每亩物质与服务费用和播种面积、总产量不是一个层次上的概念。播种面积可以作为土地投入总量的一个代理指标，但是每亩用工数量、每亩物质与服务费用不能作为棉花生产过程中所用劳动总量和资本总量的代理指标，因为劳动总量和资本总量还受播种面积的影响。因此本研究使用劳动总量和资本总量作为投入变量，一是劳动总量、资本总量和总产量是一个层次上的概念，已包含播种面积对产出的影响；二是可以有效减少待估参数个数，且系数具有经济意义。其中，用工总量＝每亩用工数量（天/亩）×棉花播种面积（万亩），参照《全国农产品成本收益资料汇编》①，按劳动力全年劳动天数为 250 天，将用工总量折算成劳动总量，即劳动力总数。资本总量=每亩物质与服务费用（元/亩）×棉花播种面积（万亩）。为剔除物价因素的影响，用以 1994 年为基期的农业生产资料价格指数对资本总量进行价格平减。变量详细说明见表 4-1。

**表 4-1 变量说明**

| 变量 | 变量说明 |
|---|---|
| $Y$ | 棉花总产量（万吨） |
| $L$ | 劳动力（万人）=（棉花播种面积×每亩用工数量）/250 天 |
| $K$ | 资本（亿元）=（棉花播种面积×每亩物质与服务费用）/1994 年为基期的农业生产资料价格指数 |

## （二）数据来源

考虑到 1994 年以前，农业生产资料价格指数仅仅是商品零售价格指数的一个类别，未从商品零售价格指数中分离出来，因此本研究所选时间段为 1994—2017 年。所选样本为河北、山西、江苏、安徽、江西、山东、河南、湖北、湖南、陕西、甘肃、新疆等 12 个棉花主产省（市、区）。1994 年以来，这 12 个地区的棉花产量占比一直维持在全国总产量的 94%以上，2017 年占比达到 99.34%（图 4-1），以这 12 个棉花主产区为样本，具有很强的代表性。

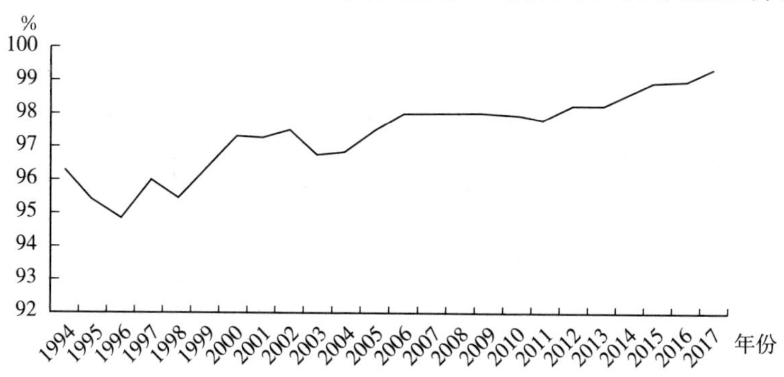


图 4-1 12 个棉花主产区的棉花产量占比

资料来源：根据国家统计局数据库（http://data.stats.gov.cn/）整理。

---

① 国家发展和改革委员会价格司，2019. 全国农产品成本收益资料汇编 2018 [M]. 北京：中国统计出版社。

分析所用的每亩用工数量、每亩物质与服务费用数据来源 1995—2018 年历年的《全国农产品成本收益资料汇编》①，缺失值采用移动平均法进行处理。棉花总产量、棉花播种面积及以上年度为 100 的环比农业生产资料价格指数来源国家统计局数据库。

## 三、约束条件检验

### （一）技术进步是否非中性

超越对数生产函数放松了中性技术进步假设。中性技术进步假设要求劳动、资本等生产要素的生产率同比例增加。从图 4－2 可以看出，劳动生产率和资本生产率增长速度之间的差异呈扩大趋势，与中性技术进步假设不相吻合。

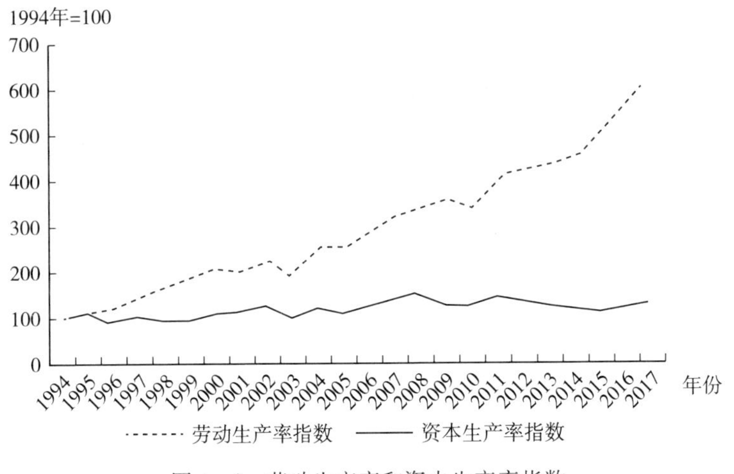


图 4－2　劳动生产率和资本生产率指数

1994 年以来，棉花劳动生产率持续提高，2008 年以来有加快增长的趋势。1994 年，棉花劳动生产率（单位标准劳动力的棉花产出）约 303 千克/人，2008 年达到 1994 年的 3 倍，2013 年达到 1994 年的 4 倍。截至 2017 年，棉花劳动生产率约为 1 888 千克/人，约为 1994 年的 6.22 倍，较 1994 年增加 1 583千克/人。与此同时，棉花资本生产率增长缓慢。棉花资本生产率指数一直徘徊在 90～140，2008 年以来略有下降。1994—2017 年，每投入 1 万元物

① 《全国农产品成本收益资料汇编》（1996—2018 年）。

质资本生产的棉花从 3 520 千克增长到 4 538 千克，增长 29.58%，远小于劳动生产率的增长速度。这表明棉花技术进步为劳动增强型，中性技术进步假设不成立，采用超越对数生产函数更加符合现实。

## （二）产出弹性非负是否成立

估计过程中，本研究约束劳动、资本的产出弹性为非负。尽管超越对数生产函数具有形式灵活、弹性可变、更加符合现实等优点，但是如果不对产出弹性进行约束，可能会得出难以解释的结论。如有学者利用超越对数生产函数进行研究时发现，劳动、资本的产出弹性为负，这与经济理论不相吻合，尽管尝试从劳动力过剩等方面进行解释，但是可信度值得怀疑。主要源于以下两方面的思考：

### 1. 农民会调整自身的生产行为

当农民是理性人时，不可能存在生产要素产出弹性为负的情形。即使农民不符合“理性人”假说，只要知道在收益之间进行比较，农民也不可能在单位面积土地上持续投入过剩的生产要素，农民会根据上一期的收益调整本期或者以后的生产要素投入量，不可能出现生产要素产出弹性持续为负的情形。

### 2. 劳动工价不支持劳动力过剩假设

如果存在过剩劳动力，劳动的边际产出将为零或为负，可以预期剔除价格因素之后的劳动工价不会上涨。然而事实是，无论是否剔除价格因素，劳动工价都呈上涨趋势（图 4-3）。1990 年名义劳动日工价①不足 3 元/人·天，2000 年上涨到 10 元/人·天，2008 年超过了 20 元/人·天，2017 年达到 83.10 元/人·天，上涨速度从 2008 年开始明显加快。即使根据以 1990 年为基期的消费者价格指数进行价格平减，剔除价格因素的影响，结论不变。由于劳动日工价为理论报酬，反映家庭劳动用工的机会成本，可能不能准确反映劳动工价的变化趋势，进一步选用雇工工价②进行分析。2000 年以来，我国雇工工价呈快速增长趋势。2000—2017 年，名义雇工工价从不足 20 元/人·天上涨到 107 元/人·天。剔除价格因素的影响后，实际雇工工价仍保持快速上涨趋势，不支持

① 劳动日工价是指每个劳动力从事一个标准劳动日的农业生产劳动的理论报酬，用于核算家庭劳动用工的机会成本。详细说明参见《全国农产品成本收益资料汇编 2018》。

② 雇工工价是指平均每个雇工劳动一个标准劳动日（8 小时）所得到的全部报酬（包括工资和合理的饮食费、住宿费、保险费和招待费等）。

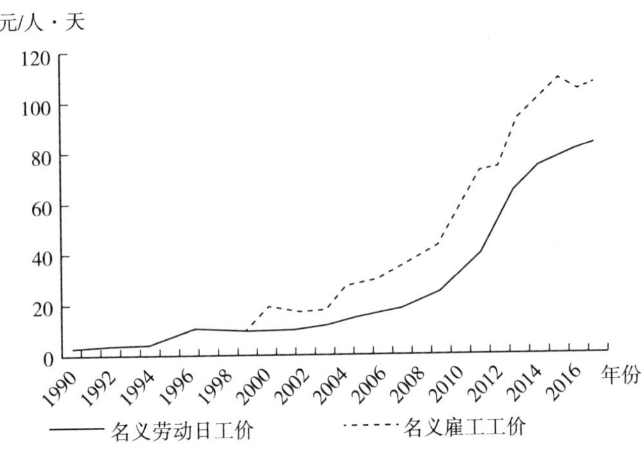


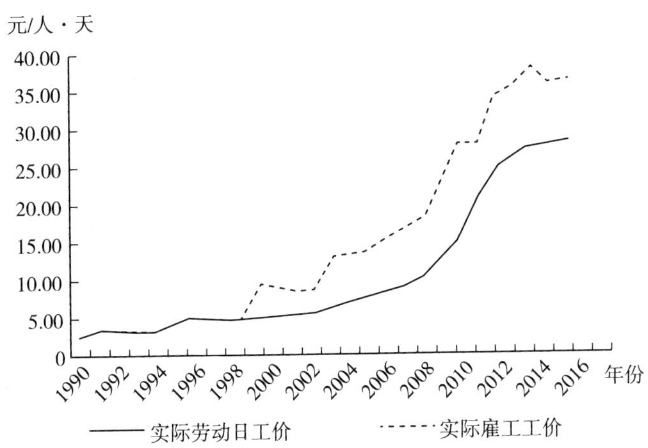


图 4-3　1990—2017 年的劳动日工价和雇工工价

资料来源：根据《全国农产品成本收益资料汇编》（2007 年、2011 年、2018 年）整理。

劳动力过剩假设，意味着不可能出现劳动产出弹性为负的情形，表明约束生产要素的产出弹性为非负是合理的。

## 四、估计结果分析

表 4-2 提供了式（4-2）中参数的贝叶斯估计及检验结果。其中，Geweke 检验的原假设为“后验分布是收敛的”，当 MCMC 抽样的序列平稳时，Geweke 检验统计量收敛于标准正态分布。无效因子（Inefficiency Factors）数值的大小用于判断 MCMC 随机抽取样本的有效性，取值越小，有效

样本数越多，抽样越有效。理想情况下，无效因子取值为 1，此时所有抽样都是相互独立的。

从表 4-2 可以看出，无效因子最大值为 8.17，由于保留的 MCMC 随机抽样次数为 40 000，表明至少可以获得 4 895 个不相关样本，完全满足参数后验统计推断的需要。同时，*Geweke* 检验估计值均远低于 5%显著性水平下的临界值 1.96，说明所有参数均无法拒绝"后验分布收敛"的原假设，表明已有迭代次数能够有效地使马尔科夫链趋于集中，参数的后验分布是收敛的。

**表 4-2 贝叶斯面板随机前沿估计结果及检验**

| 变量 | 后验均值 | 后验标准误 | 95%可信区间 | | *Geweke* | *Ineff.* |
|---|---|---|---|---|---|---|
| | | | 下限 | 上限 | | |
| $(\ln L)^2$ | 0.085 1 | 0.037 7 | 0.002 9 | 0.152 1 | 0.650 7 | 5.109 3 |
| $\ln L\times\ln K$ | −0.159 2 | 0.081 3 | −0.301 6 | 0.016 9 | 0.875 9 | 5.354 1 |
| $\ln L$ | −0.091 3 | 0.144 5 | −0.322 7 | 0.245 3 | 0.613 2 | 4.503 6 |
| $(\ln K)^2$ | 0.197 1 | 0.040 9 | 0.105 6 | 0.265 1 | 0.999 7 | 3.735 2 |
| $\ln K$ | 0.656 2 | 0.163 4 | 0.288 6 | 0.934 0 | 0.881 8 | 7.722 1 |
| $t\times(\ln L)^2$ | 0.003 1 | 0.004 4 | −0.005 4 | 0.011 6 | 0.965 3 | 6.749 8 |
| $t\times\ln L\times\ln K$ | −0.008 6 | 0.008 4 | −0.024 7 | 0.008 1 | 0.935 0 | 6.312 4 |
| $t\times\ln L$ | 0.000 0 | 0.014 4 | −0.029 1 | 0.027 2 | 0.975 0 | 7.503 3 |
| $t\times(\ln K)^2$ | 0.000 2 | 0.004 0 | −0.007 8 | 0.007 9 | 0.928 4 | 6.337 5 |
| $t\times\ln K$ | 0.019 9 | 0.013 7 | −0.006 5 | 0.047 4 | 0.865 7 | 7.177 8 |
| $t$ | 0.002 5 | 0.013 5 | −0.022 1 | 0.030 6 | 0.573 4 | 8.172 7 |
| 常数项 | 1.484 9 | 0.179 1 | 1.087 8 | 1.796 1 | 0.413 1 | 8.017 2 |

说明：MCMC 模拟运行 40 000 次的估计结果。

进一步拟合 12 个棉花主产区的棉花产出增长率发现，模型拟合效果很好（图 4-4）。综合无效因子、*Geweke* 检验结果以及拟合效果，可以判断贝叶斯面板随机前沿估计结果是有效的、稳健的。根据表 4-2 显示的贝叶斯面板随机前沿估计结果，可以得出：

**1. 增加生产要素投入有助于增加棉花产量**

综上分析发现，无论是否包含时间交互项，劳动、资本二次项的系数后验均值均为正，表明劳动和资本对棉花产出产生显著的正向影响。

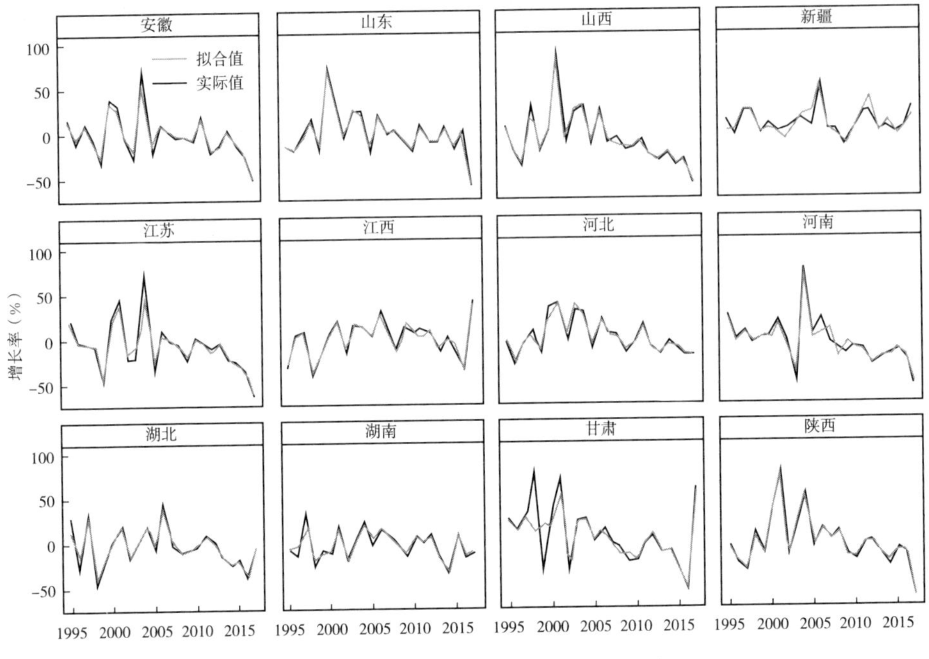


图 4-4　1994—2017 年棉花产出增长率

注：实际值 =（$Y_t - Y_{t-1}$）/ $Y_{t-1}$ × 100 %，拟合值为 MCMC 模拟运行 40 000 次估计结果的平均值。

**2. 劳动和资本之间存在相互替代关系**

劳动和资本交互项的系数后验均值为负，意味着增加资本投入，会降低劳动对产出的影响；反过来，增加劳动投入，会降低资本对产出的影响，表明劳动和资本之间存在相互替代关系。这与常识和经济理论相吻合。

**3. 技术进步会增强劳动和资本对产出的影响**

劳动一次项、二次项和时间交互项的系数后验均值为正，表明在劳动投入不变的情况下，随时间推移，劳动对棉花产出的影响增加。同理，资本一次项、二次项和时间交互项的系数后验均值为正，表明在资本投入不变的情况下，随时间推移，资本对棉花产出的影响增加。

## 五、产出增长分解结果

获得参数估计值后，利用式（4-9）可分别获得要素投入、技术效率以及技术进步对棉花产出增长的影响。

## (一)总体结果

图 4-5 显示了 1994—2017 年 12 个棉花主产区产量平均增长率分解结果。其中，*OC* 表示产出平均增长率，*TC*、*IC*、*EC* 分别表示技术进步、要素投入、技术效率对棉花产出变化的影响（下同）。从图 4-5 可以看出：

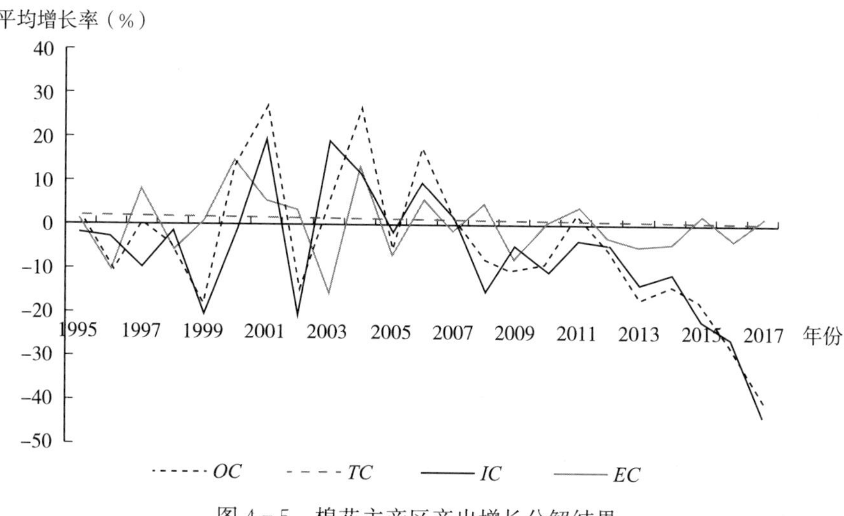


图 4-5 棉花主产区产出增长分解结果

### 1. 要素投入是棉花产出变化的主要因素

1994—2017 年，棉花产出与要素投入在变化方向、变化幅度上高度一致，表明生产要素投入增加是 1994—2007 年我国棉花产出总体持续增长的主要原因，生产要素投入减少是 2008 年以来我国棉花产出总体呈下降趋势的主要原因。这意味着我国棉花生产一直以来都是以要素驱动为主。事实上，生产要素投入方面，1994 年以来，棉花生产所用劳动力人数有所减少，只有所用物质资本总量变化趋势与棉花产出变化趋势完全相同，据此可以进一步判断，物质资本总量增加是 1994—2007 年棉花产出增长的主要原因。

### 2. 技术进步一直是棉花产出增长的动力之一，但作用在下降

1994 年，技术进步对棉花产出平均增长率的影响为 2.27%，继 2010 年下降到 1.64%后，2017 年下降到 0.58%，表明近些年我国棉花生产技术进步不足，对生产的促进作用下降。

### 3. 技术效率对棉花产出变化有重要影响

图 4-5 表明技术效率对棉花产出增长的影响大于技术进步对棉花产出增

长的影响，大体呈先增加后减少的趋势，与技术效率本身的变化趋势相一致（图4－6）。2007年以来，棉花生产技术效率略有下降，一定程度上抑制了棉花产出增长。从图4－6还可以看出，2000—2017年间，我国棉花生产技术效率位于0.70～0.90，处于较高水平。

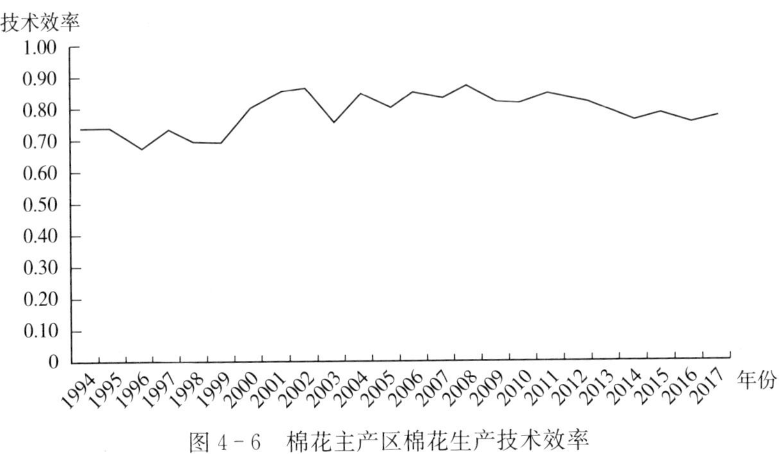


图4－6　棉花主产区棉花生产技术效率

## （二）地区差异

考虑到我国棉花生产存在明显的地区差异，研究结论是否也存在地区差异？为进一步支撑结论，本研究根据我国棉花生产总量的变化特征，以2007年为临界点，分阶段考察各棉花主产区棉花产出变化的源泉。

图4－7显示了1994—2007年期间各棉花主产区棉花生产的年均增长率，以及要素投入、技术进步和技术效率对年均增长率的影响。从图4－7可以看出：1994—2007年期间，除江西、江苏两省外，其余10个棉花主产区的棉花产量都有不同程度的增加。以甘肃增长最快，年均增长16.39%，其余依次为新疆（9.91%）、陕西（6.02%）、河北（4.88%）、山东（4.58%）、安徽（2.90%）、山西（2.36%）、湖北（1.66%）、河南（1.38%）和湖南（0.20%）。

要素投入、技术进步和技术效率对棉花产出增长的影响存在明显的地区差异。分地区来看。

**1. 江西、江苏**

要素投入减少是棉花产量下降的主要原因，技术效率下降进一步促进棉花产量下降。尽管江西、江苏两省的棉花生产技术进步速度较快，棉花产量年均增长率因此分别提高2.10%、3.76%，但仍不足以弥补要素投入减少和技术效率下降带来的产量损失，棉花产量最终分别以年均－2.40％和－2.09％的速度下降，分别减少 4.74 万吨和 10.95 万吨。

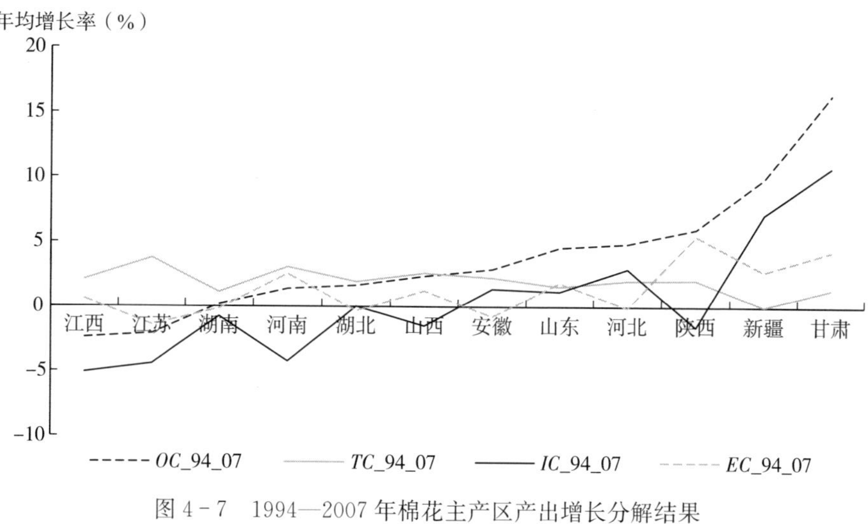


图 4－7　1994—2007 年棉花主产区产出增长分解结果

**2. 湖南、河南、湖北、山西、陕西**

这是五个在要素投入减少的情况下，仍能保持棉花产出持续增长的省份。以河南、陕西两省尤为突出。1994—2007 年期间，河南、陕西两省要素投入减少导致棉花产量年均增长率分别下降 4.22％和 1.54％。但是这两省的棉花生产技术进步速度以及技术使用效率提高速度较快，在技术进步和技术效率的共同作用下，棉花产量增加。其中，河南棉花产量年均增长率因技术进步、技术效率分别提高 3.06％和 2.53％，陕西棉花产量年均增长率因技术进步、技术效率分别提高 2.08％和 5.48％。

**3. 安徽、山东、河北**

1994—2007 年期间安徽、山东、河北三省棉花产量增加是要素投入增加和生产技术进步共同作用的结果。其中，技术进步是安徽棉花产量增加的主要原因，要素投入增加是河北棉花产量增加的主要原因，除山东外，技术效率下降一定程度上抑制了安徽、河北两省的棉花生产。

**4. 甘肃、新疆**

1994—2007 年期间，甘肃、新疆棉花产量分别以 16.39％和 9.91％的年均增长率快速增加，远高于其他棉花主产区的棉花产量增长速度，得益于大量的生产要素投入。研究发现，甘肃棉花产量增加 11.14 万吨，约 65％来源于要素投入，约 35%来源于技术进步和技术使用效率的提高。新疆棉花产量增加 213.07 万吨，约 72%来源要素投入，约 28%来源技术进步和技术使用效率的提高。要素投入增加是 1994—2007 年甘肃、新疆棉花产量增加的主要原因。

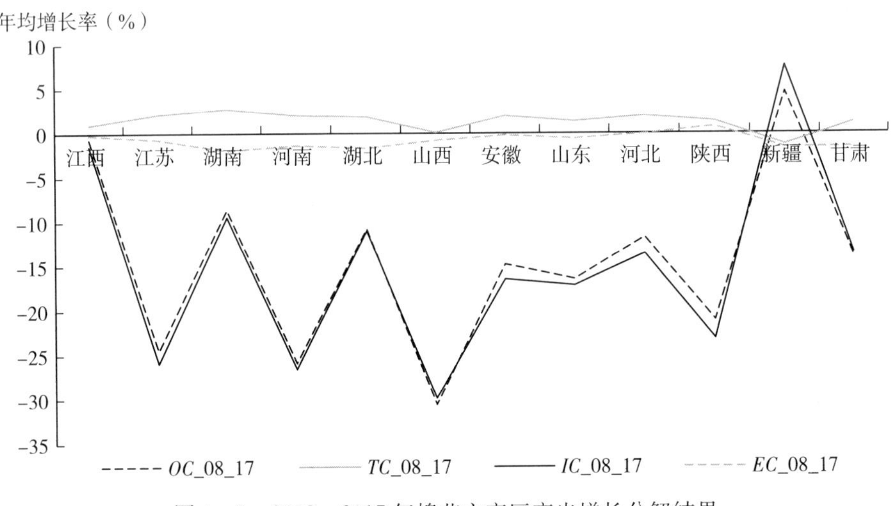


图 4－8　2008—2017 年棉花主产区产出增长分解结果

图 4－8 显示了 2008—2017 年期间各棉花主产区棉花生产的年均增长率，以及要素投入、技术进步和技术效率对年均增长率的影响。从图 4－8 可以看出，2008—2017 年期间，除新疆棉花产量继续增加外，其余 11 个棉花主产区的棉花产量都有不同程度的减少。无论从变化方向，还是从变化幅度上来看，要素投入（*IC*）和产出变化（*OC*）高度一致，表明要素投入变化是棉花产出变化的决定性因素，要素投入减少是 2008 年以来我国棉花产量减少的主要原因。除此之外，12 个棉花主产区的技术效率也有不同程度的下降，使得棉花产量进一步减少。技术进步成为 2008 年以来抑制棉花产量减少的唯一因素。

## （三）结果讨论

分解结果表明，无论是在产出增长阶段，还是在产出下降阶段，生产要素投入变化始终是棉花产出变化的主要因素。棉花产出随生产要素投入的增加而增加，随生产要素投入的减少而减少。既然如此，一个很自然而然的问题是，生产要素投入变化一个单位，产出将变化多少？或者说，生产要素的产出弹性是多少？进一步追问，1994 年以来，我国棉花生产要素的产出弹性发生了怎样的变化？根据 $EL_{it}=\beta_{t1}+2\beta_{t3}\ln L_{it}+\beta_{t5}\ln K_{it}$ 、$EK_{it}=\beta_{t2}+2\beta_{t4}\ln K_{it}+\beta_{t5}\ln$

$L_{it}$ 可分别获得劳动和资本的产出弹性，另根据 $ERTS_{it}=EL_{it}+EK_{it}$ 可获得棉花生产的规模报酬，计算结果见表 4-3。

**表 4-3 棉花生产规模报酬及劳动和资本的平均产出弹性**

| | 1994 年 | 1995 年 | 1996 年 | 1997 年 | 1998 年 | 1999 年 | 2000 年 | 2001 年 |
|---|---|---|---|---|---|---|---|---|
| *EL* | 0.35 | 0.34 | 0.32 | 0.32 | 0.31 | 0.26 | 0.29 | 0.30 |
| *EK* | 0.69 | 0.71 | 0.72 | 0.70 | 0.71 | 0.73 | 0.69 | 0.72 |
| *ERTS* | 1.04 | 1.05 | 1.05 | 1.02 | 1.02 | 0.99 | 0.98 | 1.02 |
| | 2002 年 | 2003 年 | 2004 年 | 2005 年 | 2006 年 | 2007 年 | 2008 年 | 2009 年 |
| *EL* | 0.31 | 0.31 | 0.31 | 0.29 | 0.30 | 0.30 | 0.32 | 0.28 |
| *EK* | 0.67 | 0.70 | 0.71 | 0.73 | 0.72 | 0.72 | 0.67 | 0.72 |
| *ERTS* | 0.98 | 1.01 | 1.02 | 1.02 | 1.02 | 1.02 | 0.99 | 1.00 |
| | 2010 年 | 2011 年 | 2012 年 | 2013 年 | 2014 年 | 2015 年 | 2016 年 | 2017 年 |
| *EL* | 0.31 | 0.31 | 0.29 | 0.28 | 0.28 | 0.30 | 0.32 | 0.35 |
| *EK* | 0.68 | 0.67 | 0.69 | 0.69 | 0.69 | 0.67 | 0.65 | 0.62 |
| *ERTS* | 0.99 | 0.98 | 0.98 | 0.97 | 0.97 | 0.97 | 0.97 | 0.97 |

**1. 劳动产出弹性基本维持在 0.30 左右**

在 2000—2015 年长达 16 年的时间里，12 个棉花主产区棉花生产的劳动产出弹性在 0.30 附近徘徊。近两年略有提高，2017 年劳动产出弹性为 0.35。

**2. 资本产出弹性总体呈下降趋势**

在 1994—2005 年期间，12 个棉花主产区棉花生产的资本产出弹性变化在 0.70～0.74，但从 2005 年开始，资本产出弹性呈持续下降趋势，从 2005 年的 0.73 下降到 2017 年的 0.62。

**3. 棉花生产从规模报酬递增转为规模报酬递减**

表 4-3 显示，1994—2007 年除个别年份外，劳动和资本的产出弹性之和大于 1，但 2008 年开始劳动和资本的产出弹性之和始终小于 1，且呈缓慢减少趋势。据此可以判断，2008 年以前，12 个棉花主产区的棉花生产存在规模报酬递增，但自 2008 年开始转为规模报酬递减，目前正处于规模报酬递减阶段。

## 六、主要结论和政策启示

本研究使用 1994—2017 年 12 个棉花主产区的投入产出数据，基于约束生产要素产出弹性非负的贝叶斯面板随机前沿模型估计结果，以 2007 年为分界点，分阶段分析了要素投入、技术效率、技术进步对棉花产出增长的影响。得到以下结论。

**1. 我国棉花生产以要素驱动为主**

研究显示，近 30 年我国棉花产出的变化主要是由要素投入的变化引起的，尤其是物质资本总量的投入。要素投入与棉花产出在变化方向、变化幅度上高度一致，这说明长期以来我国棉花产出增长一直以要素投入驱动为主。

**2. 我国棉花生产技术使用效率较高**

研究显示，2000 年以来我国棉花生产技术效率一直徘徊在 0.70～0.90，处于较高水平。这与现实较为吻合。由于我国是小农生产，精耕细作，农户的生产管理水平较高，棉花生产技术普及和使用效率也较高。但同时也意味着未来尽管可以通过提高技术效率增加棉花产量，但如果没有体制机制的创新，在现有小农生产格局下增长空间不大。

**3. 棉花生产技术进步对棉花产出增长的作用在下降**

研究显示，2007 年以来生产技术的进步是抑制我国棉花产量下降的重要因素。但棉花生产技术进步缓慢，对棉花增产作用有限，且呈下降趋势。1994—2017 年，技术进步对棉花产出平均增长率的影响从 2.27%逐步下降到 0.58%，表明棉花生产技术进步对增加棉花产出的作用在减缓。

**4. 棉花生产处于规模报酬递减阶段**

考察 30 多年我国棉花生产要素中劳动和资本的产出弹性发现，我国棉花生产自 2008 年开始转为规模报酬递减。这意味着未来继续依靠增加生产要素投入稳定和增加棉花产量难度较大，而且从我国现有资源状况和粮棉战略地位看，未来大幅增加棉花生产要素投入从实践层面也不可行。

上述研究结论表明，今后我国棉花产出要实现稳定增长，必须突破现有发展瓶颈，转变发展方式：一是加大科技创新，重点在棉花新品种培育、机采棉种植模式、落叶催熟等关键技术的研发和集成，突破产业发展瓶颈，提高科技贡献率。二是推进体制机制创新，培育新型棉花生产经营主体和服务主体，发展适度规模经营，提高棉花生产效率和技术使用效率。三是加快棉花机械采摘、智能化节水滴灌、配方施肥、轻简栽培技术示范、投入品控制等各种节本增效技术的集成推广，降低物质投入提高资源使用效率。四是加强农业技术推广体系在农业技术推广中的公益性作用，加大对棉农的生产技术培训和技术宣传，进一步提高棉花技术的推广和使用效率。

# 第二篇

# 中国棉花产业政策及效果分析

# 第五章　中国棉花产业支持政策演变及体系框架

作为全球较大规模的棉花产业，我国为棉花产业的发展出台了很多支持政策并不断根据宏观环境和产业发展状况调整。认真梳理棉花产业近些年支持政策的变化，有助于全面了解棉花产业发展的整体政策环境，把握未来的政策调整趋势。

为更直观地分析我国棉花产业支持政策，本研究将各类支持政策按实施环节分为生产环节支持政策、流通环节支持政策、贸易环节支持政策。

## 一、生产环节支持政策

生产环节的支持政策包括良种补贴政策、高产创建政策、棉花生产保险政策和目标价格补贴政策。

### 1. 良种补贴政策

2000 年前后，随着市场经济体制的建立，我国农作物种子市场放开。在国家对种子市场放开后，棉花供种发生了较大变化，供种渠道快速增加，棉花品种市场上呈现出非常突出的“多、乱、杂”现象。根据调查，2006 年以前面积小的棉花生产县的品种数量达四五十个，面积大的县的棉花品种数量多达百余个。市场上的这种供种状况严重冲击了我国棉花优良品种的培育、推广和经营秩序，同时也导致了我国原棉一致性差、商品棉竞争力低的不利局面。在此情况下，我国棉花生产普遍存在品种“多、乱、杂”、商品棉一致性差的现象，为解决这一问题，借鉴大豆、小麦、玉米、水稻良种补贴取得较好效果的经验，2007 年中央财政首次安排 5 亿元，对棉花实行良种补贴，补贴标准为 25 元/公顷。2007—2008 年仅针对部分主产区进行补贴，包括山东、河南、河北、湖北、安徽、江苏、湖南和新疆。2009 年国家的良种补贴政策从部分享受的特惠制改为全覆盖的普惠制，补贴方式也发生了明显变化，2007—2008

年棉花良种补贴的操作方式主要是通过招投标确定供种单位，农户以优惠价格从中标的供种单位购买优质棉种，供种单位可从地方政府获得补贴；2009 年棉花良种补贴操作方式发生了变化，良种补贴资金原则上直接发给购买良种的农民，具体补贴办法由棉花省（市、区）决定实施。2014 年国家实行了棉花目标价格补贴政策，同时正酝酿“三补合一”，即粮食补贴、农作物良种补贴、农资综合补贴这 3 项补贴统一整合为“农业支持保护补贴”。在这种背景下，棉花良种补贴政策就不再实施了。

**2. 高产创建政策**

高产创建是从 2008 年开始的。2008 年中国粮食已经实现了连续 5 年增产，要实现粮食稳定发展困难更多、压力更大、手段更少。在这种状况下，农业部决定在全国粮油主产区建立高产创建活动，希望通过强化农业基础设施建设、集约高产高效技术、建立典型示范样本、推动规模化和标准化生产，全面提升农业产出率和综合生产能力。2008 年被确定为高产创建活动年，全国范围内建设了 500 个粮食和 102 个油料万亩示范片。2009 年在棉花生产遇到较大困难的情况下，农业部将棉花也纳入高产创建范围，希望通过开展棉花高产创建活动，依靠科技挖掘增产潜力，通过示范引导、以点带面，辐射带动新品种新技术的推广普及，实现良种良法相配套与高产优质相结合，大幅度提高棉花单产水平，增加棉农收入。2009 年在全国 200 个棉花主产县实施棉花高产创建活动，全国 200 个棉花主产县、兵团团场的 13.33 万公顷（200 万亩）棉田获得了国家 4 000 万元的资金扶持。根据原农业部要求，开展高产创建的地区必须符合“统一规划布局、统一土地整理、统一良种供应、统一肥水管理、统一技术培训、统一病虫防治、统一质量标准”的“七统一”要求。2009—2015 年全国棉花高产创建资金支持额度、范围不变。2016 年开始，高产创建项目发生变化，改为绿色高质高效创建，支持范围和推进形式也发生了变化，由原来的示范片改为整县制推进，在新疆、河北、山东的总共8 个县实行，其他地区不再实行。

**3. 政策性棉花保险补贴政策**

2007 年政策性农业保险保费补贴试点一开始，棉花保险就被纳入我国的补贴险种，实行统一的保费补贴政策，和玉米、水稻、大豆和小麦等重要农作物没有差别。自此，我国农业保险试点达到 6 个省（自治区），即新疆、河北、山东、河南、湖北、安徽等。政策性农业保险的主要实施模式为政府组织推动、保险公司市场运作，政府提供一定的保费补贴，其中，中央财政补贴保费的25%、省财政补贴25%。以新疆为例，全区棉花保费率7%，保额6 000元/公顷，其中在保费率中，中央财政、自治区财政和农民分别承担25%、25%和50%。我国棉花保险产品以政策性物化成本保险为主。棉花物化成本是该保险产品的保障目标，棉花生长期内所发生的直接物化成本是确定保险金额的主要依据，种子成本、化肥成本、农药成本和灌溉成本等均包括在其中。近年来我国棉花生产成本不断上涨，棉花保险保额也随之不断提高，尽管部分人工成本已经被覆盖到了棉花保险中，但相对于生产成本全覆盖还存在较大差距，现行的棉花成本保险主要覆盖自然风险。2015年《中国保监会财政部农业部关于进一步完善中央财政保费补贴型农业保险产品条款拟订工作的通知》提出，种植业保险的保险范围要适当扩大。随后各地分别出现了不同保险的试点，2015年棉花商业性保险由人保财险在山东省试点推动，2016年棉花“保险+期货”试点由郑州商品交易所支持期货公司推动，2016年棉花价格保险、收入保险和温度指数保险等在新疆生产建设兵团试点推行。

自2008年开始，我国不断扩大保费补贴试点省份，补贴水平也不断提高。以新疆为例，2007年中央财政和省财政分别补贴保费的25%；2008年中央财政补贴保费的比例有所提升，达到35%，省财政仍然补贴25%；2010年至今，中央财政对新疆地方和新疆生产建设兵团分别补贴保费的40%和65%，省财政仍然补贴25%。

**4. 棉花目标价格补贴政策**

棉花目标价格补贴试点政策是在取消临时收储政策后出台的。主要做法是国家制定棉花目标价格，如果当年市场价格高于目标价格，则目标价格补贴政策不启动，如果低于目标价格，农民根据市场状况市场价格销售棉花，目标价格和市场价格之差由政府补贴。对内地黄河流域、长江流域九省棉区实行定额补贴，每年补贴额为新疆补贴标准的60%，以2 000元/吨为上限。2014—2016年，棉花目标价格分别为19 800元/吨、19 100元/吨和18 600元/吨。2017年棉花目标价格补贴试点期已到，国家明确出台了棉花目标价格补贴政策。根据国家方案，棉花目标价格补贴仍然仅在新疆执行，但对新疆享受目标价格补贴的棉花数量进行上限管理，补贴数量上限为基期全国棉花平均产量的85%，对于超出上限的部分不再予以补贴，这里的基期是指2012—2014年；目标价格为18 600元/吨，且一定三年不变，如果定价周期内棉花市场发生重大变化需要调整目标价格水平，须报请国务院，由国务院同意后及时进行调整。2017 年后实行三年目标价格政策一定不变，每吨 18 600 元。为贯彻落实 2020 年中央 1 号文件精神，经国务院批准，2020 年起在新疆完善棉花目标价格政策，目标价格水平为每吨 18 600 元，每三年评估一次，根据评估结果视情况调整目标价格水平。

## 二、流通环节支持政策

### 1. 棉花临时收储政策

临时收储政策就是国家对某种产品根据一定的标准提前制定一个价格，如果市场价格比政府制定的价格高，则临时收储政策不启动；如果市场价格比政府制定的价格低，则由政府以预先制定的价格购买农民的农产品。2008 年全球金融危机爆发后我国对多种农产品出台了临时收储政策。2008 年、2011 年、2012 年和 2013 年我国对棉花分别启动临时收储政策，收储规模分别为 122 万吨、320 万吨、662 万吨和 630.7 万吨，分别占当年产量的 16.3%、48.6%、96.6%和 100%（表 5-1）。每年度的收储价格以棉粮比价为核心，同时参考棉农植棉成本、市场供求、国际市场价格等因素。尽管棉花临时收储政策对于稳定棉花市场和价格、保护棉农利益、稳定植棉面积起到了一定的作用，但同时也扭曲了市场价格、弱化了市场价格机制的作用、降低了我国纺织行业的竞争力等。2014 年，我国正式取消了棉花临时收储政策。

**表 5-1　2008—2014 年中国棉花临时收储政策实施情况**

| 年度 | 收储价格（元/吨） | 收储数量（万吨） |
| --- | --- | --- |
| 2008/2009 | 12 600 | 122.0 |
| 2011/2012 | 19 800 | 320.0 |
| 2012/2013 | 20 400 | 662.0 |
| 2013/2014 | 20 400 | 630.7 |

注：棉花市场年度为当年 9 月至次年 8 月。

### 2. 出疆棉运输补贴政策

新疆区内棉花消费数量有限，大量棉花需要调运出疆。新疆地处我国最西部，只与甘肃、西藏、青海连接，区内地域广阔，物流基础设施不发达。棉花无论是向内陆销售还是对外出口，物流成本都偏高。2008 年，财政部研究制定了《出疆棉移库费用补贴管理暂行办法》，旨在帮助解决新疆棉花远离内地销区移库成本较高的问题，以促进新疆棉花销售，保护新疆发展棉花产业的积极性，明确指出对于符合国家标准的出疆棉不进行品级和长度区分，均由中央财政定额补贴，标准为400元/吨。"十二五"之后，中央财政继续对出疆棉移库费用给予补贴，补贴标准提高到500元/吨。

**3. 农发行贷款支持政策**

为保障粮食、棉花等大宗农产品能及时销售和兑现为现金，防止出现严重过剩，满足农民生产资金需求，我国1994年成立了政策性银行——中国农业发展银行（下面简称农发行），对粮食、棉花等大宗农产品购销业务等提供专门的政策性贷款。贷款的利率为中国人民银行规定的基准利率，通常比商业银行的浮动或调整利率低几个百分点。例如1995年国家农业发展银行的政策性贷款年利率为10.08%，大大低于当时13.14%的一般商业贷款利率。棉花流通体制改革后，随着国家经济环境的变化，农发行的贷款利率有过几次调整，但总体水平仍基本低于商业贷款利率。

棉花政策性贷款的对象刚开始仅限于供销社棉麻公司和农业部门下属的良种棉加工厂（良种棉加工厂所收购的棉花仅局限于其所生产的种子棉）。后来，随着棉花流通体制改革的推进，大量私营棉花加工企业出现，农业发展银行贷款对象也进一步扩大为经资格认定的符合农业发展银行贷款要求的各类棉花收购、加工企业。由于棉花商品率高、收获和销售时间集中，所需资金规模巨大，如果完全依靠企业自筹资金收购困难较大，很容易出现农户交售籽棉难和打白条现象，从而影响棉农收入和种植棉花的积极性。在这种情况下，农发行收购资金贷款政策部分解决了企业收购资金紧张的问题，促进了棉花加工和销售，为保护棉农收益和发展棉花生产发挥了重要的作用。

2007—2016年我国棉花生产扶持政策具体见表5-2。

**表5-2 2007—2016年我国棉花生产扶持政策一览表**

| 政策类别 | 实施时间 | 主要内容 |
| --- | --- | --- |
| 良种补贴政策 | 2007年至今 | 从2007年开始，对棉花实行良种补贴政策。按照每亩15元的标准补贴 |
| 高产创建政策 | 2009年至今 | 主要是以棉花稳定发展和农民持续增收为目标，集约项目，集中力量，集成技术，主攻单产，改善品质，提高效益，通过典型示范，促进平衡增产，全面提升棉花综合生产能力 |

（续）

| 政策类别 | 实施时间 | 主要内容 |
|---|---|---|
| 棉花生产保险政策 | 2007 年至今 | 2007 年国家决定实行棉花生产保险政策试点。首先选定新疆、河北、山东、河南、湖北、安徽 6 个省份作为全国农业保险试点，主要模式为政府组织推动、保险公司市场运作。政府对保费进行一定的补贴。以新疆为例，全区棉花保费率 7%，保额 400 元/亩，中央财政承担 25%、自治区财政承担 25%，农民自筹 50% |
| 棉花临时收储政策 | 2008 年、2011 年、2012 年、2013 年 | 主要做法是国家制定临时收储价，如果市场价格低于临时收储价，则政府按照收储价格敞开收购棉花。2008 年、2011 年、2012 年和 2013 年我国棉花临时收储价格分别为每吨 12 600元、19 800 元、20 400 元和 20 400 元；收储规模分别为 122 万吨、320 万吨、662 万吨和 630.7 万吨，占当年产量的 16.3%、48.6%、96.6%和 100% |
| 棉花目标价格政策 | 2014 年至今 | 主要做法是国家制定棉花目标价格，如果当年市场价格高于目标价格，则政策不启动，如果低于目标价格，农民根据市场状况销售棉花，目标价格和市场价格之差由政府补贴。棉花目标价格补贴试点政策仅在新疆执行。对内地黄河流域、长江流域 9 省（市、区）棉区实行定额补贴，每年补贴额为新疆补贴标准的 60%，以每吨 2 000 元为上限。2014—2016 年，棉花目标价格分别为每吨 19 800 元、19 100 元和 18 600 元。2017 年后实行三年目标价格政策一定不变，每吨 18 600 元。2019 年后，为贯彻落实 2020 年中央 1 号文件精神，经国务院批准，2020 年起在新疆完善棉花目标价格政策，目标价格水平为每吨 18 600 元，每三年评估一次，根据评估结果视情况调整目标价格水平 |
| 新疆棉花运输补贴政策 | 2008 年至今 | 新疆棉花外运到内地补贴政策。主要目标在于提高新疆棉花价格竞争力。2008—2010 年每吨补贴 400 元。2012 年以后，每吨补贴 500 元 |
| 棉花大县奖励政策 | 2021 年至今 | 内地棉花目标价格补贴政策调整为棉花大县奖励政策 |

资料来源：作者整理。

## 三、贸易环节支持政策

### （一）我国棉花贸易政策框架

加入世贸组织后，我国对棉花进口实行关税配额管理。为了满足国内旺盛的棉花需求，我国从2005年补充实施滑准关税制度。

**1. 关税配额管理**

中国向世界贸易组织承诺的棉花进口关税配额制度的主要内容：一是配额内进口实行低关税，为1%，配额外实行约束关税，税率由2002年的54.4%减至2004年的40%。二是配额量逐步扩大。加入世界贸易组织后中国棉花进口配额增加到81.85万吨，到2004年扩大到89.4万吨。三是限制国有贸易。中国承诺，每年棉花进口配额中为国有贸易的比重为33%，非国有贸易占67%。四是取消棉花出口补贴，逐步取消对国内棉花生产流通的补贴（表5-3）。

**表5-3 棉花进口关税及配额一览表**

单位：万吨，%

| 年份 | 关税配额数量 | 配额内关税 | 配额外关税 | 国有贸易 | 非国有贸易 |
|---|---|---|---|---|---|
| 2002 | 81.85 | 1 | 54.4 | 33 | 67 |
| 2003 | 85.625 | 1 | 47.2 | 33 | 67 |
| 2004 | 89.4 | 1 | 40.0 | 33 | 67 |

数据来源：根据中国“入世”议定书相关资料整理。

棉花进口关税配额管理的具体内容，依照中华人民共和国商务部、国家发展和改革委员会2003年第4号令《农产品进口关税配额管理暂行办法》执行。

主管部门。2003年以前，实行进口配额管理的农产品都是由国家发展计划委员会（简称“国家计委”）统一管理。2003年机构改革后，棉花与小麦、玉米、大米进口关税配额由国家计委改组后的国家发展和改革委员会（以下简称“发展改革委”）会同商务部分配。

年度管理。本年度进口关税配额的申请期为上年度10月15日至30日（凭合同先来先领分配方式除外）。商务部、发展改革委分别于申请期前1个月在《国际商报》《中国经济导报》以及商务部网站、发展改革委网站上公布每种农产品下一年度进口关税配额总量、关税配额申请条件及国务院关税税则委员会确定的关税配额农产品税则号列和适用税率。年度农产品进口关税配额于每年1月1日开始实施，并在公历年度内有效。分配给最终用户的国有贸易农产品进口关税配额量，在当年8月15日前未签订合同的，经发展改革委批准后，允许最终用户委托有贸易权的任何企业进口；有贸易权的最终用户可以自行进口。持有农产品进口关税配额的最终用户当年无法将已申领到的全部配额量签订进口合同或已签订合同无法完成，须在9月15日前将无法完成的配额量交还原发证机构，由国家发改委组织配额再分配。

贸易企业。棉花进口关税配额分为国有贸易配额和非国有贸易配额。国有贸易配额须通过国有贸易企业进口，非国有贸易配额通过有贸易权的企业进口，有贸易权的最终用户也可以自行进口。国有贸易企业指政府授予某些产品进口专营特权的企业。2001 年 12 月 11 日，原经贸部发布的《进口国有贸易企业名录》中，中国纺织品进出口总公司、北京九达纺织集团公司、天津纺织工业供销公司以及上海纺织原料公司被指定为棉花进口国有贸易企业。最终用户为直接申领到农产品进口关税配额的生产企业、贸易商、批发商和分销商等。

贸易方式。2003 年以前，加工贸易方式进口配额的管理与其他贸易方式的进口分证管理。一般贸易进口关税配额，适用于一般贸易、易货贸易、边境小额贸易、援助、捐赠等方式进口，审批后颁发《农产品进口关税配额证（A 类）》；加工贸易进口关税配额凭外经贸部门批准的《加工贸易业务批准证》领取《农产品进口关税配额证（B 类）》。2003 年起，所有贸易方式的进口均纳入关税配额管理范围，审批后的加工贸易与其他贸易方式棉花进口配额领取同一证《农产品进口关税配额证》。

申请程序。发展改革委授权机构负责受理本地区内棉花进口关税配额的申请。发展改革委授权机构根据公布的条件，受理申请者提交的棉花申请及有关资料，并于 11 月 30 日前将申请转报发展改革委，同时抄报商务部。

分配原则。农产品进口关税配额将根据申请者的申请数量和以往进口实绩、生产能力、其他相关商业标准或根据先来先领的方式进行分配。关税配额再分配量根据公布的申请条件，按照先来先领方式进行分配。

**2. 对配额外进口征收滑准税**

滑准税是根据进口货物的不同价格征收不同税率的关税，一般是价格越低关税率越高，将进口价格控制在某一水平之上。

“入世”以来我国纺织业飞速发展，棉花消费逐年增加，国内棉花产需缺口不断加大，因此我国自 2003 年下半年开始增发配额，增发配额部分的关税大致划分为两个阶段，首先是 2002 年 1 月—2005 年 5 月 1 日，增发配额部分的关税基本上按照配额内 1%的关税征收。由于国际上部分发达国家巨额补贴支持下的低成本棉花的大量进口从直观上形成了对我国棉花产业的冲击，造成 2003 年、2004 年国内棉花市场的大幅震荡。为了保护国内棉农的收益，同时又满足国内高涨的用棉需求，我国政府于 2005 年 5 月 1 日对超配额进口棉花实行了滑准税制度，即根据不同的价格，征收 5%～40%的关税，试图通过这种较为灵活的关税制度，锁定进口棉花的国内销售价格，避免低价格外棉对国内棉花产业的冲击。目前，滑准税政策成为调节配额外棉花进口的主要政策。

滑准税也称为滑动税（Sliding Duty），是一种关税税率随进口商品价格由高到低而由低至高设置计征关税的方法。征收滑准税使进口商品价格越高，其进口关税税率越低；进口商品的价格越低，其进口关税税率越高。其主要特点是可保持滑准税商品的国内市场价格的相对稳定，尽可能减少国际市场价格波动的影响。中国滑准税税率滑动的基本范围为5%～40%，征收的目的是在大量棉花进口的情况下，减少进口棉对国内棉花市场的冲击，确保棉农收益。这相当于为进口棉花价格设置了底线，因此对国内棉花市场价格形成支撑。滑准税征收方案见表5-4。

**表5-4　近年中国滑准税征收方案**

单位：元/吨，%

| 时间 | 征税基准价 | 税率 | 完税价格低于基准价 | 完税价格高于或等于基准价 |
|---|---|---|---|---|
| 2005.05—2005.12 | 10 029 | 5%～40% | $Ri$ = INT[($Pt$/($Pi$×E－1)×1 000＋0.5]/1 000，其中 $Pt$＝10 531［即 10 029×(1＋5%)］，$Pi$ 为关税前价格（美元/吨） | 5 |
| 2006.01—2006.12 | 10 746 | 5%～40% | $Ri$ = INT[($Pt$/($Pi$×E－1)×1 000＋0.5]/1 000，其中 $Pt$＝10 531［即 10 029×(1＋5%)］，$Pi$ 为关税前价格（美元/吨） | 5 |
| 2007.01—2007.12 | 11 397 | 6%～40% | $Ri$ = INT[($Pt$/($Pi$ × E)＋2.526%×$Pi$×E－1)×1 000＋0.5]，其中 $Pt$＝8.8元/千克，$Pi$ 为关税完税价格（美元/千克），$E$ 为美元汇率 | 6 |
| 2008—2011（2008.6.5—2008.10.5除外） | 11 397 | 5%～40% | $Ri$ = 8.686/$Pi$ ＋ 2.526% × $Pi$－1，其中 $Ri$ 为暂定从价税率，当按上式计算值高于40%时，$Ri$ 取值40%；$Pi$ 为关税完税价格，单位为元/千克 | 按0.57元/千克从量税计征 |
| 2008年临时调整棉花滑准税率 | 2008年5月28日，财政部宣布对2008年棉花滑准税政策进行临时调整：自2008年6月5日至10月5日，对配额外进口的一定数量棉花实施临时滑准税政策，将进口价格较高的高品质棉花适用的从量税从570元/吨降至357元/吨（每吨下调213元），相当于将棉花滑准税由5%～40%降至3%～40%，并从10月6日起恢复正常情况下的滑准税。棉花基准价从11 397元/吨调高至11 914元/吨 | | | |

（续）

| 时间 | 征税基准价 | 税率 | 完税价格低于基准价 | 完税价格高于或等于基准价 |
| --- | --- | --- | --- | --- |
| 2012年 | 14 000 | 5%～40% | $Ri$=8.23/$Pi$+3.235%×$Pi$−1，其中 $Ri$ 为暂定从价税率，当按上式计算值高于40%时，$Ri$ 取值40%；$Pi$ 为关税完税价格，单位为元/千克 | 暂定从量税率为0.57元/千克 |
| 2013年 | 14 000 | 5%～40% | $Ri$=8.87/$Pi$+2.908%×$Pi$−1，其中 $Ri$ 为暂定从价税率，当按上式计算值高于40%时，$Ri$ 取值40%；$Pi$ 为关税完税价格，单位为元/千克 | 暂定从量税率为0.57元/千克 |
| 2014年 | 14 000 | 5%～40% | $Ri$=9.337/$Pi$+2.77%×$Pi$−1，其中 $Ri$ 为暂定从价税率，当按上式计算值高于40%时，$Ri$ 取值40%；$Pi$ 为关税完税价格，单位为元/千克 | 暂定从量税率为0.57元/千克 |
| 2015年 | 15 000 | 5%～40% | $Ri$=9.337/$Pi$+2.77%×$Pi$−1，其中 $Ri$ 为暂定从价税率，当按上式计算值高于40%时，$Ri$ 取值40%；$Pi$ 为关税完税价格，单位为元/千克 | 暂定从量税率为0.57元/千克 |
| 2016年 | 15 000 | 5%～40% | $Ri$=9.337/$Pi$+2.77%×$Pi$−1，其中 $Ri$ 为暂定从价税率，当按上式计算值高于40%时，$Ri$ 取值40%；$Pi$ 为关税完税价格，单位为元/千克 | 暂定从量税率为0.57元/千克 |
| 2017年 | 15 000 | 5%～40% | $Ri$=9.337/$Pi$+2.77%×$Pi$−1，其中 $Ri$ 为暂定从价税率，当按上式计算值高于40%时，$Ri$ 取值40%；$Pi$ 为关税完税价格，单位为元/千克 | 暂定从量税率为0.57元/千克 |
| 2018年 | 15 000 | 5%～40% | $Ri$=9.337/$Pi$+2.77%×$Pi$−1，其中 $Ri$ 为暂定从价税率，当按上式计算值高于40%时，$Ri$ 取值40%；$Pi$ 为关税完税价格，单位为元/千克 | 暂定从量税率为0.57元/千克 |

（续）

| 时间 | 征税基准价 | 税率 | 完税价格低于基准价 | 完税价格高于或等于基准价 |
|---|---|---|---|---|
| 2019 | 15 000 | 5%～40% | 当进口棉花完税价格低于15元/千克时，暂定从价税率按下式计算：$Ri=9.45/Pi+2.6\%\times Pi-1$，$Ri$ 为暂定从价税率，当按上式计算值高于40%时，$Ri$ 取值40%；$Pi$ 为关税完税价格，单位为元/千克 | 按0.300元/千克计征从量税 |
| 2020 | 15 000 | 5%～40% | 当进口棉花完税价格低于15元/千克时，暂定从价税率按下式计算：$Ri=9.45/Pi+2.6\%\times Pi-1$，$Ri$ 为暂定从价税率，当按上式计算值高于40%时，$Ri$ 取值40%；$Pi$ 为关税完税价格，单位为元/千克 | 按0.300元/千克计征从量税 |
| 2021 | 14 000 | 5%～40% | 当进口棉花完税价格低于14元/千克时，暂定从价税率按下式计算：$Ri=9.0/Pi+2.69\%\times Pi-1$；$Ri$ 为暂定从价税率，当按上式计算值高于40%时，$Ri$ 取值40%；$Pi$ 为关税完税价格，单位为元/千克 | 按0.280元/千克计征从量税 |

2005—2008年滑准税计算方法如下：

2005滑准税政策：自2005年5月1日至2005年12月31日对关税配额外报关进口的棉花按“有数量限制的暂定关税生产率”征收进口关税。以滑准税方式确定暂定关税税率，税率滑动范围为5%～40%。

具体方式为：当进口棉花价格高于或等于10 029元/吨时，暂定关税税率为5%；当进口棉花价格低于10 029元/吨时，暂定关税税率为：$Ri=\text{INT}[(Pi/(Pi\times E)-1)\times 1\,000+0.5]/1\,000(Rt\leqslant 40\%)$。关税$=Ri\times Pi\times E$。其中：$Ri$ 为暂定关税税率，当 $Ri$ 按上式计算值高于40%时，取值40%；$E$ 为美元汇率；$Pi$ 为关税前价格（美元/吨）；$Pt$ 为常数，为10 531（即$10\,029\times(1+5\%)$）；INT为取整函数。

2006滑准税政策：根据海关总署关于对《中华人民共和国进出口税则》

的税目、税率进行调整的公告内容，2006 年对配额外进口一定数量的棉花（税号 52010000），实行 5%～40%的滑准税，但对基准价和目标价进行了调整，当进口棉花完税价格高于或等于 10 746 元/吨时，暂定关税税率为 5%；当进口棉花完税价格低于 10 746 元/吨时，按暂定关税税率计算。

2007 滑准税政策：《2007 年关税实施方案》中规定，对配额外进口的一定数量棉花实行 6%～40%的滑准税。具体方式是，当进口棉花完税价格高于或等于 11 397 元/吨时，暂定关税税率为 6%；当进口棉花完税价格低于11 397元/吨时，暂定关税税率按公式计算：$Ri = \text{INT}\{[Pt/(Pi \times E) + \alpha \times Pi \times E - 1] \times 1\ 000 + 0.5\}/1\ 000(Ri \leqslant 40\%)$ 。其中，$Ri$ 为暂定关税税率，当 $Ri$ 按上式计算值高于 40%时，取值 40%；$Pt$ 为常数，为 8.8 元/千克；$Pi$ 为关税到岸价格；$E$ 为美元汇率；$\alpha$ 为常数，为 2.526%；INT 为取整函数。

2008 年滑准税政策：2008 年滑准税政策是在对 2007 年滑准税政策进行调整后确定的。调整的内容主要有三个方面：一是最低税率下调 1 个百分点，由原来的 6%～40%下调到 5%～40%。二是将公式系数 $Pt$ 由 8.8 调整为 8.686，$\alpha$ 为 2.526%不变；三是对于完税价格高于 11 397 元/吨的进口棉，按 570 元/吨的固定关税征收。

2019 年滑准税政策：①当进口棉花完税价格高于或等于 15 元/千克时，按 0.300 元/千克计征从量税。②当进口棉花完税价格低于 15 元/千克时，暂定从价税率按下式计算：

$$Ri = 9.45/Pi + 2.6\% \times Pi - 1 \quad (5-1)$$

对式（5－1）计算结果四舍五入保留 3 位小数。其中 $Ri$ 为暂定从价税率，当按式（5－1）计算值高于 40%时，$Ri$ 取值 40%；$Pi$ 为关税完税价格，单位为元/千克。

2020 年滑准税政策：①当进口棉花完税价格高于或等于 15 元/千克时，按 0.300 元/千克计征从量税。②当进口棉花完税价格低于 15 元/千克时，暂定从价税率按下式计算：

$$Ri = 9.45/Pi + 2.6\% \times Pi - 1 \quad (5-2)$$

对式（5－2）计算结果四舍五入保留 3 位小数。其中 $Ri$ 为暂定从价税率，当按式（5－2）计算值高于 40%时，$Ri$ 取值 40%；$Pi$ 为关税完税价格，单位为元/千克。

2021 年滑准税政策：①当进口棉花完税价格高于或等于 14 元/千克时，按 0.280 元/千克计征从量税；②当进口棉花完税价格低于 14 元/千克时，暂定从价税率按下式计算：

$$Ri = 9.0/Pi + 2.69\% \times Pi - 1 \quad (5-3)$$

## （二）棉花进口政策效果和问题

贸易政策的作用主要体现在对国内市场和国内相关行业发展的影响上，从近年来国内棉花市场的情况来看，我国棉花进口政策取得一定效果，但也存在一些问题。

**1. 积极作用**

首先，关税配额保留了国家控制棉花进口的可能性。配额量只有 89.4 万吨，并且 1/3 是国有贸易，进口棉的规模可以控制在较小的范围。如果市场需求扩大，需要增加进口，政府可以根据整个国民经济和社会的要求，自主选择合适的进口方式。由于我国不仅是棉花消费大国，还是棉花生产大国，因此在产业政策制定中必须综合考虑纺织企业、加工流通企业和棉农的利益。在国际棉花成本明显低于国内的情况下，大规模进口国外棉花会严重冲击国内棉花生产，损害棉农利益。相比之下，滑准税的作用要明显一些。通过滑准税管理方式，不管进口棉等级、购买成本是多少，只要到岸价低于每年制定的最低价格，不同的关税税率都能将税后价格调整在一定的范围内，基本上能够锁定进口棉花进入国内市场的价格底线。滑准税的实施可以达到两个主要效果：一是通过提升进口棉到港成本，维护国内棉价，保障棉农和加工流通企业的利益，稳定国内市场；二是低等级棉花进口成本提高，能够引导减少低等级棉花进口，增加高等级棉花进口，进口棉结构改变将间接刺激纺织行业产业升级，促使纺织企业向高附加值产品转移，引导低端产业向高端产业升级，有利于纺织行业内部结构调整，一定程度上也可以缓解纺织品贸易摩擦。

**2. 存在问题**

加入世界贸易组织后，我国粮棉油等重要农产品的进口政策发生了较大的变化，同时全球一体化情况下，市场宏观形势的走势更加难以判断，棉花进口政策不可避免地出现一些问题。首先，政策调整存在偏差。按照我国棉花滑准税的制定规则看，一是年初根据国内外棉花市场运行情况和国内外棉花供需状况确定进口税率；二是根据国内外棉花市场运行情况、国内外棉花供需基本状况决定棉花滑准税配额数量。这就存在很多问题，首先，由于我国棉花市场和国际市场一体化程度较高，国际市场情况能够很快影响国内市场。相比粮食等农产品，棉花的消费弹性较大，更容易受到宏观形势、金融政策等的影响，因此棉花市场和供需状况变化较大，但是棉花滑准税税率制定、配额发放等确定时都是依据以往棉花市场状况确定，往往存在一定的滞后性，难以对市场变化作出及时反应。其次，配额的不确定性困扰市场。棉花配额发放的不确定性和不透明已经成为引起市场波动的一个重要因素，棉花经营者难以对棉花供求形势做出正确判断和理性选择。另外，诱发配额寻租行为。一般情况下滑准税配额内进口的棉花价格要低于质量相当的国产棉，1%关税配额的差价更高。尽管国家努力将配额发放给真正需要使用的纺织企业，保证企业的国际竞争力，但是在国内外棉价存在较大差距和配额发放不够透明的情况下，寻租行为难以规避。

# 第六章　棉花目标价格补贴政策进展及效果分析

2014 年，我国取消了实施多年的棉花临时收储政策，在新疆启动了棉花目标价格补贴试点政策，这是 21 世纪以来棉花支持政策的重大改革。同时，对于我国来说，也是第一次把欧美国家的精准补贴政策引入，是新时期我国农产品支持政策和调控政策的重大尝试和突破。2016 年试点期结束后，国家调整完善了政策方案，继续在新疆实行棉花目标价格补贴政策。全面回顾分析棉花目标价格补贴政策进展、效果，对于进一步提高补贴效率、完善政策实施细则具有重要实际意义。

## 一、我国棉花目标价格补贴政策框架及执行状况

目标价格补贴政策是在市场形成农产品价格的基础上，通过差价补贴保护生产者利益的一项农业支持政策。如果市场价格高于政府制定的目标价格，则补贴政策不启动；如果市场价格低于目标价格，农民随行就市，其中市场价格与目标价格之差由政府补贴给农户。我国棉花目标价格补贴试点政策的基本内容和操作方法如下。

### （一）政策整体框架

实行目标价格政策有几个关键点需要明确，包括目标价格水平的确定、市场价格的确定、补贴操作模式、补贴对象等几个方面。新疆棉花目标价格补贴政策在执行时，整体的政策方向以充分发挥市场机制，保护棉农利益，谁种植补贴谁的原则进行。

**1. 目标价格水平**

棉花目标价格水平的制定原则是生产成本＋基本收益。具体计算方法是：上年度棉花生产成本×前三年棉花生产成本平均增长率＋前三年棉花净利润均

值×K（保障系数）（K 取值在 0～1 之间）。保障系数取值主要考虑市场供需状况、财政承受能力等。2014—2016 年，我国棉花目标价格水平分别为每吨 19 800 元、19 100 元和 18 600 元。2017 年棉花目标价格补贴试点期已到，国家明确出台了棉花目标价格补贴政策。根据国家方案，棉花目标价格补贴仅在新疆执行，但对新疆享受目标价格补贴的棉花数量进行上限管理，补贴数量上限为基期全国棉花平均产量的 85%，对于超出上限的部分不再予以补贴。这里的基期是指 2012—2014 年；目标价格为 18 600 元/吨，且一定三年不变。如果定价周期内棉花市场发生重大变化需要调整目标价格水平，须报请国务院，由国务院同意后及时进行调整。对内地黄河流域、长江流域棉区，实行了定额补贴方式，补贴范围是山东、湖北、湖南、河北、江苏、安徽、河南、江西、甘肃 9 省，每年补贴额为新疆补贴标准的 60%，以每吨 2 000 元为上限。

**2. 市场价格确定**

棉花市场价格的采价周期根据农户售棉的高峰期确定，即当年的 9 月到来年 3 月。由于农民销售的是籽棉，缺乏标准无法直接分等，因此在棉花市场价格采集中是将农民交售的籽棉按照标准公式换算成皮棉价格然后再根据市场价格与目标价格差价决定是否启动目标价格以及启动后的补贴水平。

**3. 补贴操作模式**

2014 年，新疆地方主要按照面积和产量结合的补贴方式，即 60%按面积、40%按籽棉交售量补贴，兵团完全按照交售量补贴（为积累经验，2014 年新疆在阿克苏地区的新和县和柯坪县分别实行完全按照棉花交售量补贴和完全按照棉花种植面积补贴方式）。2015 年新疆地方调整了补贴方式。考虑到南疆经济欠发达、棉花种植水平不高棉花产量低的实际情况，中央补贴资金总额的 90%按照籽棉交售量进行补贴，剩余 10%作为增加部分对南疆喀什、和田、阿克苏地区以及克孜勒苏柯尔克孜四地州基本农户根据面积再进行补贴。此后 2016—2018 年，新疆地方延续了这一补贴方式。新疆生产建设兵团补贴方式一直单纯按籽棉交售量补贴，这一方式延续到 2018 年。2019 年以后，新疆棉花目标价格补贴政策继续采用交售量补贴加面积补贴方式，补贴资金的一部分专门用于南疆四地州基本农户的植棉面积补贴。

**4. 补贴对象**

补贴对象为新疆全区棉花实际生产者，按照新疆地方和兵团进行具体划分。地方棉花实际生产者包括基本农户和农业生产经营单位。其中，基本农户包含普通农户和村集体机动土地承包户；农业生产经营单位包括各类农场、非农公司和种植大户等各种形式的棉花生产者。兵团内部并不区分基本农户和农业生产经营单位，而是以团场为单位然后分解落实到职工。但是，以下四种情况不予列入补贴范围：①没有经过申报、公示和审核的棉花种植面积；②国家、自治区明确退耕的土地上的棉花种植面积；③未经批准开垦的土地或禁止开垦的土地上的棉花种植面积；④将籽棉交售到未经授权的棉花加工企业。

### （二）政策执行状况

2014 年出台棉花目标价格补贴政策后，由于国内外市场对接，棉花价格大幅下降，均低于国家制定的目标价格，因此 2014—2018 年连续六年启动了棉花目标价格补贴政策。2019 年，继续实行棉花目标价格补贴政策。2014—2017 年，国家支付的棉花目标价格补贴金额及折合标准如表 6－1 所示。

**表 6－1　2014—2017 年新疆棉花目标价格政策补贴情况**

| 年份 | 拨付总额（元） | 补贴标准 |
| --- | --- | --- |
| 2014 | 240 亿（地方 139.3 亿＋兵团 96.5 亿） | 176.8 元/亩（产量）＋267.6 元/亩（面积） |
| 2015 | 241 亿（地方 139.6 亿＋兵团 101.2 亿） | 1.99 元/千克，141.8 元/亩（南疆四地州） |
| 2016 | 122 亿（地方 71.7 亿＋兵团 50.5 亿） | 0.85 元/千克，70.4 元/亩（南疆四地州） |
| 2017 | 106 亿（地方 66.1 亿＋兵团 40.1 亿） | 0.63 元/千克，57 元/亩（南疆四地州） |

数据来源：根据各公开信息渠道整理。

2014 年国家拨付新疆棉花目标价格补贴累计 240 亿元，其中，新疆地方棉花目标价格补贴资金累计 139.3 亿元，平均兑现标准 6 263 元/吨，折合每亩面积补贴 267.63 元，每亩交售量补贴 176.76 元；新疆生产建设兵团按照 974 万亩、154 万吨核定棉花目标价格补贴资金 96.5 亿元，平均兑现标准 5 620元/吨，折合籽棉每千克补贴 2.25 元。2015 年，新疆地方共向各地州预拨资金总额 80 亿元、清算资金 59.64 亿元，总计 139.64 亿元。棉花目标价格改革补贴标准为：陆地棉交售量补贴 1.99 元/千克，特种棉交售量补贴 2.58 元/千克；南疆四地州基本农户面积补贴 141.75 元/亩。兵团补贴资金总额 101.2 亿元，核定产量 132.2 万吨，补贴标准略高于地方。2016 年，国家向新疆拨付棉花目标价格补贴资金 122.23 亿元，其中地方 71.74 亿元，兵团 50.49 亿元，地方交售棉花补贴标准为 0.85 元/千克，南疆四地州面积补贴标准为 70.4 元/亩。2017 年，国家向新疆拨付棉花目标价格补贴资金 106.25 亿元，其中地方 66.11 亿元，兵团 40.14 亿元，地方交售棉花补贴标准为

0.63 元/千克，南疆四地州面积补贴标准为 57 元/亩。2020 年经国务院同意，新疆继续开展第三轮棉花目标价格政策改革，确定第三轮（2020—2022 年）新疆棉花目标价格与第二轮目标价格水平保持一致，每吨棉花目标价格补贴水平 18 600 元。与第二轮（2017—2019 年）目标价格政策相比，第三轮棉花目标价格政策的主要变化有两处，一是面向南疆四地州基本农户的面积补贴被取消；二是为了促进特种棉发展，提高了特种棉的补贴标准，由原来的陆地棉补贴标准的 1.3 倍提高到 1.4 倍。

## 二、我国棉花目标价格补贴试点政策效果评价

实行目标价格补贴政策一个最主要的目的就是让市场发挥基础性作用，同时农民利益得到一定的保护，棉花生产基本稳定，产业发展得到提升。因此，本研究在评价目标价格补贴试点政策效果时将从三个方面展开：一是市场机制是否发挥作用；二是棉农利益是否得到保护；三是棉花产业发展是否得到提升。

### （一）棉花目标价格补贴政策效果定量分析

市场机制的本质是根据市场需求与供给的变动形成价格。首先，相比国家定价，市场机制下，价格波动影响因素更多，价格波动幅度加大、波动频率加快。其次，由于我国棉花产业呈现典型的“外向型”特征，大量进口棉花，大量出口纺织品，在市场机制下，国内外棉花价格协同性较高。根据以上两点，本研究在考察目标价格阶段棉花价格市场形成机制能否发挥作用拟从两个方面着手：一是分析不同阶段国内棉花价格波动特征；二是国内外棉花市场的协同性。新疆棉花目标价格补贴政策实行 6 年来，取得了较好的效果。市场形成价格机制建立，市场主体市场意识明显增强，农民利益得到了保护，产业发展走上了良性轨道。

**1. 市场形成价格机制建立，国内外价格联动性增强**

实行目标价格补贴政策以来，国内棉花价格快速下跌，国内外价格联动性进一步增强，内外棉价差快速缩小回归至合理区间。2014 年 8 月—2019 年 2 月，国内 3128B 级棉花价格每吨从 18 437 元降至 15 500 元；1%关税下进口棉价格指数 M 级（相当于国内 3128B 级棉花）每吨与国内棉价差距从 4 674 元下降到 1 764 元，降 62.3%；滑准税下进口棉价格指数 M 级（相当于

国内 3128B 级棉花）每吨与国内棉价差距从 2 745 元下降到 504 元（图 6－1）。市场主体适应市场能力明显增强，市场倒逼机制逐渐形成，棉农、加工企业等市场主体积极捕捉和理解市场信号，并开始适应和调整。此外，为配合棉花目标价格改革实行的在库公检制度，堵住了棉花质量管理中的漏洞，改善了市场环境，规范了市场秩序，而且彻底解决了多年来新疆棉花生产底数不清的老大难问题。

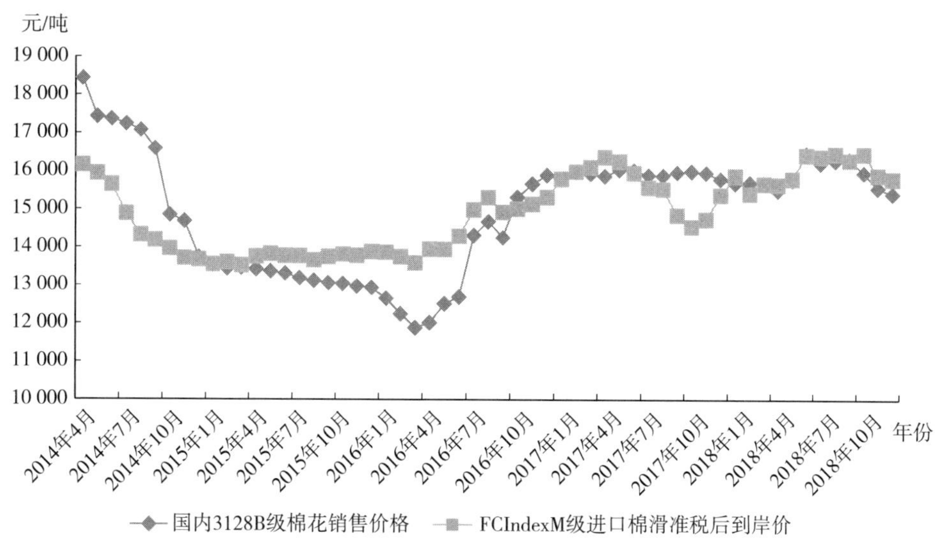


图 6－1 国内外棉花价格（2014.4—2018.12）

数据来源：作者根据中国棉花信息网整理。

**2. 棉农利益得到保护，新疆棉花生产快速发展**

实行目标价格以来由于全球及国内经济增长乏力，棉花供给偏大需求不足，国内外棉花价格持续下行，棉农售棉收入明显下降。2014—2017 年新疆棉农的亩均收益均为负。但由于有国家补贴，较好地弥补了棉农的市场损失。2014—2017 年新疆棉农（地方）得到的补贴平均每亩约 444.39 元、547.34 元、268.23 元和 319.43 元。尽管 2014—2017 年棉农植棉亩均收益为负，但加上国家目标价格补贴后，新疆棉农每亩植棉净利润分别为 99.35 元、106.44 元、274.83 元和 413.11 元（表 6－2）。在国内外棉花价格持续低迷期能够做到植棉不亏本、有效益。由于收益有保障，实行棉花目标价格补贴政策后，新疆棉花种植面积快速扩大。2014—2018 年，新疆棉花种植面积从 1 953.3 千公顷增加到 2 491.3 千公顷，增长了 27.5%；棉花产量从 367.7 万吨增加到 511.1 万吨，增长了39.0%。新疆棉花种植面积和产量占全国的比重分别从2014年的46.3%和59.5%提高到74.3%和83.8%（表6-3）。

**表6-2　2014—2017年新疆棉花种植成本、补贴额及种植效益**

| 项目 | 单位 | 2014年 | 2015年 | 2016年 | 2017年 |
|---|---|---|---|---|---|
| 面积补贴标准 | 元/亩 | 267.63 | 141.75* | 70.4* | 57* |
| 籽棉产量补贴标准 | 元/千克 | 0.69 | 1.99 | 0.85 | 0.63 |
| 特种棉补贴标准 | 元/千克 | 0.89 | 2.58 | 1.11 | 0.82 |
| 亩均成本 | 元/亩 | 2 193.06 | 2 140.09 | 2 151.97 | 2 219.49 |
| 亩均利润 | 元/亩 | −345.04 | −653.78 | 6.6 | 93.68 |
| 亩均补贴 | 元/亩 | 444.39 | 547.34 | 268.23 | 319.43 |
| 加上补贴后亩均利润 | 元/亩 | 99.35 | −106.44 | 274.83 | 413.11 |
| 加上补贴后亩均现金收益 | 元/亩 | 351.88 | 39.83 | 770.68 | 849.66 |

**表6-3　2013—2018年全国棉花生产情况**

| 年份 | 新疆棉花种植面积（千公顷） | 全国棉花种植面积（千公顷） | 新疆占比 | 新疆棉花产量（万吨） | 全国棉花产量（万吨） | 新疆占比（%） |
|---|---|---|---|---|---|---|
| 2013 | 1 718.3 | 4 345.6 | 39.5% | 351.8 | 629.9 | 55.8 |
| 2014 | 1 953.3 | 4 222.3 | 46.3 | 367.7 | 617.8 | 59.5 |
| 2015 | 1 904.3 | 3 796.7 | 50.2 | 350.3 | 560.3 | 62.5 |
| 2016 | 1 805.2 | 3 344.7 | 54.0 | 359.4 | 530.0 | 67.8 |
| 2017 | 2 217.5 | 3 194.7 | 69.4 | 456.6 | 565.3 | 80.8 |
| 2018 | 2 491.3 | 3 352.3 | 74.3 | 511.1 | 609.6 | 83.8 |

数据来源：历年统计年鉴，由于更新后的统计数据未列出分省数据，故2016年之前数据仍使用原有年鉴数据。

### 3. 现代生产方式快速发展，棉花质量明显提升

随着市场机制作用逐步发挥以及国家的稳定支持，新疆棉花生产方式朝着规模化、机械化、现代化方向发展。新疆棉花主产地区积极探索土地入股、土地托管、土地互换、土地整合、代耕代种、联耕联种、统一经营、大合作社带小合作社等多种土地流转模式，推进土地经营权有序流转，将分散的小农生产转变为规模化种植、标准化生产和集约化经营，土地规模经营快速推进。规模化生产的推进促进了机械化的发展。近几年新疆机采棉快速推广，目前北疆地区机采棉已经达到90%以上，南疆机采棉也已经达到30%以上。市场主体利益联结机制不断优化，棉花质量明显提升，纺织企业对新疆棉花质量的认可度提高。在新疆主产区县，“棉纺企业＋轧花厂＋合作社＋农户”的全产业链经

营模式正在逐步推广并得到广大市场主体的认可。在生产、加工、销售等各环节签订订单合同，在种植环节，生产主体更加重视棉花生产的品种选择，棉农改变以往单纯追求高产、高衣分棉种的做法，更加重视选用适销对路棉种，种植更加科学、管理更加规范，提升棉花的一致性水平。在加工环节，轧花厂改变棉花混轧混等混级的做法，更加重视加强质量管理、分级收购、分垛加工、组批销售等，使产品更符合纺织企业需求。2014—2017 年新疆棉花质量稳步提高，整个棉花生产紧紧围绕市场需求改善供给质量，实现了按需生产、按需发展的现代化生产模式（表 6－4）。

**表 6－4　2014—2017 年新疆棉花质量情况**

| | 单位 | 2014 年 | 2015 年 | 2016 年 | 2017 年 |
|---|---|---|---|---|---|
| 白棉占比 | % | 94.9 | 98.3 | 97.5 | 98.4 |
| 平均长度 | 毫米 | 28.3 | 28.1 | 28.6 | 28.6 |
| 28 毫米以上 | % | 87.4 | 75.4 | 93.5 | 93.5 |
| 马克隆值（A+B）占比 | % | 88.6 | 62.2 | 79.7 | 81.4 |
| 长度整齐度 | % | 82.7 | 82.7 | 82.9 | 82.5 |
| 断裂比强度 | CN/tex | 27.9 | 28.2 | 27.8 | 28.0 |

数据来源：质检总局。

### 4. 产业竞争力提高，棉花消费稳中有增

实行棉花目标价格补贴政策后，国内棉花价格和国际联动性增强，国内棉花价格下行，内外棉价差回归合理区间，纺织企业用棉成本下降。同时国内棉花质量大幅提升，棉花进口大幅下降，棉纱大量进口局面得到遏制，纺织业效益明显好转，全国棉花消费保持稳定。2014—2018 年，我国棉花进口从 244 万吨降低到 135.5 万吨。纱线进口也渐趋平稳，从 2015 年的 234.5 万吨降低到 2018 年的 206.4 万吨。国内棉花去库存进展顺利。2016—2018 年，共轮出储备棉 849 万吨，2018 年末我国棉花国储库存水平降至 300 万吨左右。棉花消费保持稳中有增。实行临时收储政策期间，由于较大的国内外棉价差，国内纺织企业原料成本偏高，导致相当一部分纺织企业亏损，部分棉纱生产能力被挤出，棉纺生产能力向外转移。从中国棉纺织行业协会对全国 200 余家棉纺织骨干企业进行跟踪的数据看，2011 年我国棉纺织骨干企业亏损面达 23.4%，2014 年扩大为 26.4%。新疆棉花目标价格补贴改革政策实施后，企业用棉成

本大幅降低，纺织企业效益得到较大提升，棉纺织骨干企业亏损面逐年下降，从 2014 年的 26.4%下降到 2017 年的 16%左右。棉纱生产能力开始回流国内。根据现代棉花产业体系产业经济研究室估计，2014—2018 年我国棉花消费保持稳中有增态势，棉花消费量从 740 万吨增长到 845 万吨，增长了 14.2%。

**5.“转圈棉”现象明显好转**

为有效防止“转圈棉”，新疆在 2014 年目标价格改革政策设计中采取了多种措施，包括核定交售量、对加工企业进行资格认定、在库公检等，但仍然存在制度设计上的漏洞。2015 年新疆棉花目标价格改革试点工作中推广了棉花信息平台，实现了棉花种植、收购和补贴信息的三网互通，极大地优化了办事流程和信息的公开、公正、透明，棉花收购环节与种植信息平台共享，与税务系统连接，遏制了通过开具虚假发票等途径获得补贴的“转圈棉”现象。同时，通过实施目标价格补贴试点政策，全面掌握了棉花种植信息，为优化、调整农业种植结构、落实相关惠农政策提供了较为全面和翔实的基础信息资料。

## （二）棉花目标价格补贴政策中存在的主要问题

尽管棉花目标价格补贴政策取得了较好的成效，但也暴露出了很多问题。尤其在连续实行了 6 年以后，目标价格改革中的一些关键问题开始浮出水面。

**1. 补贴金额受限**

按照 WTO 规则，我国实行的目标价格补贴属于“黄箱补贴”，其补贴额度受到微量允许上限约束。按照“入世”承诺，我国特定品种“黄箱”补贴额不得超过该品种当年总产值的 8.5%。从实践看，连续 6 年的棉花目标价格补贴额度都受到了补贴上限的约束。尽管 2016 年我国将棉花目标价格补贴政策调整为限定总产量的“蓝箱”政策，但目前国际上对“蓝箱”政策仍然有很多质疑。今后我国棉花目标价格补贴政策补贴方式和补贴金额会受到世界贸易组织规则的约束。

**2. 棉花目标价格定价机制需要探讨**

目前棉花目标价格水平的确定根据是“成本＋基本收益”。但随着农产品生产成本的不断上升，目标价格水平也必然随之上涨。目前我国棉花生产成本在全球主要棉花主产国中是最高的。2004—2015 年，我国棉花平均每公顷生产成本从 11 146.5 元上涨到 34 326.6 元，年均上涨 10.8%；美国棉花平均每公顷生产成本从 8 244.1 元增长到 10 700.1 元，年均仅增长 2.4%；印度棉花生产成本从 2004 年的 4 022.5 元增长到 2012 年的 8 175.7 元，年均增长

9.2%。从棉花生产成本看，2015 年，我国棉花单位面积生产成本是美国的 3.2 倍、印度的 4.2 倍。如果根据“成本＋基本收益”的方法确定目标价格水平，棉花目标价格水平将会大概率长期高于国际棉花市场价格，导致国家财政支出压力偏大，风险较大。

**3. 对棉花生产刺激作用较大，新疆作物结构之间的平衡难度较大**

由于棉花目标价格补贴政策支持稳定，相比小麦、玉米等大田作物，棉农收益更有保障，植棉现金收入更高，因此这几年新疆棉花种植面积快速扩大（表 6-5）。而小麦由于种植效益不高，种植面积和产量出现下降。尤其在 2016 年棉花补贴政策一定三年后。2015—2017 年，新疆棉花亩均收益尤其是现金收益（加上政府补贴）分别比小麦高 −14.5%、25.9% 和 30.5%。2014—2018 年，新疆棉花种植面积从 2 930 万亩增加到 3 737.0 万亩，增长 27.5%；棉花产量从 367.7 万吨增加到 511.1 万吨，增长 39.0%。新疆小麦种植面积从 1 713.5 万亩下降到 1 504.5 万亩，降 12.2%；产量从 642.3 万吨下降到 563.8 万吨，降 12.2%。2014—2017 年新疆疆内人均粮食占有量从 615 千克/人下降到 592 千克/人，降 3.7%；人均小麦占有量从 279 千克/人下降到 251 千克/人，降 10.0%。区内的粮食供给成为一个不可忽视的问题（表 6-6）。尤其是 2018 年新疆退出了小麦收储制度，转而实行“政府引导、市场定价、多元主体收购、生产者补贴、优质优价、优质优补、应急托市收购”的小麦收储新机制后，对小麦的支持力度明显下降。因此，棉花目标价格补贴政策改革的走向就至关重要。如果小麦、棉花支持力度差距较大，将直接影响全区的种植结构，引发不同作物之间的竞争，甚至引致疆内粮棉的协调问题。

**表 6-5 2012—2017 年新疆棉花、小麦、玉米成本收益统计表**

单位：元

| 年份 | 每亩总成本 | | | 每亩净利润 | | | 每亩现金收益 | | |
|---|---|---|---|---|---|---|---|---|---|
| | 棉花 | 小麦 | 玉米 | 棉花 | 小麦 | 玉米 | 棉花 | 小麦 | 玉米 |
| 2012 年 | 1 854.01 | 849.92 | 1 074.34 | 588.38 | 157.11 | 361.22 | 1 213.31 | 481.6 | 838.72 |
| 2013 年 | 2 035.03 | 947.00 | 1 143.50 | 439.3 | 276.58 | 106.91 | 1 217.94 | 653.45 | 626.3 |
| 2014 年 | 2 193.06 | 1 018.40 | 1 108.03 | 99.35 | 176.79 | 298.05 | 351.88 | 629.06 | 822.56 |
| 2015 年 | 2 140.09 | 1 009.7 | 1 098.21 | −106.44 | 183.53 | −16.45 | 39.83 | 618.58 | 500.69 |
| 2016 年 | 2 151.97 | 1 022.92 | 1 054.47 | 274.83 | 133.97 | −35.59 | 770.68 | 572.65 | 447.98 |
| 2017 年 | 2 219.49 | 1 031.88 | 1 043.12 | 413.113 | 1 163.77 | 134.72 | 849.66 | 590.35 | 596.19 |

注：棉花每亩净利润和现金收益分别为加上补贴后的数值。

表 6-6　2008—2017 年新疆粮食、小麦面积、产量与人均占有量

| 年份 | 全区人口（万人） | 粮食播种面积（万亩） | 小麦播种面积（万亩） | 粮食产量（万吨） | 小麦产量（万吨） | 小麦单产（千克/亩） | 人均粮食占有量（千克/人） | 人均小麦占有量（千克/人） |
|---|---|---|---|---|---|---|---|---|
| 2008 | 2 131 | 2 378 | 1 104 | 931 | 407 | 368 | 437 | 191 |
| 2009 | 2 159 | 2 977 | 1 731 | 1 152 | 627 | 362 | 534 | 290 |
| 2010 | 2 185 | 3 043 | 1 680 | 1 171 | 623 | 371 | 536 | 285 |
| 2011 | 2 209 | 3 001 | 1 617 | 1 225 | 577 | 357 | 554 | 261 |
| 2012 | 2 233 | 3 155 | 1 622 | 1 273 | 577 | 356 | 570 | 258 |
| 2013 | 2 264 | 3 306 | 1 681 | 1 377 | 602 | 358 | 608 | 266 |
| 2014 | 2 298 | 3 330 | 1 714 | 1 414 | 642 | 375 | 615 | 279 |
| 2015 | 2 360 | 3 593 | 1 859 | 1 521 | 698 | 376 | 645 | 296 |
| 2016 | 2 398 | 3 602 | 1 934 | 1 512 | 723 | 374 | 631 | 302 |
| 2017 | 2 445 | 3 444 | 1 690 | 1 448 | 613 | 362 | 592 | 251 |

注：数据来源于国家统计局网站。2017 年为国家统计局调整后的数据，其余年份为调整前的数据。

**4. 存在土地垦荒现象，生态环境受到威胁**

在政策和利益的刺激下，新疆这几年存在普遍的开垦荒地种植棉花现象。尽管有信息平台，但由于在实际操作中允许出现 4%以内的产量允差以及籽棉衣份率的问题，给很多人提供了种植棉花获取国家补贴的漏洞。实行棉花目标价格补贴政策以来，国家统计局对新疆棉花种植面积和产量的认定数据与新疆地方采集的数据一直存在明显偏差。2014—2017 年，国家统计局监测的新疆棉花种植面积比新疆信息平台统计的面积分别低 27.1%、17.6%、16.7%和 9.7%；棉花产量国家统计局监测的产量比信息平台监测的产量分别低 14.1%、0.7%、10.1%和 9.3%。由于国家统计局只监测统计在农业用地上的棉花种植面积，其他开荒、垦荒等形式的棉花种植面积不在统计范围内，因此两组数据之间的最大差距就在于部分违规生产的棉花。从实际调研看，在目标价格的刺激下，确实存在垦荒现象。新疆地处内陆，气候干旱、降水稀少、蒸发强烈，水资源时间空间分配不均，单位面积产水量仅为每平方千米 5.3 万立方米，是全国平均水平的 1/6，在全国排名倒数第 3，整体生态环境非常脆弱。大量开荒，把棉花种植扩大到不宜耕种的土地上，造成生态环境恶化，给新疆水安全和生态环境造成了极大的威胁。

**表 6-7　2014—2018 年新疆棉花生产情况**

| 年份 | 统计局面积（千公顷） | 平台监测面积（千公顷） | 统计局低于平台监测（%） | 统计局产量（万吨） | 平台监测产量（万吨） | 统计局低于平台监测（%） |
| --- | --- | --- | --- | --- | --- | --- |
| 2014 | 1 953.3 | 2 678.0 | 27.1 | 367.3 | 427.8 | 14.1 |
| 2015 | 1 904.3 | 2 310.7 | 17.6 | 350.3 | 352.7 | 0.7 |
| 2016 | 1 805.2 | 2 167.5 | 16.7 | 359.4 | 399.7 | 10.1 |
| 2017 | 2 217.5 | 2 454.9 | 9.7 | 456.6 | 503.6 | 9.3 |
| 2018 | 2 491.3 | — | — | 511.1 | — | — |

数据来源：根据中国统计年鉴、新疆发改委和全国棉花交易市场等渠道数据整理。

**5. 对不同规模的农户利益保障不一致，小农户利益保障不够**

从新疆棉花目标价格的操作方式和补贴挂钩方式看，产量高、规模大的种植者获得的补贴必然要高。相对于规模经营，小农户由于资金缺乏、生产管理水平不高，棉花产量普遍低于种植大户，因此获得的政府补贴就明显偏小。根据对新疆不同农户的生产调查看，小规模农户棉花单产明显低于大规模农户。根据 2017 年现代棉花产业体系经济研究室和新疆石河子大学开展的农户问卷调查显示，户均棉花种植面积小于 20 亩平均亩产为 265.6 千克，20～100 亩的平均单产为 346.9 千克，100～250 亩的平均单产为 363.7 千克，大于 250 亩的平均单产为 360.3 千克。此外，由于有目标价格补贴政策支持，近几年新疆棉花种植大户、家庭农场、合作社发展迅速，甚至加工企业、纺织企业也都介入棉花种植，通过各种途径从农户手中流转土地进行集中开发种植棉花。由于资源、信息、实力、谈判能力等方面实力不平等，存在小农户利益受损现象。

**表 6-8　新疆不同规模棉农的籽棉单产**

| 分组规模（亩） | 样本数 | 平均亩产（千克） |
| --- | --- | --- |
| 0～20 | 174 | 265.6 |
| 20～100 | 502 | 346.9 |
| 100～250 | 249 | 363.7 |
| ＞250 | 41 | 360.3 |

数据来源：问卷调查。

从以上分析可知，由于新疆棉花目标价格补贴政策中有可能会存在对不同棉农补贴力度有差异、存在过度刺激棉花生产引发地区内作物平衡难度加大等问题。为进一步探讨政策影响，本研究将分别从棉花目标价格补贴政策对棉花收入、棉花目标价格补贴政策对我国棉花种植面积的影响两个方面进一步定量分析和考量。

## （三）棉花目标价格补贴政策对棉农收入的影响

作为一项重要的产业政策，对棉农收入的影响是评价政策效果的主要方面。2014 年新疆棉花目标价格补贴试点政策方案中明确规定，谁种植补贴谁，在补贴对象中区分为基本农户和农业生产经营单位。新疆由于面积较大，如果棉花收益稳定，生产规模越大，预期的收入水平就越高。而新疆棉花目标价格补贴政策实施方案并没有对种植规模、产量或者经营主体做限制，那就存在一个问题，种植规模较大的农户和生产经营单位能够有充足的资金进行再生产，从而获得更多的收入。从这几年新疆棉花生产实际看，这种趋势较为明显。部分资金实力雄厚的农业生产经营单位通过各种方式从普通农户手中流转土地进行规模化生产，从而获取较多的收入，而小规模农户却只能获取土地流转收入或者少量补贴，并被排除在现代农业之外，这显然与国家财政政策的倾斜小农户、助力脱贫攻坚、促进社会公平的方向不一致。鉴于此，本书基于 2018 年新疆地方实地调研数据的样本，运用 OLS 回归和回归分解法，控制棉农家庭异质性因素，以验证棉花目标价格补贴政策对棉农收入的影响，并厘清棉花目标价格补贴政策对不同种植规模棉农的影响程度，以期为完善棉花目标价格补贴政策提供理论证据和政策支持。

### 1. 文献回顾

当前，专门针对棉农收入的研究较少，对普通农户收入的研究较多，并主要集中在宏观层面和微观层面。就宏观层面而言，主要体现在外部政策对农户收入的影响。信贷政策直接影响农户融资，李长生和张文棋（2015）、曹瓅和杨雨（2020）认为不同信贷渠道约束会影响农户收入，张珩等（2018）、曹瓅等（2019）发现农地经营权抵押贷款能增加农民收入，张建军和许承明（2013）指出信贷与保险互联能有效改善农户信贷配给，显著提高农户农业收入；更多学者研究了农业政策对农户收入的影响，朱长宁和王树进（2014）、段伟等（2018）、张炜等（2019）发现退耕还林政策能够直接影响农户收入；也有学者研究公共产品对农户收入的影响，杨斌和史耀波（2013）发现农村公共产品成本分担会影响农户收入差距，徐定德等（2016）发现农村公共品投资会提升农户收入，韩家彬和于鸿君（2014）发现农村公共管理服务对农户收入有显著的影响；外部环境是影响农户收入的重要因素，刘小强等（2011）、赵茂等（2018）研究了集体林权制度改革对农户收入影响，卢晶亮等（2014）分析了自然灾害和政策救助对农户收入的影响。就微观层面而言，很多学者研究了农户家庭个体特征对其收入的影响，高梦滔和和云（2006）研究了妇女教育对农户收入和收入差距的影响，肖富群（2010）发现人力资本会显著影响农户的收入；更多的学者从农户行为方面研究对农户收入的影响，如李宾等（2015）研究了劳动力转移对农户收入的影响，诸培新等（2015）发现农地流转能够提升农户收入，王珏和范静（2018）发现农村土地经营权流转行为会提升农户收入水平；也有学者从微观外部环境分析农户收入的影响因素，如高梦滔和毕岚岚（2006）认为村干部知识化和年轻化会对农户收入产生影响，王成利（2018）发现社会资源对农户收入的影响较为明显，黄英伟（2018）也得出了类似的结论，他认为社会关系对农户收入有显著影响。

棉花目标价格补贴政策作为一项惠农政策，对农户种植行为和生产收益会产生直接影响。从农户种植行为来看，王力和温雅（2015）发现在棉花目标价格补贴政策实施初期，补贴发放次数多、时间长，影响了农户的种植结构调整。王利荣等（2015）发现，如果目标价格补贴政策发布滞后，对棉农种植行为的影响较弱。贺超飞和于冷（2018）发现上期政策实施是否达到预期收益会影响农户种植行为，王力等（2017）的研究得出了同样的结论，他们发现目标价格预期对棉农的棉花种植意愿有显著影响。胡迪等（2019）认为政策实施的效果还取决于农户对政策的信心和感知的稳定性、大豆与玉米的比较收益以及补贴方式。就农户生产收益而言，黄季焜等（2015）认为棉花目标价格补贴政策有利于完善棉花价格机制，保护棉农利益，卢冰冰等（2018）发现目标价格补贴政策对保障农户的种植收益、提高农户收入水平具有正向作用。但韩冰等（2017）指出，在当前 WTO 对“黄箱”政策限制的背景下，目标价格补贴政策持续增加棉农收益的能力有限。胡迪等（2019）指出，为了稳定农户的收益预期，目标价格补贴政策不宜大幅调整。张杰和杜珉（2016）发现棉花目标价格补贴政策对于稳定棉农收入有积极的作用，但棉农的实际收入低于政策预期，导致棉农心理落差较大。Antón 和 Le Mouel（2004）根据政策作用的经济学分析指出，目标价格补贴政策的实施会对提高农户预期收益降低预期的生产风险从而对棉花生产形成正向的激励效果，促进农户扩大生产规模，但 Lin 和 Dismukes（2007）认为农户决策还受到其财富水平的影响。

综上，国内外文献都主要关注普通农户收入的影响因素，缺乏对农户特定收入的研究，对棉花目标价格补贴政策的研究则集中在政策意义和实践经验总结等方面，少有文献基于面板数据和实证方法来分析棉花目标价格补贴政策对棉农收入的影响。基于此，本研究将以棉农为研究对象，分析棉花目标价格补贴政策的实施是否对棉农收入产生影响，以及对于不同种植规模棉农收入的影响程度，为完善棉花目标价格补贴政策提供理论证据和实证支持。

**2. 棉花目标价格补贴政策对棉农收入影响的理论分析**

棉农行为目标是福利最大化，棉农具有双重身份，既是消费者又是生产经营者，作为一个理性消费者，在一定预算约束下的消费效用最大化是棉农最终追求的目标；同时，追求农业生产经营活动利润最大化又是其作为生产者的身份所追求的最终目标。假设棉农获取一定额度的棉花目标价格补贴，既可以用于增加家庭成员消费预算，也可以增加棉花生产经营活动要素投入。然而，由于农业生产经营活动资金流动性不足的问题，在条件允许的情况下，棉农会选择一个合适规模用于改善棉花生产条件，从而扩大棉花生产经营规模、提高生产经营效率，进而提升棉农总收益。如图 6－2 所示，假设棉农在获得棉花目标价格补贴前的生产性投入为 $K_1$，在获得棉花目标价格补贴后，其用于棉花生产的投入会增加为 $K_2$，次年棉农生产性投入可能的选择是 $I_1$、$I_2$ 或 $I_3$，相对应的棉农收入为 $R_1$、$R_2$ 或 $R_3$，在一定的约束条件下，农户会根据自身实际选择相应的投入，从而获得相应的棉花种植收入，此时，棉花目标价格补贴促进了棉农收入的提高。

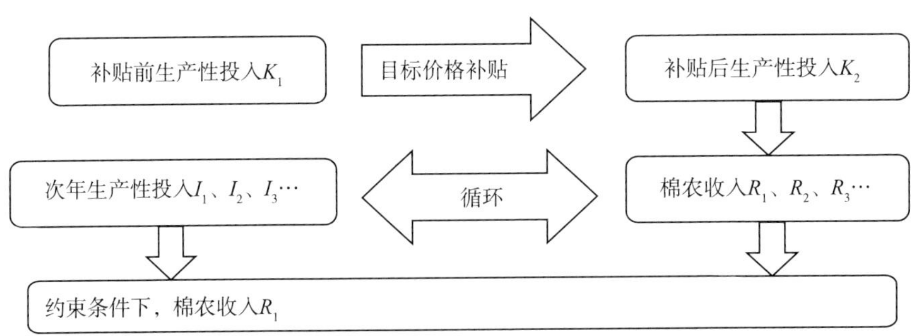


图 6－2　棉花目标价格补贴对棉农的收入效应分析

然而，棉农个体之间是有差异性的，其种植规模的差异会导致棉花目标价格补贴政策对棉农收入影响程度的差异。首先，棉农的棉花种植行为通常是由产前收益预期所决定的。对于小规模种植棉农而言，享受的棉花目标价格补贴数额相对较低，如果流转出土地取得的收益小于种植棉花的收益，小规模种植棉农则会选择维持生产或小幅扩大生产（由于资源约束，小规模种植棉农不会大幅扩大生产）；如果流转出土地取得的收益大于种植棉花所取得的收益，小规模种植棉农则会选择流转出土地，从而缩减棉花种植规模或退出棉花种植。对于大规模种植棉农而言，种植规模的扩大可以带来规模效应，且能够享受的棉花目标价格补贴数额更高，种植规模的增加有利于大规模种植棉农收入的增加，因而大规模种植棉农更倾向于转入土地扩大再生产。

其次，不同种植规模的棉农对棉花种植的风险抵抗能力是有差异的。中小种植规模棉农的棉花种植面积较小，其面临的生产风险和市场风险较低，相比大规模种植棉农而言，中小种植规模棉农可以更加灵活地调整生产决策，从而有效规避棉花种植风险。棉花目标价格补贴主要是为了防范棉农种植棉花的市场风险，中小种植规模棉农的棉花种植面积较小，其从棉花目标价格补贴政策中所能获得的收益较低，因而棉花目标价格补贴政策对中小种植规模棉农的影响程度较小。对于大规模种植棉农而言，其棉花种植面积通常较大，其面临的市场风险和生产风险也较大，棉花目标价格补贴政策正好能够增加大规模种植棉农抵抗风险的能力，并且能够增强其市场预期，有利于大规模种植棉农做出增加棉花种植面积的决策。因此，棉花目标价格补贴政策对大规模种植棉农的影响程度较大。

根据以上分析，本书提出以下研究假设：

假说 1：棉花目标价格补贴对棉农收入有显著影响；

假说 2：棉花目标价格补贴对不同种植规模棉农的影响程度不同，对小规模种植棉农的影响程度较低，对大规模种植棉农的影响程度较高。

**3. 数据来源、变量选取与模型设定**

（1）数据来源

本书所有数据来源课题组于 2018 年 7—12 月在新疆维吾尔自治区主要棉产区开展的实地调研。调研以问卷调查为主，采取分层随机抽样方法，选派调研员与棉农展开田野调查。综合考虑实地调研的可操作性，调研区域涵盖阿克苏、巴州、昌吉、喀什、喀城以及兵团一师、二师、七师和八师等地区，调研数据包括了南北疆地区、地方和建设兵团，数据样本具有一定的代表性。调查共发放问卷 1 200 份，最终收回问卷 1 089 户，剔除无效样本及关键变量缺失样本后，获得有效样本 1 078 户，占样本总数的 89.8%。调查问卷的内容主要包括：第一，农户家庭基本情况，主要为家庭规模、家庭结构、家庭收入和资源禀赋等内容；第二，户主基本情况，主要包括户主年龄、性别、受教育程度和健康状况等；第三，农户棉花生产状况，包括棉花收益、棉花种植面积、棉花销售收入和棉花种植成本和绿色生产行为及意愿等内容。为了确保调研质量，课题组在正式实施田野调查前进行了预调查，并对调查问卷进行了修改和优化。同时，在正式实施田野调查前，课题组对调研人员开展了问卷调查和入户调研等方面的培训。

（2）变量选取

①被解释变量。被解释变量为棉农收入，包括家庭人均纯收入（*lnt*）、家庭人均农业纯收入（*lnm*）和家庭人均棉花纯收入（*lnc*）①，本研究分别做了对数处理。②解释变量。本研究的核心解释变量为被调查农户享受棉花目标价格补贴政策数额，书中对其进行了对数处理。③控制变量。为了控制其他因素对被解释变量的影响，本研究还设置了相应的控制变量。户主特征会影响家庭决策，从而影响家庭收入，户主特征包括户主性别（*ged*）、户主年龄（*age*）、户主受教育程度（*edu*）和户主健康状况（*hel*）。家庭特征也是影响家庭收入的因素，包括家庭成员是否有村（镇）干部（*gb*）、是否加入合作社（*hzs*）、家庭规模（*siz*）、家庭劳动力数（*lab*）、人口负担系数（*bur*）、家庭老人数量（*old*）、家庭劳动力外出务工状况（*mir*）、是否科技示范户（*sfh*）和家庭土地面积（*lan*）。各变量的定义与描述统计分析结果见表 6－9。

**表 6－9　变量的定义与描述性统计分析结果**

| 变量代码 | 变量含义 | 计算方法 | 均值 | 标准差 |
|---|---|---|---|---|
| *lnt* | 家庭人均纯收入 | 家庭人均纯收入取对数 | 10.333 8 | 1.387 8 |
| *lnm* | 家庭人均农业纯收入 | 家庭人均农业纯收入取对数 | 10.184 7 | 1.546 9 |
| *lnc* | 家庭人均棉花纯收入 | 家庭人均棉花纯收入取对数 | 10.015 5 | 1.980 3 |
| *lns* | 享受棉花补贴数额的对数 | 棉农获得棉花补贴数额的对数 | 8.568 6 | 0.495 5 |
| *ged* | 户主性别 | 1＝男性；0＝女性 | 0.921 2 | 0.269 6 |
| *age* | 户主年龄 | 户主年龄大小 | 48.328 4 | 9.175 6 |
| *edu* | 户主受教育程度 | 户主受教育年限 | 7.718 0 | 3.580 7 |

① 为了考虑棉花目标价格对农户收入的影响，本研究所计算的棉农收入不包括棉花目标价格补贴。

（续）

| 变量代码 | 变量含义 | 计算方法 | 均值 | 标准差 |
|---|---|---|---|---|
| *hel* | 户主健康状况 | 1=健康；0=不健康 | 0.900 7 | 0.299 1 |
| *gb* | 家庭成员是否有村（镇）干部 | 1=有干部；0=无干部 | 1.847 9 | 0.359 3 |
| *hzs* | 是否加入合作社 | 1=加入合作社；0=没有加入合作社 | 1.830 2 | 0.375 6 |
| *siz* | 家庭规模 | 家庭人口数量 | 4.174 4 | 1.387 4 |
| *lab* | 家庭劳动力数 | 家庭劳动力数量 | 2.886 8 | 1.130 4 |
| *bur* | 人口负担系数 | 非劳动人口数量与劳动力数量的比值 | 0.575 5 | 0.715 8 |
| *old* | 家庭老人数量 | 家庭成员中老人数量 | 0.279 2 | 0.635 5 |
| *mir* | 家庭劳动力外出务工状况 | 家庭劳动力外出务工数量 | 1.662 3 | 0.473 1 |
| *sfh* | 是否科技示范户 | 1=科技示范户；0=不是科技示范户 | 0.112 2 | 0.315 8 |
| *lan* | 家庭土地面积 | 家庭拥有土地面积数量 | 96.560 1 | 97.864 5 |

（3）模型选定

根据棉花目标价格补贴政策对棉农收入的理论分析，实施棉花目标价格补贴政策会影响棉农的收入，但影响棉农收入的因素很多，如棉农异质性因素、家庭资源禀赋及其他因素等，需要估计棉花目标价格补贴政策对棉农收入影响的净效应。本研究认为拥有某些个体特征和人力资本优势的棉农将具备更显著的收入优势，因此，本研究将棉农户主特征和家庭特征作为控制变量，构建以下收入决定模型。

$$\ln t(m,c) = \alpha_0 + \beta_1 price + \beta_2 x_i + \beta_3 z_i + \varepsilon_i \qquad (6-1)$$

其中，$\ln t$、$\ln m$ 和 $\ln c$ 分别表示棉农的家庭人均纯收入、家庭人均农业纯收入和家庭人均棉花纯收入的自然对数；$price$ 表示本研究核心解释变量享受棉花目标价格补贴数额；$x_i$ 表示户主特征变量，包括户主性别、户主年龄、户主受教育程度和户主健康状况；$z_i$ 表示家庭特征变量，包括家庭成员是否有干部、是否加入合作社、家庭规模、家庭劳动力数、人口负担系数、家庭老人数量、家庭劳动力外出务工状况、是否科技示范户和家庭土地面积；$\varepsilon_i$ 是随机扰动项；$\alpha_0$、$\beta_1$、$\beta_2$ 和 $\beta_3$ 为待估参数。

**4. 实证结果分析**

（1）棉花目标价格补贴政策对棉农收入影响的初步检验

表 6-10 为棉花目标价格补贴对棉农收入影响的 OLS 估计结果，为了避免估计结果中可能存在的异方差，本研究采用了 Huber-White Sandwich 方

法来估计标准误。从表6-10中可以看出，在控制农户异质性特征的条件下，享受棉花目标价格补贴数额对棉农家庭的人均纯收入、农业人均纯收入和棉花人均纯收入均存在正向影响，且在1%的统计水平上显著。不管采用哪种收入作为因变量，各变量对因变量影响方向和显著性基本保持不变，说明回归结果具有较好的稳健性和可靠性。从回归结果来看，享受棉花目标价格补贴数额高的棉农的收入高于享受棉花目标价格补贴数额低的棉农的收入，这与前文的理论分析和描述统计的结果一致，即棉花目标价格补贴政策会促进棉农收入提高，棉花目标价格补贴政策存在收入效应。对于棉农而言，棉花目标价格补贴政策会增强其市场预期，提升棉农抵抗风险的能力，进而促进棉农调整棉花种植决策，如扩大棉花种植规模；同时，相应的棉花目标价格补贴可以直接提升其收入，也可用于棉花再生产，间接减少了棉花种植生产成本。因此，棉花目标价格补贴政策有利于棉农收入的提升。

**表6-10　棉花目标价格补贴对棉农收入影响的OLS估计结果**

| Variables | *lnt* | *lnm* | *lnc* |
|---|---|---|---|
| *lns* | 0.419 3*** | 0.529 2*** | 0.832 5*** |
| | (0.067 1) | (0.074 7) | (0.101 7) |
| *ged* | 0.381 5*** | 0.538 2*** | 0.668 1*** |
| | (0.121 6) | (0.135 4) | (0.184 2) |
| *age* | −0.003 2 | −0.003 4 | 0.000 5 |
| | (0.003 9) | (0.004 4) | (0.005 9) |
| *edu* | 0.017 6* | 0.015 3 | 0.016 1 |
| | (0.010 0) | (0.011 1) | (0.015 1) |
| *gb* | 0.102 3 | 0.154 8 | 0.517 8*** |
| | (0.093 4) | (0.103 9) | (0.141 4) |
| *hzs* | −0.065 | −0.124 1 | −0.148 1 |
| | (0.089 2) | (0.099 3) | (0.135 0) |
| *siz* | −0.363 1*** | −0.420 3*** | −0.486 0*** |
| | (0.050 0) | (0.055 7) | (0.075 8) |
| *lab* | 0.166 7** | 0.219 4*** | 0.318 1*** |
| | (0.065 2) | (0.072 5) | (0.098 7) |
| *bur* | 0.051 5 | 0.097 6 | 0.069 6 |
| | (0.092) | (0.102 4) | (0.139 2) |

（续）

| Variables | *lnt* | *lnm* | *lnc* |
|---|---|---|---|
| *old* | 0.130 9** | 0.167 4** | 0.148 6* |
| | (0.058 9) | (0.065 6) | (0.089 2) |
| *mir* | −0.016 1 | 0.139 1* | 0.145 1 |
| | (0.071 1) | (0.079 2) | (0.107 7) |
| *sfh* | −0.174 8* | −0.200 3* | −0.239 3 |
| | (0.106 1) | (0.118 1) | (0.160 7) |
| *lan* | 0.007 6*** | 0.008 3*** | 0.008 7*** |
| | (0.000 3) | (0.000 4) | (0.000 5) |
| *hel* | 0.110 2 | −0.023 8 | 0.012 2 |
| | (0.110 1) | (0.122 6) | (0.166 8) |
| *Constant* | 10.179 5*** | 9.765 4*** | 8.477 4*** |
| | (0.456 2) | (0.507 8) | (0.690 7) |
| *R-squared* | 0.417 8 | 0.419 2 | 0.344 3 |

注：***、**和 * 分别表示在1%、5%和10%的统计水平上显著；括号内数值为标准误。

（2）棉花目标价格补贴政策对不同种植规模棉农的收入效应

前文验证了棉花目标价格补贴政策对棉农收入的影响。然而，对于不同种植规模的棉农而言，棉花目标价格补贴政策是否存在一致的收入效应，即对于不同种植规模的棉农，其受棉花目标价格补贴政策的影响程度是否一致。为了厘清此问题，本研究将棉农种植规模划分为小规模、中等规模和大规模三种类型，用以分析棉花目标价格补贴政策对不同种植规模棉农收入的影响。限于本书篇幅，本研究仅分析了棉花目标价格补贴政策对不同种植规模棉农的棉花种植纯收入的影响①。根据数据特征，本研究将棉花种植规模低于 10 亩的棉农划分为小规模种植棉农，共 359 户；将棉花种植规模高于 10 亩并小于 100 亩的棉农划分为中等规模种植棉农，共 369 户；将棉花种植规模高于 100 亩的棉农划分为大规模种植棉农，共 350 户。表 6-11 为棉花目标价格补贴政策对不同种植规模棉农的影响，从表 6-11 可以看出，棉花目标价格补贴政策对不同种植规模棉农均有正向影响，且在 1%水平上显著，这进一步表明了棉花目标

① 由前文描述统计结果可以看出，棉花目标价格补贴对棉农的收入效应主要体现在棉花生产性收入的影响。

价格补贴政策对棉农收入效应的稳健性。进一步地，对比不同种植规模棉农的回归系数可以发现，棉花目标价格补贴政策对小规模种植棉农和中等规模种植棉农的影响程度较低，对大规模种植棉农收入的影响程度较高，即棉花目标价格补贴政策对不同种植规模棉农存在不同的收入影响。以上结论验证了本研究假设2，即棉花目标价格补贴对不同种植规模棉农的影响程度不同，对小规模种植棉农的影响程度较低，对大规模种植棉农的影响程度较高。

**表6-11 棉花目标价格补贴政策对不同种植规模棉农的影响**

| 变量 | 小规模种植棉农 | 中等规模种植棉农 | 大规模种植棉农 |
| --- | --- | --- | --- |
| *lns* | 0.155 5*** | 0.360 0** | 1.952*** |
| | (0.123 0) | (0.062 2) | (0.265 2) |
| *ged* | 0.239 7 | 0.084 8 | 1.843 2*** |
| | (0.201 1) | (0.116 7) | (0.523 8) |
| *age* | −0.003 4 | −0.008 8*** | 0.026 6 |
| | (0.007 4) | (0.003 4) | (0.016 8) |
| *edu* | 0.034 8* | 0.018** | −0.004 8 |
| | (0.020 2) | (0.008 0) | (0.043 0) |
| *gb* | 0.489 6*** | 0.126 6 | 0.953 8*** |
| | (0.170 8) | (0.091 6) | (0.343 1) |
| *hzs* | −0.338 9* | 0.038 4 | 0.201 8 |
| | (0.195 1) | (0.082 1) | (0.302 9) |
| *siz* | −0.408 7*** | −0.193 8*** | −0.766 5*** |
| | (0.089 3) | (0.041 2) | (0.256 4) |
| *lab* | 0.206 9* | 0.043 6 | 0.659 7** |
| | (0.119 8) | (0.052 6) | (0.320 0) |
| *bur* | 0.011 7 | −0.019 8 | 0.179 1 |
| | (0.187 8) | (0.070 5) | (0.431 9) |
| *old* | 0.197 1* | 0.067 7 | 0.165 6 |
| | (0.103 4) | (0.053 9) | (0.253 6) |
| *mir* | 0.253 2** | 0.021 9 | −0.115 7 |
| | (0.127 2) | (0.065 0) | (0.293 6) |
| *sfh* | −0.313 3 | −0.064 1 | −0.266 7 |
| | (0.223 5) | (0.102 1) | (0.349 1) |

（续）

| 变量 | 小规模种植棉农 | 中等规模种植棉农 | 大规模种植棉农 |
|---|---|---|---|
| *lan* | 0.009 8*** | 0.011 9*** | 0.007*** |
| | (0.000 7) | (0.000 6) | (0.001 1) |
| *hel* | 0.118 8 | −0.141 1 | 0.508 9 |
| | (0.198 2) | (0.093 9) | (0.476 6) |
| *Constant* | 8.860 2*** | 10.072 6*** | 4.612 3*** |
| | (0.924 1) | (0.420 5) | (1.758 2) |
| *R-squared* | 0.495 9 | 0.558 5 | 0.326 4 |

注：***、**和*分别表示在1%、5%和10%的统计水平上显著。

（3）棉花目标价格补贴政策对不同种植规模棉农的影响程度

表6-11的估计结果仅仅反映了棉花目标价格补贴政策是否对不同种植规模棉农收入产生了影响，而棉花目标价格补贴政策、户主特征和家庭特征变量对棉农收入影响的贡献率具体为多少，哪些因素是影响不同种植规模棉农收入的关键性因素，棉花目标价格补贴政策收入效应有多大，这都需要进一步测算。在表6-11估计结果的基础上，利用Wan（2002，2004）改进的回归分解法，可测算出各变量对不同种植规模棉农收入影响的贡献率。具体方法如下：

将式（6-1）简化为：

$$V_i = \alpha + \beta_i X_i + \varepsilon_i \tag{6-2}$$

其中，$V_i$ 表示棉农 $i$ 的收入，$\alpha$ 表示常数项，$X_i$ 表示解释变量，$\varepsilon_i$ 表示残差项。对式（6-1）参数进行估计后，得到 $\beta_i$ 的估计值，然后计算得到 $V_i$ 的估计值 $\hat{V}_i$，以及不考虑常数项时 $V_i$ 的估计值 $\hat{V}'_i$，即：

$$\hat{V}_i = \alpha + \sum_{i=1}^{k} \beta_i X_i \hat{V}'_i = \sum_{i=1}^{k} \beta_i X_i \tag{6-3}$$

然后依次进行回归分解。第一步：用 $CV(*)$ 表示变异系数，计算残差和常数项对 $V_i$ 的贡献 $C_\varepsilon$ 和 $C_\alpha$：

$$C_\varepsilon = CV(V) - CV(\hat{V}) \quad C_\alpha = CV(\hat{V}) - CV(\hat{V}') \tag{6-4}$$

然后，计算各变量对 $CV(\hat{V})$ 的贡献。运用Shorrocks提出的Sharply值理论分解可计算出每个变量对 $CV(\hat{V})$ 的贡献。一般而言，不同棉农的 $X$ 取值不同，用 $X_i$ 的样本均值取代 $X$ 可以消除 $X_i$ 的差异，替换后计算的 $V$ 值记为 $\hat{V}_i$（不含常数项），从而得到变异系数 $CV(\hat{V}_i)$，$CV(\hat{V}_i)$ 取决于 $X$ 消除

$X_i$ 后的差异性；同样，用 $X_i$ 和 $X_j$ 的样本均值取代 $X_i$ 和 $X_j$ 可以消除 $X_i$ 和 $X_j$ 的差异，替换后计算的 $V$ 值记为 $\hat{V}_i$，从而得变异系数 $CV$（$\hat{V}_{ij}$）；以此类推，可以消除更多 $X$ 的差异。

用 $C_i^{mn}$ 表示变量 $i$ 在第 $m$ 次中第 $n$ 个对变异系数的贡献，各次计算公式如下：

$$C_i^{1n} = CV(\hat{V}') - CV(\hat{V}_i)i = 1,2,\cdots,k \tag{6-5}$$

$$C_i^{2n} = CV(\hat{V}_i') - CV(\hat{V}_{ij})i,j = 1,2,\cdots,k(i \neq j) \tag{6-6}$$

$$C_i^{3n} = CV(\hat{V}_{ij}{}') - CV(\hat{V}_{ijp})i,j,p = 1,2,\cdots,k(i \neq j \neq p) \tag{6-7}$$

…

变量 $i$ 在第 $m$ 次对变异系数的贡献为：

$$C_i^m = \sum_{m=1}^{N_m} C_i^m / N_m \tag{6-8}$$

$$N_m = \frac{(k-1)!}{(k-m)!(m-1)!} \tag{6-9}$$

式（6-9）中，$C_i^m$ 表示变量 $i$ 在第 $m$ 次对变异系数的贡献。变量 $i$ 对棉农收入影响的贡献为：

$$C_i = \sum_{m=1}^{k} C_i^m / k \tag{6-10}$$

第三步：测算各变量对棉农收入影响的贡献率。

$$CD_\varepsilon = \frac{C_\varepsilon}{CV(V)} \times 100\% \tag{6-11}$$

$$CD_\alpha = \frac{C_\alpha}{CV(V)} \times 100\% \tag{6-12}$$

$$CD_i = \frac{C_i}{CV(V)} \times 100\% \tag{6-13}$$

其中 $CD_\varepsilon$、$CD_\alpha$、$CD_i$ 分别表示残差项、常数项和各变量对棉农收入影响的贡献率。

表 6-12 为运用回归分解法测算各个解释变量对不同种植规模棉农收入影响的贡献率。从小规模种植来看，影响其收入最大的因素为土地面积，贡献率高达 79.49%，享受棉花目标价格补贴数额对其收入影响的贡献率较低，仅占 1.89%；从中等种植规模棉农来看，影响其收入最大的因素仍然为土地面积，贡献率高达 62.06%，棉花目标价格补贴数额对其收入影响的贡献率仍然较低，占 3.19%；从大规模种植棉农来看，影响其收入最大的因素为享受棉花

目标价格补贴数额，贡献率为40.80%。对比结果可以看出，对于中小种植规模棉农而言，其收入受土地面积的影响较大，而棉花目标价格补贴政策对其影响较小，然而，对于大规模种植棉农而言，其收入受棉花目标价格补贴政策的影响较大。可见，棉花目标价格补贴政策对于大规模种植棉农的收入效应大于中小规模种植棉农的收入效应，这进一步验证了本研究假设2，即棉花目标价格补贴政策对不同种植规模棉农的影响程度不同，对小规模棉农的影响程度较低，对大规模棉农的影响程度较高。可能的原因是，对于中小种植规模棉农而言，其棉花种植面积较小，能够享受的棉花目标价格补贴数额较少，种植棉花所取得的收入可能并不是家庭的主要收入来源，所以棉花目标价格补贴政策对棉农收入的影响程度并不大；而对于大规模棉农而言，其棉花种植面积较大，所面临的生产风险和市场风险也较高，而棉花目标价格补贴政策能够有效降低大规模棉农种植棉花的风险，所以棉花目标价格补贴政策对大规模棉农的收入影响程度较高。

**表6-12 各解释变量对棉农收入影响的贡献**

单位：%

| 变量 | 小规模种植棉农 | 中等规模种植棉农 | 大规模种植棉农 |
|---|---|---|---|
| *lns* | 1.89 | 3.19 | 40.80 |
| *ged* | 2.46 | 1.79 | 0.88 |
| *age* | 1.54 | 0.21 | 1.12 |
| *edu* | 2.82 | 3.65 | 0.62 |
| *gb* | 0.28 | 3.59 | 4.55 |
| *hzs* | 0.05 | 3.68 | 0.26 |
| *siz* | 5.75 | 8.36 | 5.17 |
| *lab* | 1.34 | 1.71 | 3.65 |
| *bur* | 2.49 | 5.17 | 7.48 |
| *old* | 0.36 | 0.52 | 1.39 |
| *mir* | 0.12 | 4.21 | 0.15 |
| *sfh* | 0.63 | 1.51 | 0.79 |
| *lan* | 79.49 | 62.06 | 32.35 |
| *hel* | 0.78 | 0.35 | 0.79 |

### 5. 结论与启示

从理论上来说，棉花目标价格补贴政策对棉农收入的影响主要体现在收入效应，可以直接提升棉农的收入，然而，棉农个体间的异质性导致棉花目标价格补贴政策对不同棉农收入的影响程度不同。不同类型的棉农对产前收益的预期和风险抵抗能力的差异，导致不同种植规模的棉农受棉花目标价格补贴政策的影响存在差异。2018 年新疆棉农的实地调研数据的实证分析结果表明，棉花目标价格补贴政策对棉农收入具有显著的促进作用，棉花目标价格补贴政策的实施可以提高棉农收入；同时，棉花目标价格贴补政策对不同种植规模棉农具有不同的影响效应，对中小规模种植棉农的影响程度较低，而对大规模种植棉农的影响程度较高。

鉴于上述结论，今后应该从公平性和促进小农户发展的角度对棉花目标价格补贴政策进行改革：第一，需要维持棉花目标价格补贴政策的延续性，增强棉农对政策稳定的信心。新疆是我国重要的棉花产区。2019 年新疆棉花产量占全国棉花产量的 84.9%。其中全疆约有 50%的农户种植棉花，70%以上为少数民族，植棉收入占农民人均纯收入的 35%左右，特别是南疆 90%以上的县种植棉花，植棉收入是当地少数民族群众重要的收入来源。因此，保持政策的延续性对于稳定我国棉花种植规模、促进棉农增收、助力贫困地区脱贫攻坚非常重要。第二，现行棉花目标价格补贴政策对于中小规模种植棉农的收入影响程度较低，对于大规模种植棉农的收入影响程度较高，在一定程度上造成了财政分配的不公平，并且容易刺激市场主体过度扩大生产规模，影响生态环境。借鉴国际经验，可以对补贴主体、补贴上限进行限制，规定基本农户和经营单位能够享受补贴的最大规模的产量和面积，降低对生产的刺激。此外，执行方案进一步向小规模农户倾斜，加大小规模农户面积补贴的标准。

### （四）棉花目标价格补贴政策对棉花种植的影响

目标价格补贴政策本质上是一种价格支持政策，从经济学分析，价格支持政策会降低生产风险提高农户预期收益从而对生产形成正向激励效果，促进农户扩大生产规模（Antón and Le Mouel，2004），进而影响整个农业生产结构。从实际观察看，自 2016 年棉花目标价格补贴政策稳定以来，新疆棉花种植面积持续增长，而粮食尤其是小麦种植面积出现明显下降，人均小麦占有量已经下降到 2009 年以来的最低水平[①]。显而易见的问题是棉花目标价格补贴政策

① 根据国家统计局数据，新疆维吾尔自治区人均小麦占有量从 2009 年的 290 千克/人下降到 2017 年的 251 千克/人。

的实行是否对新疆棉花生产产生了较大的刺激作用？是否影响了新疆整个农作物种植结构引发粮棉协调问题？新疆是我国西北内陆省份，特殊的地理位置和区情决定了保持新疆区内农作物种植结构平衡，尤其是粮棉平衡问题非常重要。鉴于此，本研究基于新疆维吾尔自治区和山东省 2011—2018 年县级层面的样本，运用双重差分法（DID），在控制共时性因素对国内棉花种植影响的基础上，验证棉花目标价格补贴政策与棉花种植面积调整之间的因果关系，为棉花目标价格补贴政策改革提供理论和实证依据。

**1. 文献回顾**

当前，国内外关于棉花目标价格补贴政策的文献主要集中在目标价格补贴政策的理论和必要性、效应评估及对棉花生产的影响等方面。具体如下。

第一，在目标价格补贴政策的必要性和理论意义方面。目标价格补贴政策是我国农业补贴支持政策体系中的重要内容，是在通过市场价格形成机制实现市场出清的基础上对生产者收益实施保护的价格政策。相比其他农产品价格政策（最低收购价政策）在保护生产者利益、补贴效率、维护市场价格内在形成机制等方面具有较大优势（耿仲钟、肖海峰，2015）。从国际经验看，以目标价格补贴政策为主的“政府＋市场”的政策模式也是在保护农业弱质性和维持农产品市场秩序双重诉求下的政策改革趋势。美国自 1973 年《农场法案》提出目标价格补贴政策以来，逐渐调低了最低保护价、并通过引入目标价格补贴等政策逐步加强市场化服务在政策支持中的作用，以提高政策支持效率、降低对市场运行的干扰（梁明鑫、卢俊玮，2019；程郁、叶兴庆，2017）。2004 年，我国全面放开粮食收购和价格，逐渐形成农产品保护价与最低收购价价格形成机制。随着生产成本上升，这一机制导致市场信号扭曲、财政压力扩大的弊端逐渐凸显。加之我国农产品市场存在流通环节过多且秩序混乱的问题，有必要引入农产品目标价格制度，以缓解农产品市场运行中的问题、保障农业发展和粮食生产供给稳定（秦钟春，2015）。2014 年我国启动的新一轮主要农产品价格形成机制和粮食收储制度改革中，目标价格补贴成为最主要的改革试点政策（徐田华，2018）。

第二，在目标价格补贴政策的政策效应方面。就政策目标整体实现状况而言，已有研究大多得出了肯定的结果，目标价格补贴试点政策的两大品种——棉花与大豆均在缩小国内外价差、完善市场价格形成机制、保护农民利益、促进产业发展、提高生产积极性、稳定生产等方面实现了预期政策目标（翟雪玲、李冉，2015；黄季焜等，2015；张晶、王克，2016；方燕、李磊，2016；

郜亮亮、杜志雄，2018）。但部分学者从福利角度提出了目标价格补贴政策实施改善的可能性。李光泗和郑毓盛（2014）通过对比粮食稳定政策和目标价格补贴政策两种政策下社会福利的变化，认为相比粮食价格稳定政策，在农产品价格波动背景下目标价格补贴政策更能保障生产者与消费者的福利，但对社会整体福利水平的影响还取决于目标价格厘定的合理性和政策实施效率。蔡海龙和马英辉（2018）通过构建大豆市场均衡移动模型，研究大豆目标价格补贴政策的福利效应，分析表明大豆目标价格补贴政策实施中政府差价补贴支出对目标价格变动弹性较大，政府无效福利损失较大，即以高昂的财政支出置换微弱的产出增加效应。

第三，在目标价格补贴政策对农产品（棉花）生产的影响方面。尽管目标价格补贴政策会降低预期生产风险，提高农户预期收益，促进农户扩大生产规模（Antón and Le Mouel，2004），但农户决策还受到其财富水平（Lin and Dismukes，2007）以及上期政策实施是否达到预期收益等因素的影响（贺超飞、于冷，2018）。微观农户层面，目标价格补贴政策对保障农户的种植收益、提高农户收入水平具有正向作用（卢冰冰等，2018），但在 WTO 对“黄箱”政策限制的背景下，其持续增加棉农收益的能力有限（韩冰等，2017）。具体从农户决策行为来看，政策实施的效果还取决于农户对政策的信心和感知的稳定性（胡迪等，2019）。

综上，国内外文献都主要关注目标价格补贴政策的政策意义和实践经验总结等方面，有部分文献注意到了目标价格补贴政策对农业生产的影响，但仅限于理论上的分析，少有文献基于实证方法分析棉花目标价格补贴政策对棉花种植面积以及实施区域内主要农作物种植结构的影响。基于此，本研究将在前人的研究基础上做如下改进：第一，基于新疆维吾尔自治区和山东省县级面板数据实证分析棉花目标价格补贴政策对实施区域农作物种植结构的影响；第二，探讨棉花目标价格补贴政策影响棉花种植的机制。

**2. 目标价格补贴政策对棉花产量影响的理论分析**

借助经典的微观经济学供需理论，我们可以分析目标价格对棉花生产的影响。图 6－3 展示了棉花临时收储政策取消后棉花目标价格补贴政策对棉花生产的影响。纵坐标为棉花价格，横坐标为棉花生产量，曲线 $S$ 为供给曲线，曲线 $D$ 为需求曲线。首先，在棉花临时收储政策框架下，假设 $P_1$ 为国家制定的棉花临时收储价格，$P_0$ 为棉农与棉花收购商实际成交的价格。实际上，由于交通、运输成本等问题，大部分棉农并不是将棉花直接销售给棉花加工企业，而是销售给棉花收购商，棉花收购商销售给加工企业时，会因杂质、水分等被扣除价格，因此，棉花收购商在保持利润的前提下，会以低于临时收储价的价格向棉农收购棉花，即临时收储价格 $P_1$ 大于实际棉花销售价格 $P_0$。如果没有棉花临时收储政策，$P_0$ 所对应的供给曲线点 $E_0$ 与投影到横坐标的点 $S_0$ 即为 $P_0$ 的供给水平；如果实施棉花临时收储价格政策，棉花价格由 $P_0$ 提升到 $P_1$，此时临时收储价格与实际成交价格之间的价差产生的收益被棉花收购商攫取，而没有被棉农获得。在实施目标价格补贴政策后，假设目标价格与临时收储价格持平，即目标价格仍然为 $P_1$，由于政府给予的补贴方式发生了变化，由原来补贴给收购企业转为直接补贴给生产者，棉农的收益也产生了相应的变化。此时，棉农出售棉花所获得的收益不低于以 $P_1$ 价格出售棉花所获得的收益，相应的供给水平为 $S_1$。因此，实施目标价格补贴政策后，相比临时收储政策，棉农能够获得更多的利益，棉花生产积极性提高，棉花供给水平会相应增加。当然，这是棉花目标价格等于临时收储价格的情况，如果目标价格高于临时收储价格，此时目标价格以 $P_3$ 表示，棉农能够获得的收益更多，棉农的生产积极性会更高，相对应的棉花供给水平增加到 $S_3$；如果目标价格低于临时收储价格，此时目标价格用 $P_2$ 表示，相比 $P_1$ 的价格水平，棉农所能获得的收益将会减少，生产积极性会降低，相应的供给水平为 $S_2$。但是，总体来看，相比临时收储政策，目标价格补贴政策直接补贴农户市场损失，因此能够更好地调动棉农生产积极性，起到鼓励棉农增加种植面积的效果，从而提升棉花产量。

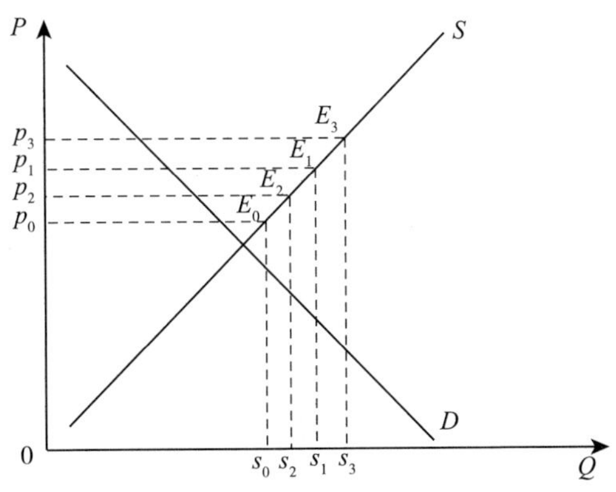


图 6-3 实行棉花目标价格补贴政策对棉花生产的影响

进一步地，为了探究棉花目标价格补贴政策对棉花生产的影响机制，我们可以借助图 6-4 来进行说明。由前文分析可知，棉花目标价格补贴政策的实施可以调动棉农生产积极性，影响棉农生产决策。在目标价格补贴政策实施后，当棉农决定扩大棉花生产面积时，由于棉农所拥有的耕地面积通常是相对不变的，扩大棉花种植面积会相应地缩减竞争性农作物生产，如小麦、玉米等。进而，棉花种植面积所占比例会提升，即种植结构会发生变化。另外，目标价格补贴政策实施可以导致棉花总产量和棉花种植面积的同步提升，如果棉花总产量提升的速度没有棉花种植面积提升的速度快，棉农生产棉花的亩产量便会降低。同理，如果棉花总产量提升的速度超过了棉花种植面积提升的速度，棉农生产棉花的亩产量便会提升。由于目标价格补贴政策只在新疆实行，所以通常情况下，棉农扩大棉花种植面积会出现规模不经济。因为实施目标价格补贴政策前，新疆棉农种植面积较大，棉农生产要素投入增长速度往往低于棉花种植面积增长速度，从而导致棉花亩产量下降。然而，由于目标价格补贴政策的存在，即使亩产量下降，棉农也愿意扩大棉花种植面积，以获取更多的收益，这就可能存在棉农盲目扩大棉花种植面积，导致棉花总产量提升的可能。棉花总产量提升，在需求不变的情况下棉花价格下降，国家财政补贴额度加大，从而增大国家财政负担。

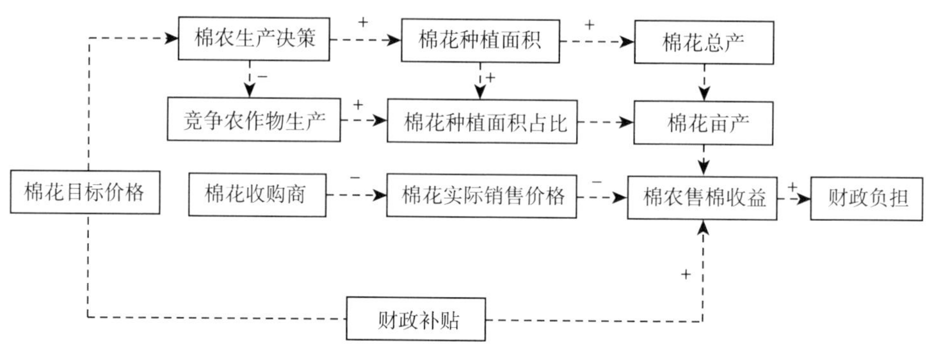


图 6-4　棉花目标价格补贴政策对棉花生产的影响机制

### 3. 数据来源、变量选取与模型设定

（1）数据来源

鉴于数据的可获得性，本研究所用数据为 2011—2018 年新疆维吾尔自治区 60 个县市和山东省 82 个县市构建的县级面板数据①。棉花目标价格补贴政

① 新疆维吾尔自治区共有 68 个县区，剔除了缺失关键数据的县区。

策在新疆地区实行，因此选取新疆维吾尔自治区县市作为处理组，同时，选取种植结构类似且同为产棉大省的山东省作为控制组。选取时间自2011年起是因为2011年开始实行连续三年的棉花临时收储政策，避免了2011年以前政策变化导致的系统差异。本研究所用的棉花产量、棉花播种面积、玉米播种面积和小麦播种面积来源于EPS数据库、中国经济与社会发展统计数据库以及各省（自治区）、各地市和各县区统计年鉴，棉花亩产根据棉花播种面积和产量计算得出，棉花生产成本、棉花价格、玉米价格和小麦价格来源于《全国农产品成本收益资料汇编》。2014年开始在新疆实施棉花目标价格补贴政策，因此本研究将新疆维吾尔自治区60个县市作为处理组，然后采用倾向得分匹配法，从山东省82个县市中匹配了对照样本作为控制组，最后得到960个样本观测值。

（2）变量选取与描述性统计分析

变量选取如下：①被解释变量。本研究的被解释变量为棉花种植面积占比、棉花总产量和棉花亩产，分别指棉花播种面积占主要农作物播种面积比例、地区棉花总产量和棉花每亩产量，本研究分别做了对数处理。②解释变量。本研究的核心解释变量为是否实施棉花目标价格补贴政策。由于棉花目标价格补贴政策只在新疆维吾尔自治区实施，因此，本研究将新疆2014年以后的县市赋值为1，否则赋值为0。在后文的PSM-DID稳健性检验中，本研究还设置了地区个体为变量，采用Logit模型估计倾向得分并进行核匹配，以此为基础进行了相应的检验。③控制变量。为了控制其他因素对被解释变量的影响，本研究还设置了相应的控制变量。棉花价格（Cprice）和棉花生产成本（In Cost）会影响棉农的生产决策。另外，竞争性农作物也会影响棉花种植，本研究选取的新疆维吾尔自治区和山东省种植结构较为类似，主要种植农作物为棉花、玉米和小麦，因此棉花的竞争性农作物选取玉米和小麦两种农作物，分别选取玉米种植面积（In Marea）、玉米价格（Mprice）、小麦种植面积（In Warea）和小麦价格（Wprice）反映竞争性农作物生产和市场情况。各变量的定义与描述性统计分析结果见表6-13。

**表6-13 变量的定义与描述性统计分析结果**

| 变量代码 | 变量名称 | 变量定义 | 均值 | 标准差 |
|---|---|---|---|---|
| *areapro* | 棉花种植面积占比 | 棉花种植面积占主要农作物种植面积比例 | 0.546 8 | 0.132 5 |
| *ln output* | 棉花总产量 | 棉花总产量的对数值 | 10.659 2 | 2.132 5 |

（续）

| 变量代码 | 变量名称 | 变量定义 | 均值 | 标准差 |
|---|---|---|---|---|
| *ln cavg* | 棉花亩产 | 棉花亩产量的对数值（单位：万亩） | 5.914 6 | 0.989 5 |
| *tprice* | 目标价格补贴政策 | 实施目标价格补贴政策为1，否则为0 | 0.513 5 | 0.482 2 |
| *cprice* | 棉花价格 | 棉花销售单价（单位：元） | 7.234 1 | 1.350 1 |
| *ln cost* | 棉花生产成本 | 每亩棉花生产成本的对数（单位：元） | 7.844 6 | 1.239 0 |
| *ln marea* | 玉米面积 | 玉米播种面积的对数值（单位：万亩） | 5.815 8 | 1.976 9 |
| *ln warea* | 小麦面积 | 小麦播种面积的对数值（单位：万亩） | 5.143 9 | 1.642 1 |
| *mprice* | 玉米价格 | 玉米销售价格（单位：元） | 1.735 0 | 1.010 8 |
| *wprice* | 小麦价格 | 小麦销售价格（单位：元） | 2.360 1 | 1.399 2 |

（3）模型选定

目标价格补贴政策改革可以看作国家对大豆、棉花和生猪等农产品进行的一次“准自然实验”。棉花目标价格补贴政策只在新疆维吾尔自治区开展改革试点，新疆地区以外的其他产棉县采取固定补贴政策，对于这种类型的政策效果评估，一般采用 DID 方法进行研究。目标价格补贴政策于 2014 年开始执行，作为棉花目标价格补贴政策实施区域，本研究将新疆维吾尔自治区县市作为处理组，将未实施棉花目标价格补贴政策的山东省市县作为控制组，这样可以消除国际棉花价格波动等外部因素对棉花种植的影响。

本研究构建以下双重差分基准回归模型来检验目标价格补贴政策对棉花种植的影响：

$$Y_{it} = \beta_0 + \beta_1 dt_{it} tprice_{it} + \gamma_{it} X_{it} + r_i + \varepsilon_{it} \qquad (6-14)$$

式（6－14）中，$Y_{it}$ 为被解释变量，$i$ 和 $t$ 分别代表第 $i$ 个县和第 $t$ 个年份，分别选取棉花面积占比、棉花总产量和棉花亩产作为被解释变量。$tprice_{it}$ 表示是否实施目标价格补贴政策，$dt_{it}$ 表示实施目标价格补贴政策的时间，用以区分实验前后及实验时间的长短，$dt_{it}tprice_{it}$ 是本研究的核心变量，其对应的系数 $\beta_1$ 为本研究关注的重点对象，如果 $\beta_1$ 的系数显著为正，则表明棉花目标价格补贴政策推动了棉花种植。$X_{it}$ 表示其他控制变量，$\gamma_i$ 用来控制不随时间变化的个体效应，$\varepsilon_{it}$ 表示模型随机误差项。

为了分析目标价格补贴政策对棉花种植的影响是否存在动态效应，可将（6－14）式转变为：

$$Y_{it} = \beta_0 + \sum \beta_k dt_{it}^k tprice_{it} + \gamma_{it} X_{it} + r_i + \varepsilon_{it} \qquad (6-15)$$

其中，交叉项 $dt_{it}^{k}tprice_{it}$ 是某县自 2014 年实施目标价格补贴政策后第 $k$ 年的虚拟变量。$\beta_k$ 表示为实施目标价格补贴政策后的第 $k$ 年棉花种植受政策影响的效应。

最后，为了验证目标价格补贴政策影响棉花种植的机制，构建如下模型：

$$Control = \beta_0 + \beta_j dt_{it}^{k}tprice_{it} + \varepsilon_{it} \qquad (6-16)$$

式（6－16）式将式（6－14）的控制变量作为被解释变量，然后依次对关键变量 $dt_{it}tprice_{it}$ 进行最小二乘回归，以揭示棉花目标价格补贴政策对棉花种植影响的机理。

双重差分方法的前提假设是处理组和控制组存在共同趋势，也就是说，如果没有棉花目标价格补贴政策，新疆维吾尔自治区县市和山东省县市棉花产量增长随时间变化而变化，不存在系统性差异。然而，不管是从经典的生产模型理论还是从棉花生产实际来看，均不满足双重差分方法的前提假设。Heckman 等（1997，1998）提出的 PSM－DID 方法能够有效避免这一问题，使双重差分法满足共同趋势的前提假设。PSM－DID 的做法是在未实行棉花目标价格补贴政策的控制组中选取某个县 $j$，使这个县与处理组中的县 $i$ 具有相同的特征，即 $X_i \approx X_j$。当这两个县棉花产量的增长完全依赖于控制变量时，县 $j$ 和县 $i$ 实施棉花目标价格补贴政策的概率接近，从而可以进行比较分析。匹配估计量有助于解决双重差分方法中处理组和控制组在受到目标价格补贴政策影响前是否存在系统性差异的问题。一般而言，控制变量包括多个变量，如果直接使用控制变量在高维度空间进行匹配，可能导致数据稀疏的情况，因而需要度量个体的距离。鉴于此，可以利用某函数 $f(X_i)$ 将 $X_i$ 处理成一维变量，再按照 $f(X_i)$ 进行匹配，度量距离时利用倾向得分并将其作为距离函数进行匹配（Rosenbaun and Rubin，1983；Rosenbaun and Rubin，1985）。这样做的优点在于，倾向得分匹配法对控制变量 $X_i$ 进行了降维处理，使其取值范围为 0～1。本研究采用核匹配方法来确定权重，首先，利用 Logit 模型计算倾向得分，剔除不合理的控制组样本；然后，计算目标价格补贴政策实施前后棉花种植的变化，对于新疆维吾尔自治区县市，计算与其匹配的山东省县市在目标价格补贴政策实施前后棉花种植的变化，得到 ATT（政策平均处理效应），进而得出政策实施对棉花种植的影响；最后，利用 PSM－DID 方法进行稳健性检验。

**4. 回归结果分析**

（1）棉花目标价格补贴政策对棉花种植的影响

表 6－14 为目标价格补贴政策对棉花种植的影响，第（1）列、第（3）列

和第（5）列为未加入控制变量的估计结果，第（2）列、第（4）列和第（6）列为加入了控制变量后的估计结果。从第（1）列和第（2）列可以看出，在没有引入控制变量的情况下，目标价格补贴政策对棉花种植面积占比具有显著的正向影响，在加入控制变量之后，结果表明，棉花目标价格补贴政策的实施有效推动了棉花种植面积的增长，使棉花种植面积占比显著增加。控制变量的估计表明，棉花销售价格对提升棉花种植面积占比作用十分明显，棉花种植成本、玉米播种面积、玉米价格和小麦价格均对棉花种植面积占比有显著的负向影响。第（3）列和第（4）列为目标价格补贴政策对棉花总产量的影响。可以看出，目标价格补贴政策对棉花总产量有显著的正向影响，未引入控制变量和引入控制变量均验证了这一结论。控制变量的估计表明，棉花销售价格对提升棉花总产量作用十分明显，棉花种植成本、玉米播种面积、玉米价格和小麦价格均对棉花总产量有显著的负向影响。第（5）列和第（6）列为目标价格补贴政策对棉花亩产的影响。可以看出，目标价格补贴政策的实施导致了棉花亩产下降，未引入控制变量和引入控制变量均表明目标价格补贴政策对棉花亩产具有显著的负向作用。控制变量的估计表明，棉花销售价格对棉花亩产具有显著的负向作用。这可能有两方面原因，一是因为棉花销售价格越高，棉农生产积极性越高，棉花生产向次宜棉区扩张的可能性增加，导致棉花亩产下降；二是在我国棉花属于精耕细作农作物，棉花种植面积扩大后，农户管理水平下降导致棉花单产下降。棉花种植成本、小麦种植面积、玉米销售价格和小麦销售价格均对棉花亩产有显著的正向作用。因此，目标价格补贴政策虽然促进了棉花种植面积和棉花产量的增长，但却降低了棉花亩产量，也就是说，目标价格补贴政策对提升棉农生产积极性有较好的作用，但棉花生产却没有表现出规模经济。

**表 6-14　目标价格补贴政策对棉花种植的影响**

| 解释变量 | *areapro* | | *ln output* | | *ln cavg* | |
|---|---|---|---|---|---|---|
| | (1) | (2) | (3) | (4) | (5) | (6) |
| $dt \times tprice$ | 0.608 8*** | 0.610 2*** | 0.005 1** | 0.004 0* | −0.227 6*** | −0.188 0*** |
| | (10.107 8) | (10.109 6) | (0.002 2) | (0.002 3) | (−3.203 6) | (−1.290 1) |
| *cprice* | | 0.028 4*** | | 0.246 7*** | | −0.026 9*** |
| | | (5.181 4) | | (0.021 3) | | (−6.970 8) |
| *ln cost* | | −0.001 9*** | | −0.024 2** | | 0.001 3*** |
| | | (−14.532 2) | | (−0.011 3) | | (15.018 4) |

（续）

| 解释变量 | areapro | | ln output | | ln cavg | |
|---|---|---|---|---|---|---|
| | (1) | (2) | (3) | (4) | (5) | (6) |
| *ln marea* | | −0.004 3*** | | −0.003 6*** | | 0.001 9 |
| | | (−4.504 9) | | (−0.000 4) | | (2.106 9) |
| *ln warea* | | −0.007 7 | | −0.049 1*** | | 0.027 6* |
| | | (−2.071 9) | | (−0.008 1) | | (6.802 2) |
| *mprice* | | −0.006 3** | | −0.001 5* | | 0.004 3 * |
| | | (−7.208 1) | | (−0.000 9) | | (5.592 7) |
| *wprice* | | −0.038 3*** | | −0.019 8*** | | 0.051 5*** |
| | | (−21.038 5) | | (−0.002 1) | | (28.855 4) |
| 常数项 | 13.255 3*** | 9.508*** | 11.253 6*** | 0.139 4*** | 8.165 2*** | 3.398 7*** |
| | (385.326 9) | (58.158 7) | (289.365 4) | (0.012 9) | (302.216 3) | (22.533 1) |
| 观测值 | 960 | 960 | 960 | 960 | 960 | 960 |
| $R^2$ | 0.220 5 | 0.473 8 | 0.235 6 | 0.689 5 | 0.091 1 | 0.556 5 |

注：***、**和 * 分别表示在 1%、5%和 10%的统计水平上显著。括号内数值为 $t$ 值，采用县级聚类稳健标准误计算。

（2）目标价格补贴政策对棉花种植的动态影响

棉花目标价格补贴政策对棉花种植的影响可能存在滞后性，随着时间的推移，棉花目标价格补贴政策可能会逐渐影响棉农的种植决策，从而导致棉花种植面积占比和亩产的变化。因此，本研究进一步分析了棉花目标价格补贴政策对棉花产量增长的动态作用。表 6 - 15 对棉花目标价格补贴政策是否存在动态效应进行了检验。从表 6 - 15 可以看出，考虑了棉花目标价格补贴政策发挥的时间效应后，棉花目标价格补贴政策对棉花种植面积占比、棉花总产量和亩产量增长的影响仍然明显，加入控制变量后，棉花目标价格补贴政策对棉花种植面积占比和亩产量增长的动态效应具有显著性。然而，对比可以发现，棉花价格目标补贴政策实施时间越长，其对棉花种植面积占比和棉花总产量的影响程度越大，相反，棉花亩产随着政策实施的时间推移表现出下降的趋势。这表明，虽然目标价格补贴政策可以调动棉农的生产积极性，但也可能过度刺激了棉花种植需求，部分生产者会在次宜棉区开展棉花生产，从而导致棉花种植面积和产量上升的同时棉花种植质量反而下降。

表 6-15 目标价格补贴政策对棉花种植的动态影响

| 解释变量 | *areapro* | | *ln output* | | *ln cavg* | |
|---|---|---|---|---|---|---|
| | (1) | (2) | (3) | (4) | (5) | (6) |
| $dt_1 \times tprice$ | 0.267 5*** | 0.210 4*** | 0.167 5*** | 0.110 4*** | −0.493 5*** | −0.221 6*** |
| | (3.150 9) | (2.021 2) | (3.150 9) | (2.021 2) | (−3.395 8) | (−2.178 7) |
| $dt_2 \times tprice$ | 0.304 1*** | 0.292 5*** | 0.204 1*** | 0.192 5*** | −0.488 2*** | −0.389 7*** |
| | (2.721 6) | (2.228 6) | (2.721 6) | (2.228 6) | (−3.269 6) | (−2.661 7) |
| $dt_3 \times tprice$ | 0.512 4*** | 0.432 4*** | 0.312 4*** | 0.232 4*** | −0.565 9*** | −0.542 9*** |
| | (2.141 2) | (2.114 1) | (2.141 2) | (2.114 1) | (−3.383 4) | (−1.871 2) |
| $dt_4 \times tprice$ | 0.691 9** | 0.504 0*** | 0.391 9** | 0.404 0*** | −0.708 7*** | −0.624 9*** |
| | (1.409 3) | (0.706 1) | (1.409 3) | (0.706 1) | (−3.023 5) | (−0.186 7) |
| $dt_5 \times tprice$ | 0.791 0 | 0.689 9 | 0.491 0 | 0.589 9 | −0.863 6** | −0.708 1* |
| | (0.676 5) | (0.096 1) | (0.676 5) | (0.096 1) | (−2.250 4) | (−0.834 5) |
| 控制变量 | 否 | 是 | 否 | 是 | 否 | 是 |
| 常数项 | 13.187 5*** | 9.732 7*** | 13.187 5*** | 9.732 7*** | −7.548 4*** | −3.472 2*** |
| | (373.659 9) | (55.403 3) | (373.659 9) | (55.403 3) | (300.623 6) | (20.979 7) |
| 样本数 | 960 | 960 | 960 | 960 | 960 | 960 |
| $R^2$ | 0.249 2 | 0.484 | 0.325 1 | 0.698 2 | 0.417 1 | 0.564 1 |

注：***、**和*分别表示在1%、5%和10%的统计水平上显著。括号内数值为 $t$ 值，采用县级聚类稳健标准误计算；$dtk \times tprice$（$k$=1，2…，5）表示实施目标价格补贴政策后的第 $k$ 年；为了进行对比分析，表 6-15 包括了不加入控制变量的回归结果。

（3）平行趋势检验

除了目标价格补贴政策对棉花种植的影响外，可能还存在其他政策或随机因素影响棉花种植，而这种影响与目标价格补贴政策的实施无关，最终影响本研究结论的准确性。为了消除这种潜在的影响，本研究借鉴大多数文献的做法（陈刚，2012；范子英、田彬彬，2013；刘瑞明、赵仁杰，2015），构建反事实的假设条件，将目标价格补贴政策实施前的年份提前 2 年或 3 年，进行平行趋势检验。具体来说，在式（6-15）的基础上加入了时间趋项（*time*），将 2011 年取值 1，2012 年取值 2，以此类推，表示时间趋势。以目标价格补贴政策实施年份 2014 年（*current*）为界，用 $\text{Before}_k$ 和 $\text{After}_k$ 分别表示政策实施之前第 $k$ 年和政策实施之后第 $k$ 年，并用 Current、$\text{Before}_k$ 和 $\text{After}_k$ 代替 $dt_{it}tprice_{it}$。也就是说，政策实施前 3 年、前 2 年和前 1 年的样本 $\text{Before}_3$、$\text{Before}_2$ 和

$Before_1$ 均取值 1，否则取值 0；政策实施当年的样本 Current 取值 1，否则取值 0；政策实施第 1 年、第 2 年和第 3 年样本 $After_1$、$After_2$ 和 $After_3$ 均取值 1，否则取值 0。表 6 - 16 为平行趋势检验结果，结果表明，不管是将目标价格补贴政策实施年份提前 2 年还是 3 年，$Before_k$ 对应的系数均没有通过显著性检验。由此可知，棉花种植的影响来源于目标价格补贴政策的实施，不是由其他政策或随机因素影响的。同时，这也说明在外部政策影响之前，也就是处理组实施目标价格补贴政策之前，其棉花种植情况和对照组不存在显著差异，即满足平行性假设，前文所得出的关键变量 $dt_{it}tprice_{it}$ 的系数估计具有无偏性。另外，在处理组实施目标价格补贴政策后，$After_k$ 对应的系数逐渐增大并通过了显著性检验，这表明棉花目标价格补贴政策的实施对棉花种植具有显著的影响，也就是平行趋势检验得到验证，说明前文双重差分的结果具有稳健性。

**表 6 - 16　平行趋势检验结果**

| 解释变量 | *areapro* | | *ln output* | | *ln cavg* | |
|---|---|---|---|---|---|---|
| | (1) | (2) | (3) | (4) | (5) | (6) |
| $Before_3$ | 0.000 1 | 0.003 7 | 0.012 4 | −0.021 6 | 0.000 1 | −0.006 4 |
| | (0.012 5) | (0.200 9) | (0.011 4) | (−0.009 6) | (0.003 2) | (−0.289 9) |
| $Before_2$ | 0.000 9 | 0.002 8 | 0.003 3 | 0.002 7 | 0.000 9 | −0.004 6 |
| | (0.088 1) | (0.154 1) | (0.000 4) | (0.000 4) | (0.044) | (−0.089) |
| $Before_1$ | −0.014 7 | −0.012 8 | 0.053 7 | −0.035 7 | −0.013 8 | −0.016 5 |
| | (−0.748 6) | (−0.557 8) | (0.008 3) | (−0.006 9) | (−0.600 9) | (−0.592 7) |
| *Current* | 0.013 8 | 0.015 6 | 0.132 2 | 0.001 4 | 0.012 8 | 0.009 2 |
| | (0.644) | (0.615 6) | (0.013 2) | (0.000 8) | (0.492 7) | (0.298 2) |
| $After_1$ | 0.051 4** | 0.054 1** | 0.187 8*** | 0.019 1*** | 0.047 7* | 0.044 |
| | (2.164 2) | (1.862 4) | (0.000 9) | (0.001 8) | (1.648 6) | (1.232 1) |
| $After_2$ | 0.051 4** | 0.054 1* | 0.219 8*** | 0.146 4*** | 0.056 0* | 0.052 3 |
| | (1.854 1) | (1.668 8) | (0.003 1) | (0.010 8) | (1.695 4) | (1.363 3) |
| $After_3$ | 0.089 0*** | 0.091 7*** | 0.301 7*** | 0.191 6*** | 0.089 9** | 0.086 2** |
| | (2.733 9) | (2.427 5) | (0.000 5) | (0.016 2) | (2.356 0) | (1.926 6) |
| *time* | 0.102 8 | 0.101 8*** | 0.432 2*** | 0.002 7** | 0.103 7*** | 0.103 7*** |
| | (29.345 9) | (27.913 8) | (0.013 2) | (0.001 1) | (23.001 8) | (22.053 2) |

（续）

| 解释变量 | *areapro* | | *ln output* | | *ln cavg* | |
|---|---|---|---|---|---|---|
| | (1) | (2) | (3) | (4) | (5) | (6) |
| 控制变量 | 是 | 是 | 是 | 是 | 是 | 是 |
| 常数项 | 11.177 1*** | 11.177 1*** | 0.362 0*** | 0.342 4*** | −0.262 4** | −0.262 4** |
| | (106.300 9) | (105.181 7) | (0.028 5) | (0.024 0) | (−2.044) | (−2.043 1) |
| 样本数 | 960 | 960 | 960 | 960 | 960 | 960 |
| $R^2$ | 0.955 3 | 0.955 3 | 0.252 8 | 0.287 0 | 0.943 3 | 0.943 3 |

注：***、**和*分别表示在1%、5%和10%的统计水平上显著；括号内数值为 $t$ 值，采用县级聚类稳健标准误计算。

在进行双重差分方法进行估计之前，本研究采用倾向得分匹配法对处理组进行了匹配，得到了控制组，采用的匹配变量包括棉花种植成本、棉花销售价格、种植结构比例、竞争性农作物种植情况等，在更换匹配变量之后，再次进行双重差分估计，得出结果如表 6-17 所示。从表 6-17 可以看出，表 6-17 的结果与表 6-14 和表 6-15 结果较为相似。所以，本研究使用的倾向得分匹配方法结果是稳健的。

**表 6-17　采用不同匹配变量的稳健性检验结果**

| 解释变量 | *areapro* | | *ln output* | | *ln cavg* | |
|---|---|---|---|---|---|---|
| | (1) | (2) | (3) | (4) | (5) | (6) |
| $dt \times tprice$ | 0.604 6*** | 0.586 9*** | 0.013 2*** | 0.010 2*** | −0.211 0*** | −0.181 2*** |
| | (11.379 8) | (10.357 2) | (0.107 8) | (0.109 6) | (−11.264 2) | (−10.342 1) |
| $dt_1 \times tprice$ | | 0.272 5*** | | 0.149 5*** | | −0.275 2*** |
| | | (8.626 6) | | (0.021 8) | | (−8.390 8) |
| $dt_2 \times tprice$ | | 0.390 8*** | | 0.224 6** | | −0.393 6*** |
| | | (11.239 4) | | (0.011 6) | | (−10.678) |
| $dt_3 \times tprice$ | | 0.454 1*** | | 0.303 7*** | | −0.467 0*** |
| | | (11.096 3) | | (0.000 4) | | (−11.140 4) |
| $dt_4 \times tprice$ | | 0.593 6*** | | 0.450 9*** | | −0.604 6*** |
| | | (13.061 5) | | (0.008 2) | | (−13.002 8) |
| $dt_5 \times tprice$ | | 0.662 5*** | | 0.501 5 | | −0.676 3*** |
| | | (15.231 8) | | (0.000 9) | | (−15.021 9) |

（续）

| 解释变量 | *areapro* | | *ln output* | | *ln cavg* | |
|---|---|---|---|---|---|---|
| | （1） | （2） | （3） | （4） | （5） | （6） |
| 控制变量 | 是 | 是 | 是 | 是 | 是 | 是 |
| 常数项 | 11.865 1 | 11.696 3 | 6.365 8*** | −0.598 9*** | −0.410 1 | −0.236 7 |
| | （39.183 5） | （39.398 2） | （266.368 7） | （−10.987 8） | （−1.322 9） | （−0.783 5） |
| 样本数 | 960 | 960 | 960 | 960 | 960 | 960 |
| $R^2$ | 0.734 2 | 0.767 8 | 0.728 5 | 0.797 9 | 0.730 1 | 0.765 0 |

注：***、**和*分别表示在1%、5%和10%的统计水平上显著。括号内数值为 $t$ 值，采用县级聚类稳健标准误计算；$dt_k \times tprice$（$k=1, 2, \cdots, 5$）表示实施目标价格补贴政策后的第 $k$ 年。

（4）目标价格补贴政策影响棉花种植的作用机制

目标价格补贴政策的实施促进了棉花种植面积占比提升，但同时也会导致棉花单产的下降，并且随着时间推移，这种趋势会越来越明显。那么，目标价格补贴政策是如何影响棉花种植的，存在什么样的机制导致棉花种植面积、产量上升而种植效率下降？为了回答这个问题，本研究利用式（6-16）估计了目标价格补贴政策对棉花及竞争性农作物种植影响的机制，结果如表6-18所示。第（1）列系数均为负值，且绝对值越来越大，表明目标价格补贴政策实施后，随着时间的推移，棉花销售价格越来越低。这主要是因为取消棉花临时收储政策后棉花价格由市场供需决定，而当时国内棉花供过于求的格局比较明显，所以棉花价格开始走低。第（2）列系数为正，表明目标价格补贴政策实施后，随着时间的推移，棉花生产成本越来越高；第（3）列和第（4）列系数为正，表明目标价格补贴政策实施后，随着时间的推移，玉米种植面积和小麦种植面积会越来越小，第（5）列和第（6）列系数全部为正，表明随着时间的推移，玉米销售价格和小麦销售价格会上升。综上，目标价格补贴政策影响了棉花价格、棉花种植成本和竞争性农作物生产，从而导致棉花种植面积占比增加和亩产水平下降。

**表6-18 目标价格补贴政策对棉花及竞争性农作物种植的影响**

| 解释变量 | *cprice* | *ln cost* | *ln marea* | *ln warea* | *mprice* | *wprice* |
|---|---|---|---|---|---|---|
| | （1） | （2） | （3） | （4） | （5） | （6） |
| $dt_1 \times tprice$ | −0.022 1*** | 0.052 2*** | −0.217 7*** | −0.311 5*** | 0.061 9 | 0.024 8*** |
| | （−3.372 6） | （5.304 4） | （−4.697 3） | （−4.012 4） | （2.812 4） | （0.996 5） |

（续）

| 解释变量 | *cprice*<br>(1) | *ln cost*<br>(2) | *ln marea*<br>(3) | *ln warea*<br>(4) | *mprice*<br>(5) | *wprice*<br>(6) |
|---|---|---|---|---|---|---|
| $dt_2 \times tprice$ | −0.034 5*** | 0.040 7*** | −0.282 3*** | −0.345 1*** | 0.081 4*** | 0.051 3*** |
| | (−5.013 3) | (3.934 5) | (−5.636 3) | (−6.469 9) | (3.430 1) | (1.746) |
| $dt_3 \times tprice$ | −0.043 4*** | 0.037 2*** | −0.472 6*** | −0.456 6*** | 0.112 4*** | 0.109 7*** |
| | (−5.065 5) | (3.266 4) | (−2.363 7) | (−5.411 5) | (3.374 3) | (3.274 3) |
| $dt_4 \times tprice$ | −0.048 7*** | 0.022 1*** | −0.457 5*** | −0.423 0*** | 0.158 4*** | 0.149 6*** |
| | (−4.696 5) | (1.664 6) | (−2.659 3) | (−5.273 5) | (4.491 2) | (4.539 8) |
| $dt_5 \times tprice$ | −0.053 1*** | 0.024 1* | −0.498 7*** | −0.461 1*** | 0.172 7*** | 0.163*** |
| | (−5.119 1) | (1.814 4) | (−2.898 6) | (−5.748 1) | (4.895 4) | (4.948 4) |
| _cons | 0.284 1*** | 0.297 3*** | −0.539 8*** | −0.531 9*** | 0.571 7*** | 0.330 1*** |
| | (194.146 9) | (148.971 7) | (−26.893 8) | (−43.832 7) | (111.054 9) | (60.741 6) |
| 观测值 | 960 | 960 | 960 | 960 | 960 | 960 |
| $R^2$ | 0.158 3 | 0.123 1 | 0.123 2 | 0.143 5 | 0.161 0 | 0.169 3 |

注：***、**和*分别表示在1%、5%和10%的统计水平上显著。括号内数值为 $t$ 值，采用县级聚类稳健标准误计算；$dt_k \times tprice$（$k$=1，2…，5）表示实施目标价格补贴政策后的第 $k$ 年。

**5. 小结**

本研究采用2011—2018年新疆维吾尔自治区和山东省县级面板数据，利用PSM-DID方法分析了目标价格补贴政策对棉花种植的影响。分析结果表明：第一，棉花临时收储政策调整为目标价格补贴政策后，棉花生产被过度刺激，棉农生产棉花的积极性较高，棉花产量增长较快，单产水平却下降，表明棉花种植存在“泡沫”；第二，目标价格补贴政策主要通过竞争性农作物面积的缩小来实现棉花种植规模的扩张，棉花目标价格补贴政策的实施使棉花生产挤占了竞争性农作物的生产空间，可能会影响新疆维吾尔自治区区域内的粮食供给和粮食安全。

## 三、研究结论与政策建议

### （一）结论

**1. 政策效果较好**

通过对补贴政策执行情况分析，棉花目标价格补贴政策实施后市场形成价格机制基本建立，纠正了市场扭曲，理顺了产业上下游利益分配格局，缩小了国内外棉花价差，提高了国内纺织业的竞争力，激发了产业链各市场主体的活力。农民利益得到一定程度的保护，充分发挥了稳定棉花生产的作用。同时，相比临时收储政策，将“暗补”改为“明补”，提高了补贴效率，减少了社会福利损失。

**2. 对小农户补贴力度较小**

新疆棉花目标价格补贴政策在执行方案中没有对生产者的身份进行过多限定，而且2015年以后补贴单纯与产量挂钩，那些产量高、规模大的种植者获得的补贴必然要高。相比规模经营，小农户由于资金缺乏、生产管理水平不高，棉花单产普遍低于种植大户，因此获得的政府补贴就明显偏少。

**3. 对棉花种植面积有显著影响**

通过实证分析表明，实行棉花目标价格补贴政策后新疆棉花生产被过度刺激，棉农生产棉花的积极性较高，棉花产量增长较快。目标价格补贴政策主要通过竞争性农作物面积的缩小来实现棉花种植规模的扩张，棉花目标价格补贴政策的实施使棉花生产挤占了竞争性农作物的生产空间，可能会影响新疆维吾尔自治区区域内的粮食供给和粮食安全。

## （二）完善棉花目标价格补贴政策的原则

调整和完善棉花目标价格补贴政策中需要坚持的原则：

一是坚持“价补分离”促进全产业链发展。紧密结合我国棉花产业“大进大出”的产业格局特点，在补贴政策制定中要牢牢坚持“价补分离”的思路，不能人为扭曲市场价格，促进全产业链发展。

二是重点区域补贴原则。实行目标价格补贴政策需要翔实的农户基础生产数据和核实机制。从现有情况看，由于新疆特殊的区域特点，这几年棉花目标价格补贴政策才得以较好执行，但其他地区并不具备实施基础。因此，未来补贴区域要充分考虑政策实行基础，采取重点区域补贴原则。

三是兼顾粮棉效益。新疆存在粮棉争地尤其是棉花和小麦的争地问题。鉴于新疆地区人民主要以面食为主，且距离内地较远，保持一定的粮食供给量尤其是小麦供给量非常重要。因此，在目标价格补贴政策改革中必须兼顾粮棉效益，实现粮棉均衡发展。

四是促进绿色发展保护生态环境。从美国目标价格补贴政策的多次政策调整看，实行挂钩的直接收入补贴不可避免地会刺激生产，导致生产者生态脆弱区垦荒种植，引起生态环境的恶化。因此，完善棉花目标价格补贴政策要坚持绿色发展，保护生态环境。

五是充分保护小农户利益。小农户家庭经营是我国棉花生产的主体单位，相比种植大户、各种经营单位资金实力、抗风险能力较差，更需要得到扶持和保护。

## （三）完善棉花目标价格补贴政策的思路及建议

### 1. 完善棉花目标价格确定方法

为更多发挥市场价格信号对棉花生产的引导作用，兼顾财政承受能力和补贴的可持续性，建议进一步完善棉花目标价格水平确定方法。从国际经验看，目标价格的定价原则主要是反市场周期降低市场风险，并非保障农民收入。因此，未来棉花目标价格确定的主要思路是降低对农户净收益的保障程度，逐步使目标价格向保物化成本和市场风险的水平靠近。同时要统筹协调粮棉收益，避免粮棉争地导致农产品结构失衡。

### 2. 约束补贴主体限定补贴上限

目前的补贴方案中无论基本农户还是经营单位都能够获得相同的补贴。但相比基本户，经营单位无论在资金实力、抗风险能力、获利能力等方面都要高很多，如果完全等同于基本农户平等地享受国家政策有失公平。且对于经营单位来说，判断和承担市场风险是其开展经营行为的先决条件。建议未来在补贴中取消对经营单位的补贴资格。同时，对于基本农户要区别对待，设定补贴上限，对于超过规定产量、规定面积的大户不予享受补贴。

### 3. 固定农户享受补贴的基期产量和面积

2016年我国将新疆棉花目标价格补贴政策从“黄箱”转化为“蓝箱”，实行了固定补贴总量。新疆地方在实际操作中是根据总补贴额和实际产量进行补贴，具体的补贴金额被摊薄。这种操作方式下谁的棉花面积大、产量高拿到的补贴就多，仍然存在较大的刺激生产作用。建议今后在固定总补贴金额的基础上，在实际操作中固定每个农户享受补贴的基期面积和产量。其中的基期选择应根据新疆棉花生产的平稳期选择。

### 4. 严格环保政策

进一步完善新疆棉花优势种植区域划定以及生态脆弱区的规定。严格追责制度，一旦发现在生态脆弱区垦荒进行棉花生产，立即取消该生产者享受补贴资格，并且连续三年都不能享受国家各项补贴政策。提高生态脆弱区水资源使用费标准，提高在生态脆弱区开展农业生产活动的成本。

**5. 加大对内地宜棉地区棉花种植的支持力度**

棉花生产布局向新疆地区高度集聚，提高了生产的专业化水平，有利于发挥产业规模效应，但也放大了可能的自然风险和经贸风险，或将对实现国内棉花 65%的自给率造成冲击。因此，内地棉花保持在一定规模对于保障国内棉花供给和纺织业的稳定运行意义重大。加大对内地棉花生产的支持力度，稳定农户植棉预期，推动内地棉花种植面积恢复。改善内地棉花生产条件和科技水平，实施中低产棉田改造项目，重点加大对沿海沿江沿湖盐碱滩涂棉区改造力度，提高棉田集中连片规模和基础设施配套。加大对节本增效技术的研发集成和推广。集中科研优势力量，加大对内地机采棉的研发力度，包括适宜内地气候特点的机采棉品种、脱叶催熟技术、晚熟与秋湿应对技术、适合棉花高产和多熟种植制度的小型采棉机等。

# 第七章　临时收储、目标价格补贴与棉花技术效率演变

作为世界最大的棉花生产国和消费国，近年来，我国棉花产业正面临严峻挑战，现有的棉花生产方式难以为继，亟待调整。

一是当前生产方式下的棉花产量增长乏力。2001 年，我国棉花产量约 532 万吨，2007 年棉花产量高达 762 万吨，但自 2007 年开始，除 2011—2013 年执行棉花临时收储政策期间，棉花产量出现短暂丰收外，我国棉花产量总体呈下降趋势。2020 年，我国棉花产量约为 590 万吨，和 15 年前的棉花产量基本持平。然而，生产要素投入量却出现稳步增长态势，2005 年，化肥用量 26.01 千克/亩、农膜用量 1.84 千克/亩，2018 年，分别增加到 36.15 千克/亩、3.65 千克/亩，分别增长 38.99%、98.37%，这意味着化肥、农膜等生产要素的边际产量在不断下降，未来继续依靠追加生产要素投入的生产方式增长乏力，需要转变目前的棉花生产方式。

二是当前生产方式下的棉花产业国际竞争力不断下降。随着我国经济快速发展，工业化、城镇化进程不断加快，我国水、土等农业资源日益紧缺，棉花生产成本不断攀升，从 2001 年的 638 元/亩急剧攀升到 2018 年的约 2 000 元/亩，棉花生产比较收益和国际竞争力不断下降。尽管可以通过棉花生产支持政策（如 2011—2013 年执行的棉花临时收储政策等）提高棉花生产收益，保护棉农的生产积极性，但受世界贸易规则的约束，我国支持棉花生产的政策空间不断压缩，作用效果有限，为提高我国棉花产业国际竞争力，同样需要转变目前的棉花生产方式。

转变棉花生产方式，一条很重要的途径是提高棉花生产效率，这一点基本达成共识，问题是如何提高棉花生产效率。围绕棉花生产效率，已有学者从棉花生产技术进步率、棉花生产技术效率、棉花全要素生产率测算及影响因素分析等方面，进行了大量研究，还有学者研究了良种补贴、目标价格补贴政策对棉花生产效率的影响。研究发现，棉花良种补贴政策对提升棉花生产效率的作

用有限，目标价格补贴政策有助于提高棉花生产效率，有助于提高棉花生产技术效率，有助于提高棉花全要素生产率，具体来看，目标价格补贴显著有助于提高纯技术效率和规模效率，对技术进步影响不显著。这些研究奠定了很好的研究基础。尽管如此，已有研究还存在一些待完善之处，突出体现在以下几个方面：一是研究结论有时与常识和经济理论不相吻合，如有学者在利用农产品成本收益资料，构建超越对数生产函数模型进行研究时发现，生产要素产出弹性持续为负。一个很自然的反应是，既然增加要素投入，产出会下降，作为一个知道对收益进行比较的生产者，会自觉地减少生产要素投入，不可能投入过量生产要素，不可能出现生产要素产出弹性持续为负的情形。二是在利用随机前沿法分析技术效率的影响因素时，多数学者未考虑技术效率的取值范围，有少数学者注意到技术效率的取值范围介于 0～1，采用 OLS 会得到有偏的估计结果，因此，采用 Tobit 模型进行估计，这一思路被国内学者广泛使用。事实上，Tobit 模型适宜估计数据存在归并情形，而技术效率取值介于0～1，并不是数据归并造成的，是技术效率的全部取值本身就位于这一范围。因此，Tobit 模型的适用条件并不成立，采用 Tobit 模型估计技术效率的影响因素，所得估计结果有待商榷。尽管分数响应模型可有效解决因变量取值介于 0～1 的问题，但目前还很少有学者应用面板分数响应模型分析技术效率的影响因素。

本研究将基于 1994—2018 年中国 12 个棉花主产区的面板数据，利用面板分数响应模型分析临时收储政策、目标价格补贴政策对棉花技术效率的影响。与已有研究相比，本研究的不同之处有：①研究内容上，系统分析了棉花临时收储政策、目标价格补贴政策对棉花技术效率的影响。同时，考虑到执行临时收储政策、目标价格补贴政策期间，还实施有良种补贴等其他棉花生产支持政策，本研究对临时收储政策、目标价格补贴政策的影响进行了识别，对已有研究进行了有益补充。②研究方法上，考虑到技术效率取值范围始终介于 0～1，采用专门用于估计被解释变量取值介于 0～1 的分数响应模型进行估计，目前在国内尚属首列。

## 一、理论、模型与数据

### （一）理论分析

为稳定棉花生产、经营者和用棉企业市场预期，保护棉农利益，保证市场供应，我国从 2011 年度开始制定实施棉花临时收储预案，预案执行范围为新疆、甘肃、陕西、河北、河南、山东、山西、安徽、江苏、江西、湖北、湖南、天津等 13 个棉花主产区，预案执行时间为本年的 9 月 1 日至下一年的 3 月 31 日，在预案执行期间，当棉花市场价格连续五个工作日低于临时收储价时，由中储棉总公司及时发布公告，启动临时收储预案，按临时收储价收购棉花①。2011—2013 年间，标准级皮棉到库价格从 19 800 元/吨上涨到 20 400 元/吨，有效保护了棉农利益，稳定了市场预期。然而，受国际市场价格持续走低影响，棉花进口成本大幅低于临时收储价格的矛盾日益突出，国家收储压力急剧增加，用棉企业生存压力大，市场活力减弱，从 2014 年开始，我国取消棉花临时收储政策，在新疆开始执行棉花目标价格改革试点，根据生产成本加合理收益的原则，制定目标价格。生产者按市场价格出售棉花，当市场价格低于目标价格时，国家根据目标价格与市场价格的差价和种植面积、产量或者销售量等因素，对试点地区生产者给予补贴②。

根据农业产出函数可知，临时收储、目标价格补贴等棉花生产支持政策对棉花产出的影响，最终通过影响棉花生产要素投入和棉花全要素生产率来实现。其中，全要素生产率可以分解为纯技术效率、资源配置效率、规模效率和纯技术进步四个部分。除可提高潜在产出、扩展生产前沿面的纯技术进步外，纯技术效率、资源配置效率、规模效率都仅是影响现有技术水平的利用效率，三者统称为技术效率。

因此，临时收储、目标价格补贴等棉花生产支持政策对棉花技术效率的影响，主要有纯技术效率、资源配置效率、规模效率三个途径。图 7 - 1 显示了临时收储、目标价格补贴政策影响棉花技术效率的作用机理。根据政策设计初衷，无论是 2011 年开始实施、2014 年取消的棉花临时收储政策，还是 2014 年开始在新疆实施的棉花目标价格补贴政策，稳定市场预期、保护棉农利益始终是政策设计初衷之一。实施临时收储、目标价格补贴等棉花生产支持政策，有助于稳定预期、提高棉花生产收益，提高棉农的生产积极性，激励棉农增加

---

① 中华人民共和国国家发展和改革委员会等 .2011 年度棉花临时收储预案［EB/OL］. http：//www.gov.cn/zwgk/2011-03/31/content_1835425.htm，2011-03-31/2021-11-22。
中华人民共和国国家发展和改革委员会等 .2013 年度棉花临时收储预案［EB/OL］. http：//www.gov.cn/zwgk/2013-04/12/content_2376103.htm，2013-04-12/2021-11-22。

② 发展改革委、财政部、农业部联合发布 2014 年棉花目标价格［EB/OL］. http：//www.gov.cn/xinwen/2014-04/06/content_2654075.htm，2014-04-06/2021-11-22。

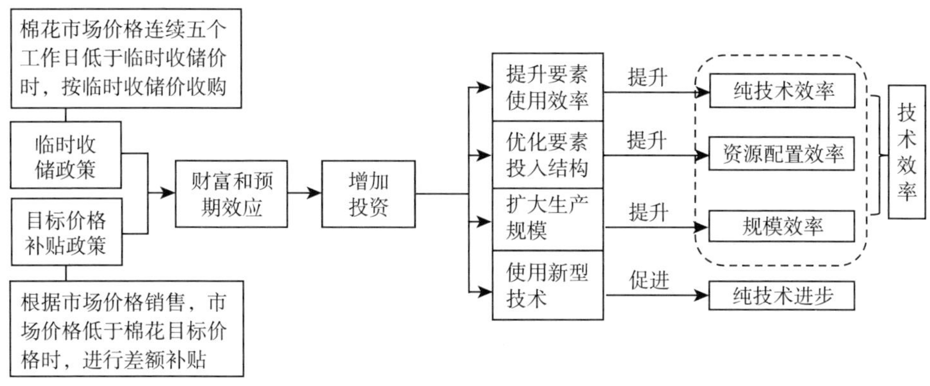


图 7－1　临时收储、目标价格补贴政策影响棉花技术效率的作用机理

农业投资。一方面，会促使棉农增加生产要素投入，在扩大生产规模，获得规模效益的同时，也会提高现有技术的利用水平。另一方面，在增加生产要素投入，扩大生产规模的同时，生产要素相对价格会发生变化，会促使棉农调整优化农业生产经营决策，积极调整生产要素投入比例，优化资源配置，提高资源配置效率。除此之外，还会促使棉农使用先进适用新技术。可以预期，棉花临时收储政策、棉花目标价格补贴政策均有助于提高棉花技术效率，但难以确定两者对棉花技术效率相对作用的大小。

## （二）模型与变量

为比较分析临时收储政策、目标价格补贴政策对棉花生产技术效率的影响，首先，构建如下超越对数生产函数形式的随机前沿模型：

$$\ln Y_{it} = \beta_0 + \beta_1 \ln L_{it} + \beta_2 \ln K_{it} + \beta_3 (\ln L_{it})^2 + \beta_4 (\ln K_{it})^2 + \beta_5 \ln L_{it} \ln K_{it} - \mu_{it} + \upsilon_{it} \tag{7-1}$$

式（7－1）中，$Y$ 为棉花产出总量，$L$、$K$ 分别为棉花生产过程中投入的劳动力总量和资本总量。劳动力总量根据用工总量折算，用工总量 = 每亩用工数量（天/亩）×棉花播种面积（万亩），参照《全国农产品成本收益资料汇编》[①]，按劳动力全年劳动天数为 250 天，将用工总量折算成劳动力总量，即劳动力总数。资本总量 = 每亩物质与服务费用（元/亩）×棉花播种面积（万

① 国家发展和改革委员会价格司，2019. 全国农产品成本收益资料汇编 2019 [M]. 北京：中国统计出版社。

亩），为剔除物价因素的影响，用以 1994 年为基期的农业生产资料价格指数对资本总量进行价格平减。$\beta_i$（$i=0$，1，2，3，4，5）为待估参数，$\upsilon_{it}$ 为随机扰动项。技术无效率因子 $\mu_{it}=-\ln(\xi_{it})$，$\xi_{it}$ 为技术效率，遵循 Battese 和 Coelli 的思路，设置时变无效率因子 $\mu_{it}$ 为：

$$\mu_{it} = exp\{-\eta \times (t - T_i)\} \times \mu_i \tag{7-2}$$

式（7－2）中，$\eta>0$ 表明随时间推移，技术效率在提高，存在技术追赶；反之，$\eta<0$ 时表明存在技术倒退；$\eta=0$ 时，表明技术无效率因子不随时间发生改变，也意味着棉花生产技术效率不随时间发生改变。

其次，在获得技术效率 $\xi_{it}$ 值之后，可以进一步估计技术效率的影响因素。考虑到技术效率 $\xi_{it}$ 值始终介于 0～1，直接采用 OLS 法会得到有偏的估计结果。由于 Tobit 模型可指定被解释变量的上限和下限，国内学者多采用 Tobit 模型进行估计。事实上，Tobit 模型仅适宜估计数据存在归并情形，而技术效率取值介于 0～1，并不是数据归并造成的，是技术效率的全部取值本身就位于这一范围。因此，Tobit 模型的适用条件并不成立，采用 Tobit 模型估计技术效率的影响因素，所得估计结果有待商榷。因此，本研究采用专门用于估计被解释变量取值介于 0～1 的分数响应模型进行估计，构建面板分数响应模型如下：

$$\begin{aligned}\xi_{it} = \Phi(&\alpha_i + \theta_1 d_1 + \theta_2 d_2 + \theta_3 d_3 + \theta_4\, disaster_{it} + \theta_5\, irrig_{it} + \\ &\theta_6 \ln \mathrm{opercost}_{it} + \theta_7 \ln \mathrm{sunshine}_{it} + \omega_{it})\end{aligned} \tag{7-3}$$

式（7－3）中，$\alpha_i$ 为个体效应，代表其他影响技术效率，但不随时间改变的影响因素，Φ（·）为正态分布函数。由于 Φ（·）的取值始终介于 0～1，从而可确保式（7－3）因变量 $\xi_{it}$ 的值始终介于 0～1，与技术效率的取值范围完全吻合，有效解决了利用 Tobit 模型人为设置归并点的缺陷。

考虑到中国自 2011 年开始实施棉花临时收储政策，2014 年取消棉花临时收储政策，转而实施目标价格补贴政策。为分析临时收储政策、目标价格补贴政策对棉花生产技术效率的影响，分别设置临时收储政策虚拟变量 $d_1$、目标价格补贴政策虚拟变量 $d_2$。同时，考虑到自 2007 年起，中国实施棉花良种补贴政策，对使用棉花良种的农民进行补贴，为控制良种补贴政策对棉花生产技术效率可能造成的影响，新增良种补贴政策虚拟变量 $d_3$。虚拟变量设置为：

$$d_1 = \begin{cases}1, 2011 \leqslant year \leqslant 2013 \\ 0, \text{其他}\end{cases}, d_2 = \begin{cases}1, year \geqslant 2014 \\ 0, \text{其他}\end{cases}, d_3 = \begin{cases}1, year \geqslant 2007 \\ 0, \text{其他}\end{cases}$$

进一步，为确保估计结果的稳健性，同时控制自然灾害、农业基础设施建设、机械化水平以及日照时间等因素的影响。*disaster* 为成灾面积占农作物播种面积的比例，反映自然灾害对棉花生产技术效率的影响。*irrig* 为有效灌溉面积占农作物播种面积的比例，反映农业基础设施建设对棉花生产技术效率的影响。*opercost* 为棉花生产的机械作业费用，*sunshine* 为平均日照时数，分别反映棉花生产机械化水平、日照时长对棉花生产技术效率的影响。

## （三）数据来源

由于近年来天津棉花的成本收益数据严重缺失，因此，本研究的分析样本为新疆、甘肃、陕西、河北、河南、山东、山西、安徽、江苏、江西、湖北、湖南等 12 个棉花主产区。近 20 多年来，这 12 个棉花主产区的棉花产量在全国棉花总产量中的比重，总体呈上升趋势，从 1994 年的 96.32%增加到 2019 年的 99.48%。选择 12 个棉花主产区作为分析样本，具有很强的代表性。

样本时间段为 1994—2018 年。1994 年以前，农业生产资料价格指数包含在商品零售价格指数中，未从商品零售价格指数中分离出来，无法获得 1994 年以前的农业生产资料价格指数。每亩用工数量、每亩物质与服务费用、每亩机械作业费数据来源 1995—2019 年历年的《全国农产品成本收益资料汇编》①，缺失值采用移动平均法进行处理。棉花总产量、棉花播种面积、成灾面积、有效灌溉面积、农作物总播种面积及环比农业生产资料价格指数来源国家统计局数据库。参照丁建国、穆月英一文中日照时数处理方法，日照时长用 4～9 月的日照时数代替，根据 1996—2019 年历年的《中国统计年鉴》整理。主要变量的定义和赋值说明见表 7－1。

**表 7－1　变量定义及描述性统计结果**

| 变量名称 | 变量定义与说明 | 平均值 | 标准差 |
|---|---|---|---|
| 棉花产量（$Y$） | 棉花总产量（万吨） | 3.083 5 | 1.256 9 |
| 劳动（$L$） | 劳动力总数（万人）＝每亩用工数量（天/亩）×棉花播种面积（万亩）/ 250 | 3.452 7 | 1.302 0 |
| 资本（$K$） | 资本总量（万元）＝每亩物质与服务费用（元/亩）×棉花播种面积（万亩）/ 以 1994 年为基期的农业生产资料价格指数 | 1.705 5 | 1.295 3 |

① 《全国农产品成本收益资料汇编》（1995—2019 年），历年。

（续）

| 变量名称 | 变量定义与说明 | 平均值 | 标准差 |
| --- | --- | --- | --- |
| 自然灾害（*disaster*） | 自然灾害（%）＝（成灾面积/农作物播种面积）×100% | 21.348 0 | 14.666 8 |
| 有效灌溉率（*irrig*） | 有效灌溉率（%）＝（有效灌溉面积/农作物总播种面积）×100% | 41.559 3 | 15.572 4 |
| 临时收储政策（$d_1$） | 2011≤年份≤2013 时，$d_1=1$；其他，$d_1=0$ | 0.120 0 | 0.325 5 |
| 目标价格补贴政策（$d_2$） | 年份≥2014 时，$d_2=1$；其他 $d_2=0$ | 0.200 0 | 0.400 7 |
| 良种补贴政策（$d_3$） | 年份≥2007 时，$d_3=1$；其他 $d_3=0$ | 0.480 0 | 0.500 4 |
| 机械化水平（*opercost*） | 机械化水平（万元）＝每亩机械作业费（元/亩）×棉花播种面积（万亩）/ 以 1994 年为基期的农业生产资料价格指数 | 36.957 3 | 37.555 9 |
| 平均日照时数（*sunshine*） | 平均日照时数＝4～9 月的累计日照时数/(6×30) | 6.641 6 | 1.345 7 |

## 二、随机前沿模型估计结果

### （一）模型设定检验

假设技术无效率因子时变衰减，式（7－1）的面板随机前沿模型估计结果见表 7－2。表 7－2 所示的面板随机前沿模型估计结果准确时，至少要满足两个假定：

**1. 技术无效率因子时变衰减假设**

式（7－2）中，当 $\eta=0$ 时，表明技术无效率因子不随时间发生改变，意味着此时宜采用技术无效率因子不变的随机前沿模型。从表 7－2 可以看出，$\eta$ 取值为 0.111 7，表明棉花生产技术使用效率在提高，存在技术追赶现象。95%置信区间为［0.086 7，0.136 8］，表明 $\eta$ 取值在 1%的水平上显著异于 0，意味着在用面板随机前沿模型估计棉花的生产技术效率时，宜采用技术无效率因子时变衰减假设。

表 7-2 面板随机前沿模型估计结果

| 被解释变量 | 系数 | 标准误 | Z 统计量 | 95%置信区间 |
|---|---|---|---|---|
| $(\ln L)^2$ | 0.184 5 | 0.033 5 | 5.51*** | [0.118 9, 0.250 2] |
| $\ln L\times\ln K$ | −0.409 5 | 0.062 7 | −6.53*** | [−0.532 3, −0.286 7] |
| $\ln L$ | −0.098 1 | 0.111 1 | −0.88 | [−0.315 9, 0.119 7] |
| $(\ln K)^2$ | 0.233 6 | 0.029 9 | 7.81*** | [0.175 0, 0.292 3] |
| $\ln K$ | 1.098 8 | 0.101 4 | 10.84*** | [0.900 0, 1.297 5] |
| 常数项 | 1.302 9 | 0.095 1 | 13.71*** | [1.116 6, 1.489 2] |
| $mu$ | 0.054 1 | 0.020 2 | 2.67*** | [0.014 5, 0.093 7] |
| $\eta$ | 0.111 7 | 0.012 8 | 8.37*** | [0.086 7, 0.136 8] |

**2. 劳动和资本产出弹性非负假设**

由于农户在生产过程中会比较成本收益，进而调整自身生产行为，不可能持续投入过剩的生产要素，从而不可能会出现生产要素产出弹性持续为负的情形，预期生产要素弹出弹性为非负。根据 $EL_{it}=\beta_1+2\beta_3\ln L_{it}+\beta_5\ln K_{it}$、$EK_{it}=\beta_2+2\beta_4\ln K_{it}+\beta_5\ln L_{it}$ 可分别获得劳动和资本产出弹性，计算结果见表 7-2。从表 7-2 中可以看出，劳动和资本的产出弹性明显非负，与预期相吻合，也与翟雪玲、戴鹏（2021）研究结论相一致，支持“劳动和资本产出弹性非负假设”。

由此可知，表 7-2 所示的面板随机前沿估计结果同时满足技术无效率因子时变衰减假设，以及生产要素产出弹性非负假设，表明表 7-2 所示的估计结果是准确的，可以据表 7-2 的估计结果进行分析。

## （二）估计结果分析

从表 7-2 可以得出如下结论：

第一，增加劳动投入有助于增加棉花产量。尽管劳动投入的一次项系数为负，但不显著，且劳动投入的二次项系数都为正，95%置信区间不包含 0，表明在 5%的显著性水平上，劳动投入对棉花产量产生显著的正向影响。

第二，增加资本投入有助于增加棉花产量。同样，资本投入的一次项、二次项系数都为正，95%置信区间都不包含 0，表明在 5%的显著性水平上，资本投入对棉花产量产生显著的正向影响。

第三，相比增加劳动投入，增加资本投入对棉花产量的影响更大。资本投入的一次项、二次项系数分别为 1.098、0.233 6，而劳动投入的一次项、二次项系数分别仅为−0.098 1、0.184 5，表明资本投入比劳动投入对棉花产量的影响要大。

第四，劳动和资本之间存在相互替代关系。劳动和资本交互项的系数为负，意味着增加资本投入，在产出不变的情况下，可以减少劳动投入；反过来，增加劳动投入，在产出不变的情况下，可以减少资本投入，表明劳动和资本之间存在相互替代关系，与常识和生产理论相吻合。

进一步分析发现，劳动投入对棉花产出的边际影响在下降，资本投入对棉花产出的影响在增加。根据劳动、资本产出弹性发现，1994 年以来，在 12 个棉花主产区的棉花生产过程中，劳动产出弹性逐渐减少。1994 年，劳动产出弹性约为 0.70，2009 年下降到约 0.40，之后的近 10 年间，劳动产出弹性一直维持在 0.40 左右。反之，资本产出弹性稳步增加。1994 年，资本产出弹性约为 0.20，2009 年增加到 0.58，近 10 年来，资本产出弹性维持在 0.60 左右（图 7－2）。

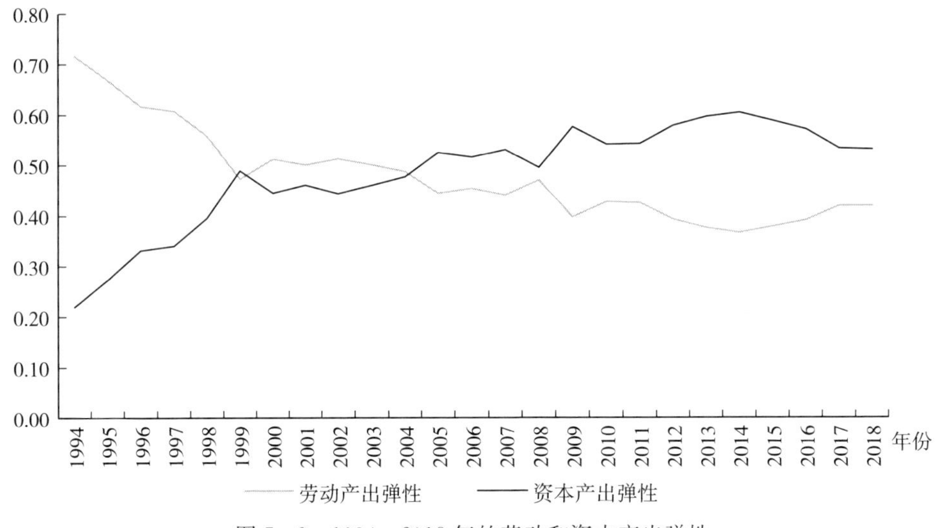


图 7－2　1994—2018 年的劳动和资本产出弹性

## 三、技术效率模型估计结果

### （一）技术效率演变特征

获得面板随机前沿模型估计系数之后，可以获得棉花技术效率值，技术效率计算结果见图 7－3 和图 7－4。分析发现，新疆、甘肃地区的棉花生产技术使用效率相对较高，生产技术效率值基本一直维持在 0.80 以上。分析还发现：

（1）1994 年以来，中国 12 个棉花主产区的棉花技术效率都有不同程度的提高，以陕西尤为明显（图 7－3）。1994 年，陕西棉花技术效率值不足 0.30，2018 年提高到 0.91，年均增长 5.36%。其余依次为江西（4.57%）、安徽（3.95%）、山西（3.86%）、山东（3.60%）、湖北（3.27%）、河北（3.26%）、湖南（3.13%）、河南（3.04%）、江苏（2.59%）、甘肃（0.72%）、新疆（0.57%）。

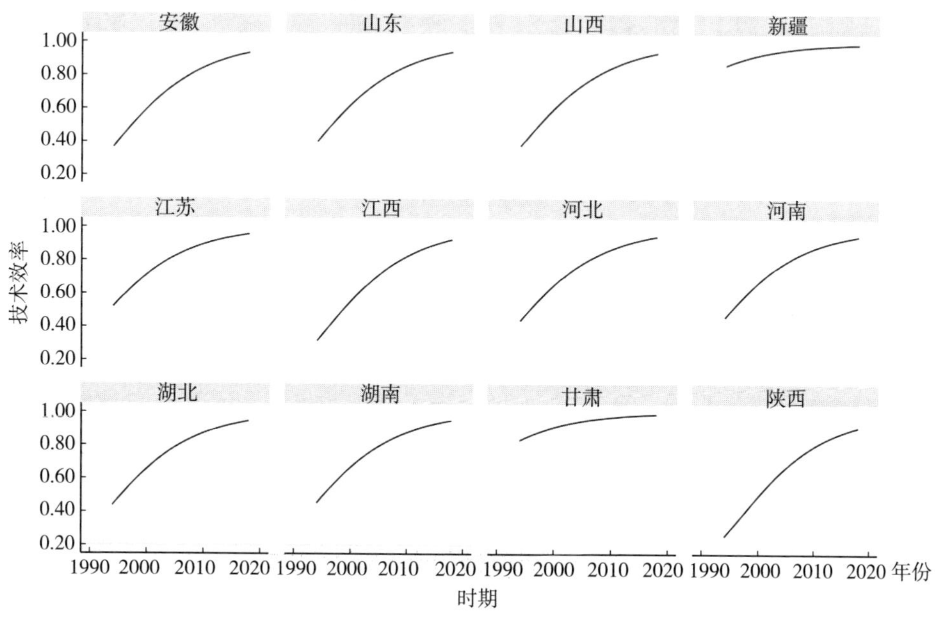


图 7－3　1994—2018 年棉花技术效率演变趋势

（2）1994 年以来，中国 12 个棉花主产区的棉花技术效率呈收敛趋势。1994 年，在中国 12 个棉花主产区，棉花技术效率最小值为 0.26，最大值为 0.86，两者相差 0.60。2018 年，棉花技术效率最小值为 0.91，最大值为 0.99，两者相差不足 0.10，地区差异在不断缩小（图 7－4）。

### （二）面板分数响应模型估计结果

棉花临时收储政策、目标价格补贴政策是否有助于提高棉花生产技术的使用效率？棉花技术效率的面板分数响应模型估计结果见表 7－3。第（1）列不考虑棉花良种补贴政策对技术效率的影响；第（2）列考虑良种补贴政策对技

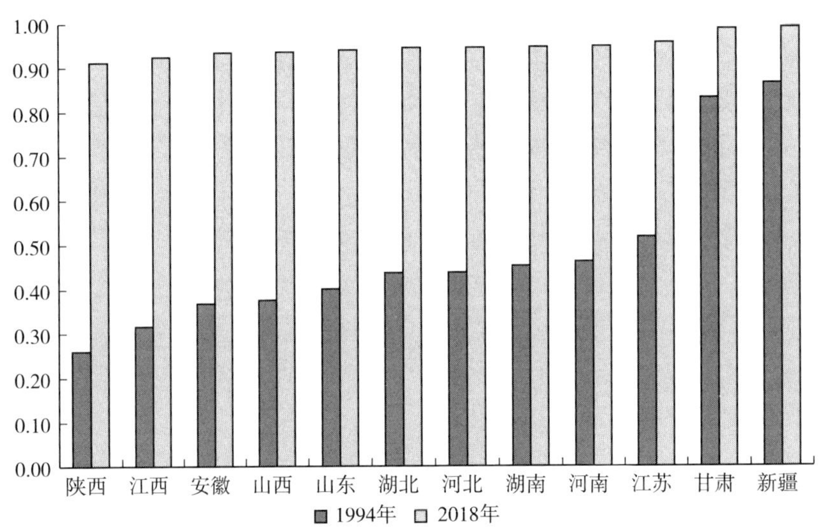


图 7-4　1994 年和 2018 年棉花技术效率地区差异

术效率的影响；第（3）列引入自然灾害和有效灌溉率，控制自然灾害和农业水利设施建设对技术效率的影响；考虑到棉花技术效率还受生产机械化水平、日照时数等因素的影响，第（4）列进一步控制棉花机械化水平和日照时数对技术效率的影响。发现研究结论保持不变，临时收储政策、目标价格补贴政策始终对棉花技术效率产生正的影响。控制良种补贴政策、有效灌溉率、棉花生产机械化水平等因素之后，临时收储政策、目标价格补贴政策对技术效率的影响有明显下降，模型估计结果更为准确。

**表 7-3　Probit 分布下技术效率面板分数响应模型估计结果**

| | (1) | (2) | (3) | (4) |
|---|---|---|---|---|
| 临时收储政策（$\theta_1$） | 0.759 4*** | 0.228 1*** | 0.181 0*** | 0.163 7*** |
| | (24.75) | (13.84) | (7.30) | (5.64) |
| 目标价格补贴政策（$\theta_2$） | 0.993 5*** | 0.462 6*** | 0.337 6*** | 0.364 5*** |
| | (31.34) | (26.07) | (11.02) | (10.06) |
| 良种补贴政策（$\theta_3$） | | 0.666 2*** | 0.594 5*** | 0.593 2*** |
| | | (22.91) | (18.92) | (18.25) |
| 自然灾害（$\theta_4$） | | | −0.003 9** | −0.003 4** |
| | | | (−2.55) | (−2.22) |

（续）

| | (1) | (2) | (3) | (4) |
|---|---|---|---|---|
| 有效灌溉率（$\theta_5$） | | | 0.027 7*** | 0.027 9*** |
| | | | (4.66) | (5.02) |
| 机械化水平（$\theta_6$） | | | | 0.053 1** |
| | | | | (2.30) |
| 日照时数（$\theta_7$） | | | | 0.101 1 |
| | | | | (0.70) |
| 常数项 | 0.369 0*** | 0.231 7*** | −0.718 0*** | −1.194 1*** |
| | (4.68) | (3.74) | (−2.86) | (−3.19) |
| 个体效应 | 控制 | 控制 | 控制 | 控制 |
| $H_0: \theta_1 = \theta_2$ | 200.86*** | 188.75*** | 36.77*** | 36.34** |
| $H_0: \theta_2 = \theta_3$ | | 29.07*** | 40.06*** | 22.36*** |
| 样本数 | 300 | 300 | 300 | 300 |

注：*、**、***分别表示在10%、5%、1%的水平上显著，括号内数值为$t$统计量。

估计结果表明：

第一，临时收储政策显著提高棉花技术效率。无论是否控制良种补贴政策、有效灌溉率、棉花生产机械化水平等其他因素的影响，临时收储政策虚拟变量的系数都为正，且在1%的显著性水平上显著，表明估计结果相对稳健，临时收储政策始终对棉花技术效率产生显著的正向影响。控制良种补贴政策等其他因素的影响后，临时收储政策对技术效率的影响有明显下降，表明如果不控制良种补贴政策等其他因素的影响，会高估临时收储政策对技术效率的影响。

第二，目标价格补贴政策显著提高棉花技术效率。同临时收储政策对棉花技术效率的影响一样，对棉花技术效率产生显著的正向影响。如果不控制良种补贴政策、有效灌溉率、棉花生产机械化水平等其他因素的影响，同样会高估目标价格补贴政策对棉花技术效率的影响。

第三，相比临时收储政策，目标价格补贴政策更有利于提高棉花技术效率。临时收储政策虚拟变量系数为0.163 7，小于目标价格补贴政策虚拟变量系数0.364 5，两者系数在1%的显著性水平上存在差异，意味着目标价格补贴政策更有助于提高棉花生产技术的使用效率。

第四，良种补贴政策对棉花技术效率产生显著的正向影响。良种补贴政策对棉花技术效率的影响为正，且在1%的统计水平上显著。与临时收储政策、目标价格补贴政策相比，良种补贴政策对棉花技术效率的影响相对更大，与目标价格补贴政策存在显著差异。这意味着单从提高技术效率而言，相对临时收储政策、目标价格补贴政策而言，良种补贴政策的效果相对更好。

除此之外，自然灾害会降低棉花生产技术使用效率，改善农业基础设施，提高有效灌溉面积占农作物播种面积的比例，提高棉花生产机械化水平，均有助于提高棉花生产技术使用效率。

### （三）稳健性检验结果

一方面，注意到面板分数响应模型估计结果可能受分布函数假设的影响，表7-4报告了Logit分布下技术效率面板分数响应模型的估计结果。

**表7-4　Logit分布下技术效率面板分数响应模型估计结果**

| | (1) | (2) | (3) | (4) |
|---|---|---|---|---|
| 临时收储政策 ($\theta_1$) | 1.347 4*** | 0.425 2*** | 0.350 1*** | 0.321 8*** |
| | (26.22) | (15.19) | (7.60) | (5.96) |
| 目标价格补贴政策 ($\theta_2$) | 1.809 6*** | 0.887 7*** | 0.662 3*** | 0.717 1*** |
| | (33.67) | (28.03) | (11.79) | (10.54) |
| 良种补贴政策 ($\theta_3$) | | 1.147 0*** | 1.000 9*** | 1.009 3*** |
| | | (23.45) | (17.82) | (17.09) |
| 自然灾害 ($\theta_4$) | | | −0.006 3** | −0.005 3** |
| | | | (−2.47) | (−2.03) |
| 有效灌溉率 ($\theta_5$) | | | 0.058 6*** | 0.056 3*** |
| | | | (4.61) | (4.79) |
| 机械化水平 ($\theta_6$) | | | | 0.096 5** |
| | | | | (2.29) |
| 日照时数 ($\theta_7$) | | | | 0.110 6 |
| | | | | (0.44) |
| 常数项 | 0.584 8*** | 0.356 6*** | −1.669 3*** | −2.314 7*** |
| | (4.32) | (3.30) | (−3.32) | (−3.50) |
| 个体效应 | 控制 | 控制 | 控制 | 控制 |
| $H_0: \theta_1=\theta_2$ | 252.55*** | 245.69*** | 38.17*** | 37.71** |
| $H_0: \theta_2=\theta_3$ | | 15.79*** | 21.41*** | 11.13*** |
| 样本数 | 300 | 300 | 300 | 300 |

注：*、**、***分别表示在10%、5%、1%的统计水平上显著，括号内数值为$t$统计量。

综上所述，临时收储政策、目标价格补贴政策显著有助于提高棉花技术效率，目标价格补贴政策对技术效率的影响要大于临时收储政策的影响，且在1%的水平上存在显著差异。良种补贴政策显著提高棉花技术效率，且大于临时收储政策、目标价格补贴政策的影响。若不控制良种补贴政策等其他因素，会高估临时收储政策、目标价格补贴政策对技术效率的影响，与 Probit 分布下的面板分布响应模型研究结论完全一致。

另一方面，注意到中国仅在新疆实施了目标价格补贴政策，修改目标价格补贴政策虚拟变量 $d_2$ 为：

$$d_2 = \begin{cases} 1, year \geqslant 2014, \text{仅在新疆地区} \\ 0, \text{其他} \end{cases}$$

对应的技术效率面板分数响应模型估计结果见表 7-5，发现临时收储政策、目标价格补贴政策、良种补贴政策、改善农业基础设施、提高有效灌溉面积比例、提高棉花生产机械化水平有助于提高棉花生产技术的使用效率，自然灾害将降低棉花技术效率，研究结论基本保持不变。

**表 7-5 技术效率面板分数响应模型稳健性检验结果**

| | Probit 分布 | Logit 分布 |
|---|---|---|
| 临时收储政策（$\theta_1$） | 0.000 3 | 0.018 5 |
| | (0.01) | (0.28) |
| 目标价格补贴政策（$\theta_2$） | 0.175 5* | 0.746 2*** |
| | (1.80) | (3.51) |
| 良种补贴政策（$\theta_3$） | 0.706 0*** | 1.226 8*** |
| | (17.93) | (16.53) |
| 自然灾害（$\theta_4$） | −0.005 6*** | −0.008 8*** |
| | (−3.71) | (−3.40) |
| 有效灌溉率（$\theta_5$） | 0.038 0*** | 0.074 6*** |
| | (7.06) | (6.82) |
| 机械化水平（$\theta_6$） | 0.040 0* | 0.072 6* |
| | (1.85) | (1.84) |
| 日照时数（$\theta_7$） | −1.022 4 | −1.595 5 |
| | (−0.56) | (−0.47) |
| 常数项 | 0.324 0 | 0.494 3 |
| | (0.62) | (0.51) |

（续）

| | Probit 分布 | Logit 分布 |
|---|---|---|
| 个体效应 | 控制 | 控制 |
| $H_0: \theta_3 = \theta_4$ | 0.71 | 1.68 |
| $H_0: \theta_5 = \theta_6$ | 78.79*** | 89.06*** |
| 样本数 | 300 | 300 |

注：*、**、***分别表示在10%、5%、1%的统计水平上显著，括号内数值为 $t$ 统计量。

## 四、研究结论与政策建议

### （一）研究结论

本研究选取1994—2018年中国12个棉花主产区的投入产出数据，在面板随机前沿模型估计结果的基础上，利用面板分数响应模型研究了临时收储政策、目标价格补贴政策对棉花技术效率的影响。研究发现：①1994年以来，中国12个棉花主产区的棉花技术效率都有不同程度的提高，呈收敛趋势。②临时收储政策和目标价格补贴政策都显著有助于提高棉花技术效率，相对临时收储政策而言，目标价格补贴政策的影响程度更大，两者对棉花技术效率的影响存在显著差异，意味着仅从提高棉花生产技术的使用效率来看，目标价格补贴政策更加有效。进一步控制良种补贴政策等其他因素的影响，研究结论保持不变。③单从提高棉花生产技术的使用效率来看，相对临时收储政策、目标价格补贴政策而言，良种补贴政策的效果更好。即使控制棉花机械化水平等其他因素的影响，研究结论保持不变。④有效灌溉面积比例、棉花生产机械化水平对棉花技术效率产生显著的正向影响，意味着改善农业基础设施、提高棉花生产机械化水平，将有助于提高棉花生产技术使用效率。

### （二）政策建议

研究结论表明，从提高中国棉花技术效率来看，良种补贴政策优于目标价格补贴政策，目标价格补贴政策优于临时收储政策，改善农业灌溉条件、提高棉花生产机械化水平也有助于提高棉花技术效率。因此，建议在完善目标价格补贴政策的同时，从提高生产要素投入质量、改善生产条件等方面入手，以进一步提高棉花技术效率。具体为：

（1）产学研结合，加强农业研发投入，提高棉花生产技术水平。根据棉花生产实际情况，以产定研、以研促产，切实提高农业研发的针对性和有效性，为棉花生产提供技术支撑。

（2）加强水利灌溉设施建设，提高抵抗自然灾害风险的能力。通过提高水利灌溉设施建设水平，减少受灾面积，降低成灾面积比例，进而降低自然灾害对棉花生产的影响。

（3）改良土壤质量，提高土壤肥力，促进土壤环境的良性循环。改良土壤质量为棉花生产的可持续发展创造有利条件。同时，大力推广测土配方施肥技术，减少肥料损失，达到配肥改良土壤、保护生态环境的目的。

# 第八章　新疆棉农农膜回收政策效果分析

随着农业生产水平的提高以及现代农业集约化和规模化的发展，农业在为经济社会发展提供保障的同时，也造成了环境污染。农村环境污染主要包括农业面源污染、生活垃圾污染、乡镇企业污染和生态环境破坏等四个方面（黄巧云、田雪，2014），其中，较为突出的是农业面源污染问题。当前的农业面源污染问题主要来自现代农业生产过程中化肥、农药和农膜等农业生产废弃物以及农村生活污染物等（饶静、纪晓婷，2011）。根据《第一次全国污染源普查公报》，农业污染源中总氮流失量达到 $270.5\times10^4$ 吨，总磷流失量 $28.5\times10^4$ 吨，种植业地膜的残留量 $12.1\times10^4$ 吨，地膜回收率仅为 4/5，造成了严重的水源、土壤等面源污染。地膜因具有明显的增温、保墒、控盐作用（李仙岳，2013；Mahajan G，2007），自引入以来已在中国大规模应用，特别是在北方干旱寒冷地区，地膜覆盖耕作技术的优势更为明显。然而农用塑料地膜由于自身的难以降解性以及回收机制不健全等原因造成了日趋严重的农膜残留问题，使得农田“白色污染”问题已成为困扰农业可持续发展的重要因素。新疆是中国最重要的产棉区之一，而棉花是新疆种植面积最大的经济作物。根据中国统计局公布的数据，2021 年中国棉花种植面积为 3 028.1 千公顷，其中新疆棉花种植面积 2 506.1 千公顷，占比 82.8%。中国棉花总产量 573.1 万吨，其中新疆棉花产量 512.9 万吨，占比 89.5%。由于膜下滴灌技术极大地促进了新疆农业的发展，棉花覆膜率近 100%，现新疆已成为中国残膜污染最为严重的地区。长期覆膜棉田农膜残留量在 42～540 千克/公顷，平均残留量为 255 千克/公顷，是全国平均值的 5 倍，农膜污染问题尤其突出。

目前农膜残留的严重危害不仅引起众多学者的关注，也引起了政府相关部门的高度重视，2015 年农业部等 8 部委联合印发《全国农业可持续发展规划（2015—2030 年）》将农膜残留和农药化肥等列为今后重点治理的农业面源污染。2017 年农业部印发《农膜回收行动方案》的通知，提出到 2020 年，全国农膜回收网络不断完善，资源化利用水平不断提升，农膜回收利用率达到80%以上。甘肃省和新疆维吾尔自治区等部分省份和地区也都出台了农膜使用条例以及促进农膜回收的行动方案。但农膜回收政策效果如何、农户对现有农膜回收政策的满意度如何、农膜回收政策是否引导农户改变农膜回收行为，这些基础性问题不清楚，就难以提出优化和调整我国农膜回收政策体系。

鉴于此，本研究将以“回收现状—价值评估—政策影响—补偿标准”为逻辑主线，选取新疆维吾尔自治区种棉户为研究对象，在大规模实地调研和数据资料分析的基础上，分析新疆棉农农膜回收政策的满意度以及棉农农膜回收现状及特点，探析农膜回收政策对棉农农膜回收行为的影响，测算农膜回收政策中棉农回收行为的补偿标准，且进一步探讨基于不同种植规模下残膜回收补偿标准的差异性，以期为农膜回收政策的制定和完善提供科学依据和理论支撑。

本研究的实践意义主要体现在以下三个方面：第一，为制定和完善农膜回收政策提供科学依据和理论支撑。现“农膜回收行动”作为农业农村部五大绿色行动之一，仅有甘肃省和新疆维吾尔自治区等部分省份和地区出台了农膜使用条例以及促进农膜回收的行动方案，且现有政策文件对推动农膜回收的效率还不尽如人意。为此，基于棉农的大规模实地调研数据，探讨棉农对农膜回收政策的满意度以及棉农农膜回收现状及特点尤为必要且迫切。第二，分析农膜回收政策对棉农回收行为的影响。现有农膜回收政策是否有利于棉花产业的发展，是否有利于积极促进棉农回收残膜，是否有利于推动残膜资源化利用。为此，本研究基于棉农的调研数据，探析农膜回收政策对棉农农膜回收行为的具体影响，并分析不同经营规模下农膜回收政策的差异性，对于回答上述问题可提供一定的参考建议。第三，测算棉农农膜回收行为的补偿标准。现有农膜回收政策中已有部分内容涉及棉农回收农膜的补偿标准，但依据调查情况来看，其补偿措施未能调动棉农的农膜回收积极性，根据棉农的受偿意愿，科学测算不同经营规模下棉农回收农膜的标准对于农膜回收政策的影响力以及对农业资源环境的保护有重要的现实意义。

## 一、农膜回收政策梳理

我国对于环境污染控制的手段大体可以分为强制性指令控制手段和经济激励手段。自 20 世纪 80 年代以来，我国制定了大量的环保法律法规，包括清洁生产促进法、大气污染防治法、固体废物污染环境防治法等涉及农业农村环境保护的法规，这些法规不仅包括强制性指令，也包括经济激励措施。但针对农膜使用和回收方面的政策文件较少，主要有以下几个方面。

## （一）政策文件

2014 年、2015 年和 2017 年的中央 1 号文件明确提出了关于农膜回收的要求，分别是“推广高标准农膜和残膜回收等试点”“农田残膜回收区域性示范，按规定享受相关财税政策”和“继续开展地膜清洁生产试点示范”，中央 1 号文件主要是强调要开展农膜回收的试点示范。

2016 年《土壤污染防治行动计划》（国发〔2016〕31 号）对防治农膜污染提出了较为具体全面的政策措施，首先要求“严厉打击违法生产和销售不合格农膜的行为”，同时“建立健全废弃农膜回收贮运和综合利用网络，开展废弃农膜回收利用试点”，提出“到 2020 年，河北、辽宁、山东、河南、甘肃、新疆等农膜使用量较高省份力争实现废弃农膜全面回收利用”的目标。2017 年中共中央办公厅、国务院办公厅联合印发的《关于创新体制机制推进农业绿色发展的意见》突出强调了地膜标准，要求“加快出台新的地膜标准，依法强制生产、销售和使用符合标准的加厚地膜”。此外，农业部对农膜回收做了更进一步的工作安排。2015 年，农业部从整个产业链提出一系列政策举措，包括修订农膜标准、推广使用加厚地膜、扶持地膜回收网点和加工能力建设、加快生态友好型可降解地膜及地膜残留捡拾与加工机械的研发、建立健全可降解地膜评估评价体系等。同年，农业部又发布《全国农业可持续发展规划（2015—2030）》重申这些措施。2016 年《农业现代化规划》对地膜生产和使用进一步明确要求“严禁生产和使用厚度 0.01 毫米以下的地膜”。2017 年，农业部将农膜回收行动作为农业绿色发展五大行动之一，出台了《农膜回收行动方案》，详细制定了回收行动的重点区域、重点作物和主攻方向。通知中对农膜回收提出了三个目标：①率先实现东北黑土地大田生产地膜零增长；②到 2020 年，农膜回收率达 80%以上，农田“白色污染”得到有效控制；③到2030 年，农业主产区农膜废弃物实现基本回收利用。较低于《土壤污染防治行动计划》中所提的目标。

## （二）规范法规

### 1. 提高地膜厚度标准

1992 年我国出台了《聚乙烯吹塑农用地面覆盖薄膜》国家标准（GB 13735 -

92)，并沿用至今。该标准中规定地膜厚度最小公称厚度为 0.008 毫米，一等品和合格品的平均厚度偏差是±15%，极限偏差是±0.003 毫米。2014 年甘肃率先出台地膜的地方标准 DB62/T 2443—2014，其核心是将地膜厚度最小公称厚度提高到 0.01 毫米，负极值偏差定为 0.002 毫米。2014 年底，新疆维吾尔自治区也发布了自己的地方标准 DB65/T 3189—2014。2016 年青海省发布其地方标准 DB63/T 1468—2016。这些地方标准对地膜厚度等指标的要求基本相同。2017 年 10 月地膜新国标正式发布，要求标称厚度不小于 0.01 毫米，正负极限偏差分别为 0.003 毫米和 0.002 毫米，与已经出台的几个地方标准的核心内容基本一致。

**2. 惩罚措施**

《甘肃省废旧农膜回收利用条例》于 2014 年起实施，这是全国首部关于废旧地膜回收利用的地方法规。其中，明令“禁止生产、销售和使用厚度小于 0.008 毫米的农用地膜”，并制定了违反该项规定的相应罚则，对违规地膜生产、销售者“处违法产品货值金额一至三倍的罚款”，对违规地膜使用者“责令限期改正、逾期不改正者不得享受农用地膜补贴”。2016 年新疆维吾尔自治区人大常委会通过了《新疆维吾尔自治区农田地膜管理条例》。要求在新疆生产、使用、销售的农田地膜，必须是厚度大于 0.01 毫米，耐候期大于 180 天，产品的其他指标、参数符合国家规定质量标准的聚乙烯吹塑农田地面覆盖薄膜。对生产、销售、使用不符合规定农田地膜的行为主体制定了相应的惩罚措施。包括：逾期未改正的，使用者不得享受有关农田地膜的优惠政策；逾期未改正的生产者处货值金额等值以上三倍以下的罚款，没收违法所得，情节严重的依法吊销营业执照。此外，对限期未改正的弃置、掩埋、焚烧废旧农田地膜的行为，根据不同主体进行不同金额的罚款。

### （三）经济激励

经济激励手段一般是通过收费、税收、排污权交易、收入补贴等措施，鼓励污染者采取措施控制污染，从而减少支出，增加收入（Charles D. Kolstad, 2016）。各地制定农膜回收利用的政策条例主要有《甘肃省废旧地膜回收利用示范县建设方案》以及《新疆维吾尔自治区关于印发 2017 年创建废旧地膜回收利用示范县项目实施方案的通知》。

**1. 对使用高标准农膜的补贴**

这个补贴是在部分旱作农业技术推广项目地区逐渐形成的。从 2012 年起，我国在甘肃等8个省（区）安排旱作农业技术推广项目，开展地膜覆盖、膜下滴灌、蓄水保墒、集雨补灌等旱作节水技术推广。2016年，8省（区）推广面积约2 450万亩，其中全膜覆盖1 950万亩，半膜覆盖及其他490万亩，水肥一体化10万亩。可见，地膜覆盖是最主要的推广技术。该项目中央财政投入每年约为10亿元。同时，一些省区还整合其他项目资金增加投入。例如，2016年甘肃省配套省扶贫资金1亿元，扩大地膜推广面积，全部覆盖贫困县；新疆维吾尔自治区安排项目资金1亿元，用于地膜回收补贴、残膜回收、农机改进和作用补助试点；山西省统筹现代农业生产发展等项目资金2.86亿元，支持以谷子、杂粮为主的粮食作物地膜覆盖技术推广；青海省省级财政配套重点农业技术推广项目资金0.96亿元，加大补贴力度，每亩投资达120元，主要用于地膜、肥料、种子等补助。资金主要以物化补贴形式发给参加项目的农户。以甘肃省为例，农业技术推广总站在推广农膜覆盖技术过程中，通过社会公开招标，统一采购厚度在0.008毫米及以上的高标准地膜。对于到乡镇、村或地方农技站购买高标准地膜的农户，补助每亩2千克地膜（26元），部分县（区）政府还另外配套1～2千克地膜补助。

**2. 对地膜回收行为的奖励**

甘肃省部分地区组织开展“一手交旧膜、一手领新膜”的“以旧换新”工作试点，要求农户到乡镇、村委会或地方农技推广站购买1千克财政补贴的高标准农膜时，上交2千克废旧农膜，如果不上交废旧农膜就需全额购买，不能享受补贴；一些地区农户捡拾废旧地膜，可交售给收购商贩或者收购点，每亩大约可得10元左右现金或者一定数量的新膜；部分县区探索建立“废旧农膜兑换超市”，引入“以物易物”兑换机制，根据农民交售的废旧农膜数量进行折价，兑换洗衣粉、肥皂等生活用品。新疆坚持“谁回收、补贴谁”的原则，可以是农田地膜使用者、专业回收组织和回收企业等，补贴标准为20元/亩，示范面积共393万亩。

**3. 对回收加工产业、村委会、合作社的扶持**

自2012年起，国家发展改革委、财政部、农业部共同组织开展了农业清洁生产示范项目，先后批复14个省（区）及新疆建设兵团的267个县（市、区、团场）项目。2012年实施包括蔬菜废弃利用、生猪养殖、农用地膜回收利用三项试点，2013年起只支持地膜清洁生产示范试点。2012—2015年，地膜清洁生产项目中央累计投资9.01亿元，扶持建设废旧地膜回收加工企业419家、回收网点2 673个，形成废旧农膜加工能力18万吨，试点面积覆盖新疆、甘肃、内蒙古等 11 个省（区、兵团）的 229 个县市。

对于加工企业的扶持方式，主要包括三类：一是以奖代补，根据企业废旧农膜回收加工量，每吨给予 100 元的奖励补助；二是先建后补，年生产再生颗粒 200 吨以上的废旧农膜回收初加工企业，可以获得一次性设备投资补助 5～10 万元；三是贴息贷款，年回收加工能力在 2 000 吨以上的废旧农膜回收深加工企业，进行技术改造、产能扩充需要贷款时可以获得 50%的贴息扶持。对于乡镇和村级回收站点的扶持方式，主要包括两类：一是实物补贴，对农膜回收量大的站点，发放运输车辆给予奖励；二是资金补助，根据回收量每年给予部分站点一次性补助 0.2 万～2 万元。对于负责回收废旧地膜的流动商贩，部分地区也根据其回收量给予一定的补助。对村委会探索建立了“一亩一元”奖励机制，以提高村委会在地膜回收工作的积极性。扶持培育地膜回收农民专业合作社，主要负责地膜回收机械购置补贴、贷款贴息等。

## 二、农户对农膜回收利用价值的认知与影响因素分析

从现有研究看，很多学者已从不同视角对农药、化肥等农业生产废弃物造成的面源污染展开了定性和定量研究。Grossman 和 Kruger 对经济增长、贸易和环境之间的关系展开研究，发现经济增长、贸易通过规模、技术和结构这三种效应对环境产生了影响。李秀芬和张智奎认为降低农业化学品生产资料在农业生产中的参与程度，有利于农业发展与资源环境协调发展。此外，马乃毅和罗珺仁基于 2000—2012 年中国西部的面板数据，研究发现农药和农膜的人均排放与农业经济增长呈现线性递增的关系。王频和马辉的研究表明覆膜年限、灌溉类型、种植作物、覆膜厚度、地膜使用量、回收情况等因素都会影响农膜残留特性和分布。根据 Powell 和 Huthala 的研究，农业生产废弃物回收是较之垃圾填埋或焚烧更好的管理方式，且农膜回收利用对于实现减少环境污染，增强人类健康和经济增长等目标非常重要。综上，农膜残留问题已日趋严重，而农膜回收资源化利用是降低残膜污染的有效管理方式。为此，关于农膜回收利用的研究尤为迫切且必要。当前学者们在这一方面的实证研究较少，且主要集中于自然科学视角，较少进行社会科学视角的探讨，特别是有关棉农对农膜回收利用价值认知方面的文献鲜有见到。因为价值认知决定棉农的偏好，又进一步影响棉农的决策和行为。为此，本研究以新疆维吾尔自治区 1 067 户棉农的调查数据为基础，通过构建非限制性广义定序 Logit 模型探讨棉农对农

膜回收价值认知及其影响因素，明晰棉农对农膜回收利用的综合感受，以期弥补现有研究体系中有关棉农对农膜回收价值认知的研究空缺，并为政府部门制定和完善相关政策提供参考。

农膜回收循环利用指将农业生产过程中所形成的难以降解的塑料残膜通过机械或者人工捡拾等方式回收后作为原材料再生利用；农膜回收政策指近年来国家和地方连续出台关于促进农膜回收方面的政策文件，如新疆、甘肃等地区制定的农膜回收行动实施方案，主要可分为强制性指令控制手段和经济激励手段。

### （一）数据来源

本研究所使用的数据来源于课题组以及石河子大学经济学院于2018年7月—2018年12月在新疆维吾尔自治区开展的棉农调查。新疆维吾尔自治区是我国棉花最大种植面积的省份，也是农膜污染最为严重的地区，同时还是政府农膜回收试点示范地区。调研内容主要围绕农膜回收利用情况展开，综合考虑调研目的、可操作性等因素，采用随机抽样的方法，在新疆阿克苏、喀什、巴州、昌吉、兵团等棉花集中种植且农膜污染较为严重的区域随机选择了10个县域以及9个兵团进行调研，详见表8-1。

**表8-1　调研样本具体区域分布及占比情况**

单位：份，%

| 地区、州、师 | 县、团 | 问卷数量 | 占比 |
|---|---|---|---|
| 阿克苏 | 阿瓦提、沙雅 | 220 | 20.41 |
| 喀什 | 伽师、莎车 | 133 | 12.34 |
| 巴州 | 尉犁、轮台 | 134 | 12.43 |
| 昌吉 | 呼图壁、玛纳斯 | 95 | 8.81 |
| 塔城 | 乌苏、沙湾 | 57 | 5.29 |
| 第一师 | 8团 | 56 | 5.19 |
| 第二师 | 29、31、33团 | 148 | 13.73 |
| 第三师 | 49、50、51团 | 61 | 5.66 |
| 第七师 | 125团 | 84 | 7.79 |
| 第八师 | 141团 | 90 | 8.35 |
| 合计 | | 1 078 | 100 |

调研数据覆盖了北疆和南疆，新疆地方和生产兵团，具有一定的代表性。此外，为保证问卷质量，正式调研之前进行了预调研，并对调研员实施了培训，主要包含问卷理解以及访谈技巧。此次调研共回收问卷 1 078 份，剔除关键信息漏答、前后矛盾等无效问卷，获得适用问卷 1 067 份，问卷有效率 98.98%。

## （二）认知构成与影响因素

### 1. 农膜回收利用价值的认知构成

根据农户行为理论和已有的相关研究，棉农对农膜回收利用的价值认知是影响他们实施农膜回收行为的重要因素，而农膜回收政策则是影响棉农对农膜回收利用价值认知的重要因素。有别于农户农膜回收利用行动的参与意愿分析，棉农的价值认知具体主要包括两个方面：一是棉农对农膜回收利用价值的心理满足程度，即棉农认为自身能够从农膜回收利用中获得净效益的大小；二是棉农对农膜回收利用所带来良好作用的主观认知，即棉农认为农膜回收利用有利于农村生态环境的治理，有利于农村人居环境的改善。

本研究中，农膜回收利用的价值认知表现为棉农对农膜回收利用的综合感受，主要体现在以下三个方面：①生态价值。作为农业农村部五大绿色生产行动之一，农膜回收行动有助于保障农民日常农业生产活动顺利进行，避免残膜处置不当而引发的环境污染问题，提高土壤通透性，并逐步恢复受损的农业生态系统。调研中发现，农膜回收后有 55%的棉农选择填埋或者焚烧农膜，残膜处置不当给当地农作物生产和生态环境造成了一定的影响。②经济价值。农膜回收利用推动了资源利用方式的转变，既能改善土壤质量，提高农作物产出率，又能通过回收农膜使农户获得一定的补贴。③社会价值。突破资源与能源约束，实现农业绿色发展、可持续发展的关键在于发展循环经济模式。农用残膜、作物秸秆等生产性农业废弃物被称为“放错位置的资源”，对资源型农业废弃物进行循环利用，能够有助于推进美丽宜居乡村建设，进而改善农村人居环境。

### 2. 农膜回收利用价值认知的影响因素

借鉴学界对价值感知和政策影响的研究成果，结合农膜回收利用的特点，本书认为影响棉农对农膜回收利用价值认知的关键因素主要为棉农个人特征、家庭经营特征和棉农政策认知。

（1）棉农个人特征。①年龄。史兴民和刘戎通过对陕西省韩城矿区的实地访谈，认为居民的年龄越大对环境污染的感知程度越高。②正规教育。李波和梅倩基于湖北省微观农户调查数据发现文化程度越高的农户更倾向于采用低碳行为方式来处理农膜回收问题。③健康状况。涂冰倩等利用中国家庭收入调查数据，认为农户在健康状况不理想时，会因“挤占效应”和“情感效应”而陷入经济脆弱的困境。

（2）家庭经营特征。①农业纯收入。蒋琳莉等探讨了农户对农膜、农药瓶等农业生产性废弃物处理方式的选择。研究发现，农户对农业生产性废弃物资源的回收利用行为主要受农业收入等因素的影响。②棉花种植面积。刘乐等提出在农户家庭层面和地块层面，农作物种植面积与农户绿色生产行为之间均存在稳健的倒U形关系。③科技示范户。Stiglitz 和 Simon 认为农户可以通过技术进步促使农业生产性废弃物实现经济效益和环境效益双重目标。④专业合作社。蒋琳莉等通过实证分析发现加入农民专业合作社可引导农户用恰当的方式处理农业生产性废弃物，有利于缓解农村“白色污染”问题。

（3）棉农政策认知。政策的最终目的是增加国民的福利，主要包括政策制定、执行、评估等环节。农户政策认知指对其政策的了解及评价，因而，农户对政策的认知度越高，对政策的价值认同感越强。在实地调研过程中，发现农膜回收政策对于棉农的回收行为影响很大，故选取了以下几个变量。①棉农对农膜回收政策了解程度。杨春等通过分析山西和新疆的牧户调研问卷，研究发现草原生态保护补奖标准评价对牧户扩大牧业生产规模具有显著影响。②农膜回收政策重要程度。张晖、李海鹏、李太平等提出农业资源环境政策的干预可有效处理农业面源污染的“下行”问题。③棉农对农膜回收政策关注程度。刘克春通过对江西省样本农户的调查，认为粮食最低收购价政策是影响农户粮食种植决策行为的最主要因素。

**3. 变量选取**

（1）因变量说明。用棉农对农膜回收资源化利用在保护环境方面发挥作用的程度来表征其生态价值认知。本书采用李克特（Likert）五级量表对其进行赋值，“很小”用“1”表示，“较小”用“2”表示，“一般”用“3”表示，“较大”用“4”表示，“很大”用“5”表示。用棉农对农膜回收资源化利用在“提高农民收入”方面发挥作用的程度来表征其经济价值认知，赋值方法同上。用棉农对农膜回收资源化利用在“改善村容村貌”方面发挥作用的程度来表征其社会价值认知，赋值方法同上（表 8－2）。

（2）自变量说明

一是棉农个人特征。包括年龄、正规教育、健康状况三个变量，详见

表 8-2。调查样本中受访棉农的年龄主要集中于 47～54 岁；受正规教育程度用棉农总共读了多少年书来表征，调查显示受教育程度以初中为主，其比例为 46.95%，这与中国农民教育程度普遍不高的事实较为吻合；健康状况即与同龄人相比，数据显示目前棉农身体整体健康状况良好。

二是家庭经营特征。包括上年度家庭农业纯收入、上年度棉花耕地面积、农业科技应用状况、组织化程度 4 个变量，详见表 8-2。在描述性分析中，家庭农业纯收入和棉花耕地面积两个变量都已做缩尾处理。调查显示，受访棉农上年家庭平均农业纯收入为 19.95 万元，家庭平均棉花耕地面积为 90.73 亩。农业科技应用状况主要以是否为科技示范户为表征，组织化程度主要通过是否加入棉花专业合作社为表征。农业科技示范户的要求一般为拥护农村各项方针政策，文化程度相对较高，具有丰富的生产实践经验，有适度生产经营规模，积极推广适宜农业技术的农户。调查访谈有 120 户棉农系科技示范户，占总比 11.25%，分布在玛纳斯、沙雅、141 团、尉犁等 16 个市、县和兵团。此外，调查显示科技示范户的受教育水平为 8.6，高于全部受访棉农的教育水平均值。受访棉农中有 182 户加入棉花专业合作社，占总比 17.06%，具体分布于 8 团、29 团、沙雅、玛纳斯等 16 个兵团和市、县。调查发现，大多数棉农加入棉花专业合作社的意愿较为强烈，但他们认为现有棉花专业合作社的经营能力、组织程度、民主程度还有待进一步观望。鉴于科技示范户和加入棉花专业合作社的棉农遍及许多新疆地区和兵团且数量均大于 100，虽所占总比不高，但基于以上分析，故可做进一步统计推断。

**表 8-2 变量的具体含义及基本特征**

| 变量名称 | 变量说明 | 均值 | 标准差 | 最小值 | 中位数 | 最大值 | 预期方向 |
|---|---|---|---|---|---|---|---|
| 年龄 | 户主实际年龄（岁） | 48.43 | 8.960 | 23 | 49 | 86 | — |
| 正规教育 | 户主受正规教育年限（年） | 7.680 | 3.380 | 0 | 8 | 20 | + |
| 健康状况 | 目前的健康状况 | 3.630 | 0.940 | 1 | 4 | 5 | + |
| 农业纯收入 | 2017 年农业毛收入（万元） | 19.95 | 20.33 | 0.130 | 13.84 | 95.60 | + |
| 棉花种植面积 | 2017 年棉花种植面积（亩） | 90.73 | 80.16 | 1 | 70 | 370 | + |
| 是否为农业科技示范户 | 是=1；否=2 | 1.890 | 0.320 | 1 | 2 | 2 | — |
| 是否加入了棉花专业合作社 | 是=1；否=2 | 1.830 | 0.380 | 1 | 2 | 2 | — |

（续）

| 变量名称 | 变量说明 | 均值 | 标准差 | 最小值 | 中位数 | 最大值 | 预期方向 |
|---|---|---|---|---|---|---|---|
| 农膜回收政策的了解程度 | 很低＝1；较低＝2；一般＝3；较高＝4；很高＝5 | 2.410 | 1.200 | 1 | 2 | 5 | ＋ |
| 农膜回收政策的重要性 | 很低＝1；较低＝2；一般＝3；较高＝4；很高＝5 | 3.510 | 1.260 | 1 | 4 | 5 | ＋ |
| 农膜回收政策的关注程度 | 很低＝1；较低＝2；一般＝3；较高＝4；很高＝5 | 3.200 | 1.290 | 1 | 3 | 5 | ＋ |

三是棉农政策认知。根据表 8－3 可知政策认知包括了农膜回收政策的了解程度、重要程度、关注程度这三个变量，并将“很低”“较低”“一般”“较高”“很高”分别计分为“1、2、3、4、5 分”。依据表 8－3 不难发现，现棉农对农膜回收政策还不太了解，但同时棉农认为农膜回收政策对于农膜回收利用很重要。由此可知，农膜回收政策对于棉农农膜回收行为的影响较大，此外，棉农也期望这方面的政策措施有待进一步的实施。

**表 8－3　棉农对农膜回收政策认知特征的描述性统计 *T***

单位：%

| 棉农对农膜回收政策的了解程度 | 占总比 | 累计百分比 | 农膜回收政策的重要程度 | 占总比 | 累计百分比 | 棉农对农膜回收政策的关注程度 | 占总比 | 累计百分比 |
|---|---|---|---|---|---|---|---|---|
| 很低 331 | 31.02 | 31.02 | 很低 135 | 12.65 | 12.65 | 很低 175 | 16.4 | 16.4 |
| 较低 227 | 21.27 | 52.3 | 较低 73 | 6.84 | 19.49 | 较低 111 | 10.4 | 26.8 |
| 一般 297 | 27.84 | 80.13 | 一般 204 | 19.12 | 38.61 | 一般 269 | 25.21 | 52.01 |
| 较高 164 | 15.37 | 95.5 | 较高 421 | 39.46 | 78.07 | 较高 351 | 32.9 | 84.91 |
| 很高 48 | 4.5 | 100 | 很高 234 | 21.93 | 100 | 很高 161 | 15.09 | 100 |

## （三）实证分析

### 1. 模型构建

农膜回收利用价值认知属分类数据，本书采用非限制广义定序 Logit 模型，此模型是对定序 Logit 模型假定条件弱化的模型。原因主要有：一方面，模型并不要求数据必须满足平行回归假定，且允许发生比率在分界点之间有所变化。另一方面，本书中偏比例发生比率模型对应的卡方检验不显著（$P>0.05$），暂时不能推翻原假设，可视为偏比例发生比率模型在本书中不太适用，故选择非限制性广义定序 Logit 模型。

根据前文分析，农膜回收利用的价值认知主要体现在生态价值、经济价值、社会价值这三个方面。为此，本书设定了三个非限制广义定序 Logit 模型。模型 1 为棉农对农膜回收利用生态价值认知模型；模型 2 为棉农对农膜回收利用经济价值认知模型；模型 3 为棉农对农膜回收利用社会价值认知模型。

$$P(y_i > j) = \frac{\exp(\alpha_j + x_i\beta_j)}{1+[\exp(\alpha_j + x_i\beta_j)]_{j=1,2,\cdots\cdots,j-1}} \tag{8-1}$$

式（8-1）中：$y_i$ 为被解释变量，取 1，2，…，$j$ 各值（$j$ 指定序变量的类别数）；$x_i$ 为解释变量；$i$ 的取值范围是 1 到 $n$ 的自然数；$j$ 取值 1，2，…，$j-1$，$\alpha$ 和 $\beta$ 表示待估计参数。

**2. 实证结果及分析**

（1）棉农对农膜回收资源化利用价值的认知情况

首先，从认知程度来看，棉农对农膜回收资源化利用的生态价值认知程度最高，比例高达 81.6%；其次是社会价值，比例为 73.6%；经济价值则居于末尾，对其持认可态度的棉农比例为 55.5%（表 8-4）。可以发现，农膜回收利用得到了大多数棉农的认同。同时，也可看到有超过 1/3 的棉农认为农膜回收资源化利用在提高农民收入方面发挥的作用“较小或一般”。由此可见，棉农对农膜回收资源化利用的价值认知度还有待提高，根据农户行为理论，农户在农业生产过程中追求经济利益最大化，故还需完善政策设计来提高棉农回收农膜的积极性。

**表 8-4　棉农对农膜回收资源化价值认知情况**

| 价值类型 | 很小 | 较小 | 一般 | 较大 | 很大 |
|---|---|---|---|---|---|
| 生态价值 | 27（2.5%） | 39（3.6%） | 132（12.3%） | 545（50.7%） | 332（30.9%） |
| 经济价值 | 92（8.6%） | 89（8.3%） | 298（27.7%） | 449（41.8%） | 147（13.7%） |
| 社会价值 | 45（4.2%） | 41（3.8%） | 198（18.4%） | 472（43.9%） | 319（29.7%） |

（2）棉农对农膜回收利用各类价值认知程度的影响因素分析

应用 Stata14 统计软件，采用非限制广义定序 Logit 模型，分别检验各影响因素与棉农对农膜回收利用生态价值认知、经济价值认知与社会价值认知之间的关系，结果如表 8-5 所示。回归结果分别显示了棉农对农膜回收利用价值认知的五个阶段，即“很小”“较小”“一般”“较大”“很大”。结果中默认以“很大”这个阶段为参照组，限于篇幅，本书仅报告棉农认为农膜回收利用价值“较大”的一组。不难发现，尽管影响棉农对农膜回收利用生态价值认知、经济价值认知、社会价值认知的重要因素略有差异，但总体而言，科技示范户，受正规教育程度较高，身体健康状况较好，非农业收入较高，家庭棉花种植面积较大，认为农膜回收政策比较重要，且比较关注回收政策的棉农对农膜回收利用的价值认知程度较高。

**表 8-5　非限制性广义 Logit 模型回归结果**

| | (1) 模型 1 | (2) 模型 2 | (3) 模型 3 |
|---|---|---|---|
| 认知价值较大 | | | |
| 年龄 | 0.013 | −0.003 | −0.01 |
| | (0.01) | (0.01) | (0.01) |
| 正规教育 | 0.091*** | 0.060** | 0.052** |
| | (0.02) | (0.03) | (0.02) |
| 健康状况 | 0.173** | 0.062 | 0.180** |
| | (0.08) | (0.10) | (0.08) |
| 农业纯收入 | −0.006 | −0.010 | −0.016*** |
| | (0.01) | (0.01) | (0.01) |
| 棉花种植面积 | 0.002 | 0.002 | 0.004*** |
| | (0.00) | (0.00) | (0.00) |
| 是否为农业科技示范户 | −0.231 | −0.492** | 0.109 |
| | (0.21) | (0.25) | (0.22) |
| 是否加入了棉花专业合作社 | 0.148 | −0.335 | −0.124 |
| | (0.19) | (0.23) | (0.19) |
| 农膜回收政策的了解程度 | −0.088 | 0.114 | −0.097 |
| | (0.06) | (0.08) | (0.06) |
| 农膜回收政策的重要性 | 0.174** | 0.169* | 0.218*** |
| | (0.07) | (0.10) | (0.07) |
| 农膜回收政策的关注程度 | 0.242*** | 0.118 | 0.261*** |
| | (0.07) | (0.09) | (0.07) |
| cons | −3.893*** | −2.137** | −2.895*** |
| | (0.84) | (1.07) | (0.86) |
| total | 1 067 | 1 067 | 1 067 |

注：*、**、***分别表示10%、5%、1%的显著性水平；其中数值为偏回归系数，括号里面为标准误；所有数字均为四舍五入后的结果。

经过多重共线性检验后，发现各自变量之间不存在多重共线性，且 3 个模型皆通过了 Wald 检验以及似然比检验（LR - test），现主要列出似然比卡方检验值，详见表 8 - 6。

**表 8 - 6 模型显著性检验结果**

| 模型 | 似然比检验（LR - test） | Prob>chi² |
|---|---|---|
| 模型 1 | LR $chi^2$（40）＝190.16 | 0.00（$P<0.05$） |
| 模型 2 | LR $chi^2$（40）＝140.14 | 0.00（$P<0.05$） |
| 模型 3 | LR $chi^2$（40）＝170.15 | 0.00（$P<0.05$） |

此外，为进一步验证农户政策认知特征在棉农对农膜回收利用价值认知因素中的影响，本研究将控制个人特征和家庭经营特征变量，分别检验棉农政策认知特征在模型 1、模型 2 和模型 3 中的显著程度，详见表 8 - 7。

**表 8 - 7 认知特征变量的拟合优度变化情况**

| | 加入认知特征变量前的拟合优度 Pseudo $R^2$ | 加入认知特征变量后的拟合优度 Pseudo $R^2$ |
|---|---|---|
| 模型 1 | 0.028 2 | 0.075 8 |
| 模型 2 | 0.020 6 | 0.046 6 |
| 模型 3 | 0.021 6 | 0.062 0 |

根据表 8 - 7 可以看到，加入棉农对农膜回收政策的 3 个政策认知特征变量后，模型 1、模型 2 以及模型 3 的 Pseudo $R^2$ 都有了明显的提升。由此可见，棉农的政策认知变量是影响农膜回收价值认知的重要因素，制定并完善农膜回收政策，将有助于提高棉农对农膜回收利用的认可度。以下从三个方面具体分析特征变量对农膜回收利用价值认知的影响。

一是个人特征的影响。①回归结果显示棉农的年龄在 3 个模型中都不显著，可能的原因在于农膜回收利用是当下尤为迫切需要实施的行动，且这个观念已深入棉农的各年龄层次。②受正规教育程度这一变量在 3 个模型中都十分显著，表明受正规教育程度的高低对于棉农农膜回收价值认知的影响很大。文化程度有助于提高农户的农村生态环境保护意识，文化程度越高，越了解“白色污染”的危害，越支持农膜回收资源化利用。③模型 1 和模型 3 中棉农健康状况的偏回归系数分别为 0.173 和 0.180，说明身体健康状况良好的棉农对农膜回收利用的生态价值和社会价值的认知程度较高，对农膜回收利用也有较高的积极性。目前农膜回收方式可分为：棉农自行捡拾、农膜回收企业捡拾、合作社或村委会组织回收。自行捡拾分为：自己捡拾、自己机械捡拾、雇用机械捡拾。本次调研发现，在所有的残膜回收方式中棉农自己捡拾残膜的比例为47%，这无疑对棉农的身体健康状况提出了一定要求。

二是家庭特征的影响。①家庭棉花收入在模型3中的偏回归系数为−0.016，与前文的预期方向相反。这表明相比农业收入型棉农，其他不以农业收入为主的农民对农膜回收利用的社会价值认知程度更高。可能的解释是，非农业收入型农民的经济能力较强，在解决衣食住行外，对农村生活环境有了更高的要求，为此，其社会价值认知程度较高。②棉花种植面积在模型3中通过了显著性检验，即棉花种植面积越大，棉农对农膜回收的政策越关注。③科技示范户在模型2中的偏回归系数为−0.492，表明科技示范户家庭对农膜回收利用的经济价值认知程度较高。可能的原因是农业科技示范户一般为先进农业技术推广的样板户，主要通过运用新品种、新机具、新技术来实现示范带动效应，适时采用残膜回收机回收农膜，较之人工拾膜效率更高，成本更低。④是否加入棉花专业社这个变量的偏回归系数不显著。可能的解释是即使加入了棉花专业合作社，但是目前大部分合作社仅专注眼前的经济利益，主要通过扩大生产规模和铺就更多地膜等方式来提高棉花产量，在合作社内没有认知和宣传残膜带来的危害，故没有感知农膜回收利用的各类价值。调研中也发现，通过合作社组织回收的农膜仅占比4.9%，表明专业合作社发动社员回收残膜的力度不够，影响力有待加强。

三是政策认知的影响。①棉农对农膜回收政策的了解程度在模型3中的偏回归系数为−0.097，表明现棉农对农膜回收的政策还不甚了解，但棉农知晓农膜回收利用有利于村容村貌的整洁，有利于农村社会的发展。在实际调研中得知，大多数棉农已发现残膜严重影响了棉花生产的全过程，且如今残膜已遍布棉田、树梢等村内各个地方，给农村生产生活环境造成了一定的影响。②农膜回收政策的重要程度显著影响了棉农对农膜回收利用的生态价值、经济价值与社会价值认知。可以发现棉农已意识到残膜的危害以及农膜回收的严峻性，但自觉去捡拾残膜的成本偏高，且在财政补贴力度不够的情况下，自行购买农膜回收机的人数较少，他们很期待获得政府这方面的政策支持。③农膜回收政策的关注程度在模型1、模型3中的偏回归系数分别为0.242、0.261。表明棉农对农膜回收利用的生态价值和社会价值认知程度与棉农对农膜回收政策的关注度息息相关。在调研中也发现，农膜回收政策试点示范区域，由于农膜回收政策的引导和激励，棉农的残膜回收积极性明显偏高，加之棉花生产合作社、农膜回收点、农膜回收企业等组织和单位联结在一起，更有效推动了农膜回收资源化利用，实现向循环农业、绿色农业的转型发展。

**3. 讨论**

上述实证研究结果为生态文明以及美丽乡村建设中农膜回收问题的有效解决提供了理论基础和科学依据。

第一，棉农对农膜回收利用的经济价值的认知程度居于末位，反映了目前棉农受资源以及成本约束，自行捡拾残膜的成本较高等因素影响，因而回收农膜的意愿较低。棉农是农膜回收政策的直接利益主体，棉农自身利益需求与政策补偿的差异表现为对农膜回收政策的满意度。为此，农膜回收利用作为一项具有环境友好功效的绿色行动，需要政府部门或者宏观经济管理者在制度安排上向促进农膜回收的相关政策倾斜。据了解，现中央的若干政策文件已为农膜回收利用行动指明了方向，各地方需结合实际情况，制定更为明晰的农膜回收政策细则，应兼具可执行性、引导性、激励性和约束性。具体可通过采取加大补贴和处罚力度、引导涉农企业参与、培育农膜回收资源化利用服务实体等措施来解决棉农的后顾之忧。

第二，农业科技、受教育程度和健康状况对农膜回收利用价值认知的正向影响表明，需加强学校、科研机构与涉农企之间的合作，加大农业科技的研发力度，因地制宜，适时推广旱作农业技术在棉田的应用，同时对其技术推广给予适当补贴；提高棉农的受正规教育程度有助于改变部分棉农传统守旧的思想观念，培养棉农的资源节约和环境保护意识，提高棉农对农膜回收利用的认知程度。此外，保持良好的身体健康状况是棉农参与农膜回收利用的有力保障。

第三，是否加入棉花专业合作社这个变量的回归结果表明，专业合作社在促进农膜回收方面的作用还没有体现。现需充分发挥棉花专业合作社的中介作用，形成棉农，涉农膜企业、政府三方共同的学习型组织，通过树立农膜回收利用共同愿景，增强棉农主动保护资源与环境的意识，提高棉农回收农膜的积极性。在调研中也发现，已有部分规模较大的棉花专业合作社配合政府部门制定了农膜回收利用具体行动方案，小部分合作社通过残膜回收机的应用，农膜回收站的建立等方式有效提高了残膜回收的效率，助推了残膜的资源化利用。

第四，通过电视、手机、报刊等各类宣传媒介，针对棉农、种棉大户、专业合作社等新型农业经营主体，加大对农膜回收利用行动的宣传力度，尤其是强化农膜回收利用在农村发展、农民增收等方面的价值性宣传，将有效提升棉农对农膜回收利用的价值认知，也是未来环境治理领域潜在的研究重点。

### （四）结论

本书基于农户行为理论等相关研究理论，结合实地调研数据，采用非限制广义定序 Logit 模型，探析棉农对农膜回收利用的价值认知及其影响因素，得出的基本结论如下：

（1）农膜回收利用的价值得到了大多数棉农的认同，但其价值并未得到充分的体现，尤其是对农膜回收经济价值的认知。具体体现为：生态价值＞社会价值＞经济价值，其比例分别为 81.60%、73.6%、55.5%。

（2）尽管影响棉农对农膜回收利用生态价值、经济价值、社会价值认知的重要因素略有差异，但归纳起来影响棉农认知各类价值的因素主要为：科技示范户、受正规教育程度、身体健康状况、家庭棉花种植面积、家庭非农业收入、农膜回收政策的重要程度、农膜回收政策的关注程度，且各项影响因素皆是正向影响。

（3）在棉农对农膜回收利用价值认知的影响因素中，以棉农的受正规教育程度和健康状况为表征的个人特征，以农膜回收政策的重要程度和关注程度为表征的政策认知特征，他们在上述两个或者 3 个模型中都显著，研究表明这些变量会给棉农对农膜回收利用的价值认知带来实质性改善。价值认知的提升将显著提高棉农对农膜回收的积极性，减少残膜污染危害，改善农村生产生活环境，为实现农村生态宜居、农民生活富裕发挥了一定的作用。

## 三、农户对农膜回收政策执行的满意度评价及影响因素

为有效治理残膜污染，切实实现绿色转型发展，我国政府连续出台相关文件促进农膜回收。例如《全国农业可持续发展规划（2015—2030 年）》《土壤污染防治行动计划（土十条）》《农膜回收行动方案》《关于加快推进农用地膜污染防治的意见》《农用薄膜管理办法》，2014、2015、2017、2018、2019、2020、2021 年的中央 1 号文件等皆对农膜回收利用提出了明确的要求，并提出至 2025 年，基本实现农膜全回收，全国农膜残留量实现负增长。尽管国家出台了许多政策，投入了大量资金，但农户回收残膜的积极性普遍不高，农膜回收利用率仍然较低。政策的最终目的，是增加国民的福利，主要包括政策制定、执行、评估等环节。政策执行是实现政策目标的重要环节，政策执行的本

质是主体之间考虑利益得失的博弈过程。而作为农膜回收政策的直接利益主体——农户，其对政策执行的满意度是影响农膜回收政策绩效的关键因素。为此，本研究重点关注农户对农膜回收政策执行的满意度，探析农膜回收政策执行中存在的问题。鉴于此，本研究以新疆 1 057 户棉农的调查数据为基础，结合史密斯政策执行过程模型，通过构建定序 Probit 模型探讨棉农对农膜回收政策执行的满意度评价以及影响因素，以期为政府部门制定和完善相关政策提供实证依据。

### （一）理论框架与文献回顾

传统理性经济人假设认为决策主体都是自私的，目标是自身效用最大化，经济行为主体都通过成本——效益分析来选择最优可选目标。由于外部环境的复杂性和不确定性会对人类选择偏好产生影响，使行为主体达不到“经济人”假设的完全理性程度，故人们决策的标准是寻求令人满意的决策而非最优决策。

政府制定政策的最终目的是增加国民福利，因为只有增进福利的政策才能够被有效地实施。满意度作为心理感知与评判的重要方式，既可以反映人们对生活质量的感受，又可以评价人们获取资源效用价值的质量。从针对政策满意度的研究看，有学者就草畜平衡奖励政策的满意度展开研究，结果表明大多数牧民对该政策满意度为一般或较为满意，但牧民对草原生态保护补奖标准的评价显著影响着牧民的生产经营行为。另有研究者认为政府的监管力度、户主年龄、受教育年限和草地面积对禁牧区农牧户满意度影响显著。此外，补偿政策满意度受成本效益和政策认知因素影响较大，可通过降低时间成本、加大补贴力度，来增加农户受益感知。

针对农膜回收，有学者基于江西省农户的调查，对废旧农膜回收的影响因素进行实证分析。结果表明：户主年龄、文化程度、是否参加合作社、村里是否有废弃物管理制度、是否有政策支持等因素对残膜回收有显著影响。部分学者利用新疆农户调研数据分析了农户对农膜回收的认知及其主要影响因素。此外，有学者归纳了近些年中国在农膜回收方面政府干预的内容以及对不同地方政府干预的效果进行了评价，梳理了有关文献，指出影响农户政策满意度和农膜回收的主要因素包括农户的个体特征、家庭特征、成本收益、制度与环境因素等。

综合上述文献和已有研究可知，一是目前关于农膜回收的调研数据不太多，特别是农膜污染典型地区的较大规模经验数据。二是现有研究主要集中在残膜污染的现状、危害和原因分析、农膜残留对农作物生长、产出的影响等，较少对农膜回收政策进行实证层面的探讨。三是对惠农政策满意度研究多聚焦于扶贫政策的满意度、补偿政策的满意度等方面，主要对整个政策进行满意度及影响因素分析，较少单独对政策执行阶段进行实证分析。本研究的贡献如下：一是数据较为全面。数据来源是课题组以及石河子大学经济与管理学院在农膜覆盖面积最广、残膜污染最为严重的新疆地区开展的实地调研，农户数据资料较为全面。二是研究视角较为新颖。本研究的视角聚焦在棉农对现有农膜回收政策执行的满意度及影响因素分析，目前鲜有其他文献在这方面开展相关探讨。

为此，课题组联合新疆石河子大学经济与管理学院在我国农膜覆盖面积最广、残膜污染最为严重的新疆地区开展了大规模的农户调研，通过农户调研数据探讨棉农对现有农膜回收政策在执行阶段的满意度及其影响因素。

### （二）史密斯政策执行过程模型

史密斯政策执行过程模型是一个分析政策执行因素及其生态关系的理论模型。史密斯认为，在政策执行过程中有 4 个非常重要的因素（图 8-1），即理想化的政策、执行机构、目标群体和政策环境。以上 4 个因素之间相互关联，任何一项因素都会直接影响到政策执行的效果。

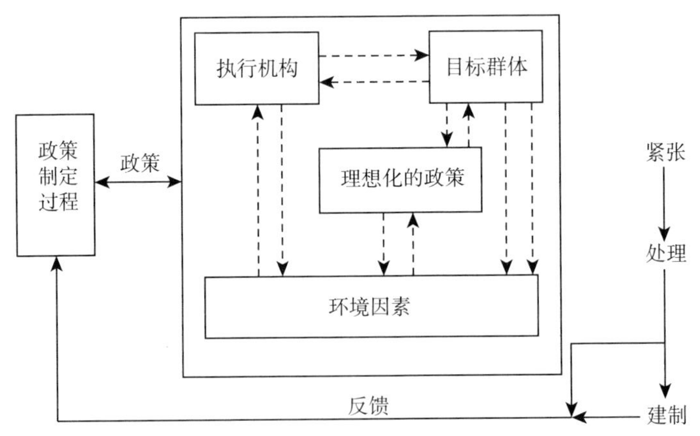


图 8-1　史密斯政策执行过程模型

基于上述内容，并结合本研究所要讨论的问题，理想化的政策，即农膜回收政策需结合当地实际情况，才能更好地将政策贯彻执行。执行机构，即基层执行人员的服务意识、工作效率和执行能力对政策的贯彻落实有着重要影响。目标群体，即户主的个体特征和家庭特征影响其对农膜回收政策执行的满意度，且回收农膜所带来的经济效益和成本约束也是需要重点考虑的方面。政策环境，具体可归纳为当地政府对农膜回收政策的宣传力度、政府对回收农膜的奖励以及对不合理处置农膜的处罚、政策的长期稳定性等。

依据上述分析并结合已有研究可知，农户是造成农业生产性废弃物污染的责任主体，也是环境规制政策的作用对象，防治农膜污染离不开广大农户的积极参与。环境规制政策的最终目的是实现经济与环境的协调发展。农户自身利益需求与农膜回收政策的差异表现为对政策的满意度。满意度作为心理感知与评判的重要指标，可以评价人们的效用。农户对农膜回收政策执行情况的满意度越高，意味着农膜回收政策落实的阻力越小。而已有研究表明，史密斯政策执行过程模型是一个分析政策执行因素的理论模型。故结合史密斯政策执行过程模型和农膜回收政策支持环境，分析农户对农膜回收政策的执行满意度评价以及影响因素是一种科学且可行的方法。

## （三）数据来源与研究方法

### 1. 数据来源

本研究所使用的数据来源于 2018 年 7—8 月课题组及新疆石河子大学经济与管理学院在新疆维吾尔自治区开展的棉农调查。调研团根据棉花集中区域，农膜污染较为严重的区域，综合考虑调研数据的可操作性，依据分层抽样与随机抽样原则选择了阿克苏、喀什、巴州、昌吉、塔城、第 1 师、第 2 师、第 7 师、第 8 师等地区的部分棉农，主要通过与农户面对面访谈的形式进行。调查内容包括棉农个人及家庭基本情况、棉农对农膜回收和农膜回收政策的认知、对农膜回收成本的感知、对政府农膜回收政策执行的评价等。调研数据覆盖了新疆地方和生产兵团，样本具有一定的代表性。根据本书的研究目的，剔除无效问卷后，最终得到用于回归分析的样本户为 1 057 户。此外，为保证问卷质量，正式调研之前进行了预调查，删除了部分与主题结合不紧密的内容，调研人员在前期也接受了问卷以及谈话技巧等方面的培训。

### 2. 样本特征

（1）户主个体特征。从年龄分布来看，40 岁及 40 岁以上的户主比例为 85.34%，表明样本棉农的年龄结构较为合理。从受教育程度来看，初中及初中以下学历的棉农占全体样本棉农的80.89%，这与中国农民受教育程度普遍不高的事实较为吻合，详见表8-8。

（2）棉农家庭特征。数据显示农业科技示范户占总体农户的比例为11.16%，该比例与实际情况较为吻合。农业科技示范户一般为拥护农村各项方针政策、文化程度相对较高、具有丰富的生产实践经验、有适度生产经营规模、积极推广适宜农业技术的农户。从家庭劳动力数量分布看，家庭劳动力人数大多为2～4人，具有6人及6人以上劳动力的家庭较少。此外，加入棉花专业合作组织的棉农比例为17.12%。虽然占比不高，但是我们在调研中发现，为规避市场风险，大多数棉农有意向加入棉花专业合作社，但由于已加入合作社的棉农经济收益还不稳定，故大部分棉农处于观望状态。

（3）成本约束特征。成本约束即棉农认为回收农膜所花的时间和资金。其中，“很少”“较少”“一般”“较多”“很多”分别赋值“1～5分”。研究显示，棉农认为回收农膜耗费的时间较多，占比55.63%；与此同时，棉农认为回收农膜所花的资金也不少，占比47.20%。据实地调查，棉农回收农膜的方式中有一半还是以棉农自行捡拾为主。即便有部分棉农使用残膜回收机回收农膜，限于政策补贴力度不够，棉田平整情况不一，故普及度不高，使用面积较小，详见表8-9。

（4）棉农政策认知和评价特征。调查发现，棉农对农膜回收政策还不太了解，其中对政策较为了解的棉农仅占19.59%。此外，被调查棉农对于政府在促进农膜回收方面的评价整体偏低（1～10，1——“非常不确定”，10——“非常确定”）。其中，当地政府对棉农回收农膜经济奖励的合理程度仅为4.21分，对不合理处置农膜行为经济处罚的合理程度仅为4.54分。有研究表明，棉农愿意接受政府对于回收农膜的补偿额度为1.77元/公顷，但目前当地政府在这方面的补偿标准还有待提高。

**表8-8　变量的具体含义、基本特征**

| 变量名称 | 变量说明 | 均值 | 标准差 | 最小值 | 中位数 | 最大值 |
|---|---|---|---|---|---|---|
| 年龄 | 户主实际年龄（岁） | 48.36 | 8.95 | 23 | 49 | 86 |
| 文化程度 | 户主受正规教育年限（年） | 7.69 | 3.38 | 0 | 8 | 20 |
| 是否为农业科技示范户 | 是=1；否=2 | 1.89 | 0.32 | 1 | 2 | 2 |
| 是否加入了棉花专业合作社 | 是=1；否=2 | 1.83 | 0.38 | 1 | 2 | 2 |
| 家庭劳动力人数 | 16～64岁家庭劳动力总人数 | 2.88 | 1.12 | 0 | 3 | 6 |

（续）

| 变量名称 | 变量说明 | 均值 | 标准差 | 最小值 | 中位数 | 最大值 |
|---|---|---|---|---|---|---|
| 认为农膜回收所花的时间 | 很少＝1；较少＝2；一般＝3；较多＝4；很多＝5 | 3.52 | 1.15 | 1 | 4 | 5 |
| 认为农膜回收所花的资金 | 很少＝1；较少＝2；一般＝3；较多＝4；很多＝5 | 3.30 | 1.13 | 1 | 3 | 5 |
| 对农膜回收政策的了解程度 | 很低＝1；较低＝2；一般＝3；较高＝4；很高＝5 | 2.41 | 1.20 | 1 | 2 | 5 |
| 经济奖励的合理程度 | 合理程度越高，得分越高，1～10分 | 4.21 | 2.92 | 1 | 4 | 10 |
| 经济处罚的合理程度 | 合理程度越高，得分越高，1～10分 | 4.54 | 2.97 | 1 | 5 | 10 |

**表 8-9　棉农对农膜回收认知特征的描述性统计**

单位：户，%

| 认知程度 | 政策 | | | 所花时间 | | | 所花资金 | | |
|---|---|---|---|---|---|---|---|---|---|
| | 频数 | 占比 | 累计百分比 | 频数 | 占比 | 累计百分比 | 频数 | 占比 | 累计百分比 |
| 很少 | 296 | 28.00 | 28.00 | 60 | 5.68 | 5.68 | 93 | 8.80 | 8.80 |
| 较少 | 204 | 19.30 | 47.30 | 152 | 14.38 | 20.06 | 138 | 13.06 | 21.85 |
| 一般 | 350 | 33.11 | 80.42 | 257 | 24.31 | 44.37 | 327 | 30.94 | 52.79 |
| 较多 | 158 | 14.95 | 95.36 | 358 | 33.87 | 78.24 | 357 | 33.77 | 86.57 |
| 很多 | 49 | 4.64 | 100 | 230 | 21.76 | 100.00 | 142 | 13.43 | 100.00 |
| 总计 | 1 057 | | | 1 057 | | | 1 057 | | |

### 3. 模型构建

本研究目的在于探析棉农对农膜回收政策执行的满意度评价及其影响因素。本研究中政策执行满意度被划分为 5 个等级，即“非常不满意”“不满意”“一般”“满意”“非常满意”，分别采用 1～5 的序数来表达。鉴于被解释变量农膜回收政策执行满意度为定序变量，遂选择定序 Probit 模型（Ordered Probit Model）进行分析。

由于参与农膜回收的棉农花费了部分时间、资金在残膜回收上，易引致其生产成本上升及农作物耕种效率下降等负面效应。因此，农户在参与农膜回收利用行动时会考虑所付出的成本，包括资金成本和时间成本。另外，根据外部性和公共物品理论，在没有激励或约束等机制存在的情况下，农户不会积极参与农膜回收行动。因此，当地政府对农膜回收行为的奖励以及对农膜不合理处置行为的惩罚影响着农户对农膜回收政策执行的满意度评价。与此同时，农户作为参与农膜回收行为的主体，其个体特征、家庭特征、政策认知也存在明显差异，这些都是影响农户对农膜回收政策执行满意度评价的重要因素。为此，模型具体设定如下：

$$Y^* = X\beta + \varepsilon (Y^* \text{ 表示内在趋势,不可直接观测})$$

$$Y = \begin{cases} 1, if & Y^* \leqslant \alpha_1 \\ 2, if & \alpha_1 < Y^* \leqslant \alpha_2 \\ 3, if & \alpha_2 < Y^* \leqslant \alpha_3 \\ 4, if & \alpha_3 < Y^* \leqslant \alpha_4 \\ 5, if & Y^* > \alpha_4 \end{cases} \quad (8-2)$$

式（8－2）中：$\alpha_1 < \alpha_2 < \alpha_3 < \alpha_4$ 为待估参数，称为“切点”或门槛值（在表 8－11 中简称“*Threshold*”）；$Y$ 表示棉农对政策执行的满意度；$X$ 表示具体的解释变量；$\beta$ 为自变量系数，$\varepsilon$ 为随机干扰项。

根据前述分析，农膜回收政策的执行情况主要体现在政策内容、力度、效果等 3 个方面。为此，本研究设定了 3 个定序 Probit 模型。模型 1 为棉农对农膜回收政策内容的满意程度；模型 2 为棉农对农膜回收政策执行力度的满意程度；模型 3 为棉农对农膜回收政策执行效果的满意程度。定序 Logit 或 Probit 模型背后有一个基本假定，即平行回归假定（比例发生比率的假定）。该假定是指自变量对每一个累积对数发生比率的影响都相同。本研究中，通过对模型 1～3 进行平行性检验，发现 3 个模型皆通过检验（$Prob > chi^2$ 均大于 0.05），模型满足平行回归假定意味着解释变量之间不存在较大多重共线性问题，且模型拟合度较好。此外，模型 1～3 在进行定序 Probit 回归分析时，皆使用了稳健标准误，在一定程度上缓解了一般截面数据主要存在的异方差问题。

**4. 结果与讨论**

（1）因变量描述性统计。根据表 8－10 我们可以发现，棉农对农膜回收政策内容、执行力度、执行效果较为满意的比例分别仅为 27.25％、23.27％、22.80％，评价都较低。其中对农膜回收政策执行效果的满意程度最低。结合史密斯政策执行模型，可能的原因有如下几个方面：一是地方农膜回收政策没有与当地生产实践紧密结合，棉农感受到的实惠较少；二是政策在执行过程中由于激励和处罚机制不完善，加之回收成本较高，因而推广效果不明显；三是农膜回收直接效益短时间内难以显现，棉农回收积极性不高。

**表 8-10 棉农对农膜回收政策执行满意度的描述性统计**

单位：户，%

| 政策执行的满意度 | 内容 | | | 力度 | | | 效果 | | |
|---|---|---|---|---|---|---|---|---|---|
| | 频数 | 占比 | 累计百分比 | 频数 | 占比 | 累计百分比 | 频数 | 占比 | 累计百分比 |
| 很不满意 | 181 | 17.12 | 17.12 | 175 | 16.56 | 16.56 | 172 | 16.27 | 16.27 |
| 较不满意 | 154 | 14.57 | 31.69 | 179 | 16.93 | 33.49 | 174 | 16.46 | 32.73 |
| 一般 | 434 | 41.06 | 72.75 | 457 | 43.24 | 76.73 | 470 | 44.47 | 77.20 |
| 较满意 | 210 | 19.87 | 92.62 | 183 | 17.31 | 94.04 | 167 | 15.80 | 93.00 |
| 很满意 | 78 | 7.38 | 100 | 63 | 5.96 | 100.00 | 74 | 7.00 | 100.00 |
| 总计 | 1 057 | | | 1 057 | | | 1 057 | | |

（2）实证结果分析。本研究运用 stata14.0 软件对定序 Probit 模型进行估计（表 8-11）。具体结果分析如下：

①户主个体特征。文化程度这个变量在模型 3 中有 10%的显著性水平，且方向为负。可能的原因是文化程度越高，非农就业机会越多，视野较广，而政策执行效果与心理预期差距越大。

②家庭经营特征。是否加入棉花专业合作社这个因素在模型 1 有 5%的显著性水平，且与模型 3 中的偏回归系数方向相反。表明加入了棉花专业合作社的棉农对农膜回收政策的内容不甚满意。可能的原因是农业机械补贴、残膜回收补贴等方面的惠农政策还没有达到农户们的心理预期。家庭劳动力在模型 2 中有 5%的显著性水平，可能的解释是农膜回收政策执行的力度体现在激励性和约束性政策的执行方面，经济补贴或者处罚显著影响着家庭劳动力回收残膜。

③成本约束特征。回收农膜所花的时间在模型 2 和 3 中都显著；回收农膜所花的资金在 3 个模型中均有 1%的显著性水平。可以发现，这 2 个变量的偏回归系数相反。可能的原因是，回收农膜所需的时间和资金成本与棉农对农膜回收政策的执行满意度高度相关。一方面，一般来说，棉农回收农膜所花费的时间越少，对政策的执行满意度越高。但受访棉农中的农膜回收方式有一半是以自行捡拾为主，而该方式耗时耗力，为此他们更为关注政策的执行力度和效

果。另一方面，若棉农自行投入资金回收农膜的花费较低，并结合农膜回收资源化利用的价值，故棉农对政策的执行满意度相对越高。

④棉农政策认知和评价特征。“棉农对农膜回收政策的了解程度”在模型1～3中均在99%的置信区间上显著为正。表明棉农对农膜回收政策愈了解，对政策执行的满意度愈高，包括政策内容、力度和效果。此外，当地政府对农膜回收行为经济奖励的合理程度这个变量在模型1～3中均在99%的置信区间上显著为正。可见，政府对棉农回收农膜的经济激励愈合理，棉农对政策执行的满意度愈高，参与农膜回收行动的积极性愈高。在模型2和3中，当地政府对不合理处置农膜行为经济处罚的合理程度在99%的置信区间上显著为正。可能的解释是，棉农在农业生产经营行为受到“约束”的情境下，综合考虑成本与收益，政府对不合理处置农膜行为的经济处罚愈合理，棉农对农膜回收政策的执行力度和效果愈满意。有研究表明激励性和约束性规制政策皆对农业绿色生产意愿有显著正向调节效应。

**表8-11　棉农对农膜回收政策执行满意度评价的影响因素分析**

| 变量名称 | 模型1 | 模型2 | 模型3 |
| --- | --- | --- | --- |
| 年龄 | −0.005<br>(0.00) | −0.002<br>(0.00) | −0.003<br>(0.00) |
| 文化程度 | −0.010<br>(0.01) | −0.011<br>(0.01) | −0.019*<br>(0.01) |
| 是否农业科技示范户 | 0.027<br>(0.11) | −0.099<br>(0.10) | −0.026<br>(0.10) |
| 是否加入了棉花专业合作社 | 0.187**<br>(0.09) | 0.099<br>(0.09) | −0.123<br>(0.09) |
| 家庭劳动力人数 | 0.045<br>(0.03) | 0.068**<br>(0.03) | 0.043<br>(0.03) |
| 认为农膜回收所花的时间 | 0.034<br>(0.03) | 0.087**<br>(0.04) | 0.102***<br>(0.04) |
| 认为农膜回收所花的资金 | −0.115***<br>(0.04) | −0.097***<br>(0.04) | −0.113***<br>(0.04) |
| 对政策的了解程度 | 0.320***<br>(0.03) | 0.338***<br>(0.03) | 0.368***<br>(0.03) |
| 政府奖励的合理程度 | 0.072***<br>(0.02) | 0.074***<br>(0.02) | 0.061***<br>(0.02) |

（续）

| 变量名称 | 模型 1 | 模型 2 | 模型 3 |
|---|---|---|---|
| 政府处罚的合理程度 | 0.001<br>(0.02) | 0.048***<br>(0.02) | 0.043***<br>(0.02) |
| $Threshold_1$<br>Constant term | −0.032<br>(0.39) | 0.207<br>(0.39) | −0.258<br>(0.40) |
| $Threshold_2$<br>Constant term | 0.499<br>(0.39) | 0.839**<br>(0.39) | 0.359<br>(0.40) |
| $Threshold_3$<br>Constant term | 1.708***<br>(0.39) | 2.180***<br>(0.39) | 1.744***<br>(0.41) |
| $Threshold_4$<br>Constant term | 2.642***<br>(0.40) | 3.152***<br>(0.40) | 2.609***<br>(0.41) |
| Prob$>chi^2$ | 0.000 | 0.000 | 0.000 |
| Pseudo $R^2$ | 0.067 | 0.093 | 0.094 |

注：*、**、***分别表示10%、5%、1%的显著性水平；其中数值为偏回归系数，括号里面为标准误，下同。$Threshold_1$、$Threshold_2$、$Threshold_3$、$Threshold_4$ 为4个临界点，即需先到达哪个点才会进入到相应因变量的类别。

此外，为验证模型的稳健性，本研究采用上述相同的策略，使用OLS和定序Logit分别对模型进行再次回归，发现自变量的显著性和影响方向与表8-10较为一致。可认为回归结果存在数据窥视偏差（Data-Snooping Bias）的可能性不大，模型较为稳健。考虑到篇幅问题，下面仅列出OLS的回归结果（表8-12）。

**表8-12 棉农对农膜回收政策执行满意度评价的OLS回归分析**

| 变量名称 | 模型 1 | 模型 2 | 模型 3 |
|---|---|---|---|
| 年龄 | −0.005<br>(0.00) | −0.002<br>(0.00) | −0.003<br>(0.00) |
| 文化程度 | −0.010<br>(0.01) | −0.010<br>(0.01) | −0.018*<br>(0.01) |
| 是否农业科技示范户 | 0.025<br>(0.11) | −0.084<br>(0.09) | −0.026<br>(0.09) |
| 是否加入了棉花专业合作社 | 0.183**<br>(0.09) | 0.084<br>(0.08) | −0.107<br>(0.08) |
| 家庭劳动力人数 | 0.042<br>(0.03) | 0.060**<br>(0.03) | 0.038<br>(0.03) |

（续）

| 变量名称 | 模型1 | 模型2 | 模型3 |
|---|---|---|---|
| 认为农膜回收所花的时间 | 0.032<br>(0.03) | 0.077**<br>(0.03) | 0.088***<br>(0.03) |
| 认为农膜回收所花的资金 | −0.111***<br>(0.04) | −0.089***<br>(0.03) | −0.100***<br>(0.03) |
| 对政策的了解程度 | 0.310***<br>(0.03) | 0.306***<br>(0.03) | 0.332***<br>(0.03) |
| 政府奖励的合理程度 | 0.071***<br>(0.02) | 0.066***<br>(0.02) | 0.055***<br>(0.01) |
| 政府处罚的合理程度 | 0.001<br>(0.02) | 0.041***<br>(0.01) | 0.038***<br>(0.01) |
| 常数项<br>Constant term | 1.875***<br>(0.38) | 1.610***<br>(0.35) | 2.019***<br>(0.36) |
| $F$ | 23.235 | 34.455 | 30.223 |
| Prob>$F$ | 0.000 | 0.000 | 0.000 |
| $R^2$ | 0.179 | 0.235 | 0.234 |

**5. 结论与建议**

本研究以新疆1 057户棉农的调查数据为基础，结合史密斯政策执行过程模型，通过构建定序Probit模型探讨棉农对农膜回收政策执行的满意度评价及其影响因素。结果表明，棉农对农膜回收政策执行情况的满意程度都较低，对农膜回收政策的内容、执行力度、执行效果较为满意及满意以上的比例分别仅为27.25%、23.27%、22.80%，其中对政策执行效果的满意度评价最低。此外，户主受正规教育程度、是否加入棉花专业合作社、家庭劳动力人数、对农膜回收政策的了解程度、农膜回收所花的时间和资金、政府对农膜回收行为奖励的合理程度、政府对不合理处置农膜行为处罚的合理程度等变量均是影响棉农对农膜回收政策执行满意度的重要因素。

基于上述结论，本研究认为提高棉农对农膜回收政策执行的满意度评价可从以下几个方面着手：第一，完善农膜回收政策的奖励机制。提高棉农捡拾交售残膜行为的补贴力度，鼓励棉农开展残膜回收。增强补贴政策的灵活性，根据不同的棉花生产规模实行不同的残膜补贴政策，棉花种植面积越大，残膜回收奖励水平越高。第二，加大对部分乡镇和村级回收站点的补贴力度，科学合理布局回收站点，降低棉农残膜回收的时间成本。对回收量大的站点给予更多奖励和扶持，对购买残膜回收机进行较高额度的补贴。第三，完善农膜回收政策的惩罚机制。根据各地实际情况制定农膜回收条例和法规，依据“污染者付费原则”对农户不合理处置农膜的行为进行经济惩罚和批评教育，对生产不符合标准的农膜企业加大处罚力度。第四，加强对农膜回收政策的宣传力度。当地政府或基层组织可通过手机、电视、电脑、广播等新闻媒介，利用会议、培训、发放宣传材料等多种群众喜闻乐见的方式宣传农膜回收政策和残膜危害，提高农户对残膜回收政策以及对不合理处置农膜对农作物生长及生态环境造成不良影响的认识。第五，发挥专业合作社在残膜回收方面的示范引领作用。充分发挥合作社在农膜回收技术指导、农膜回收效果示范、农膜回收政策宣传方面的优势，促进国家农膜回收政策的贯彻落实。第六，构建基层环境保护监督体系，发挥媒体监督作用，将农膜污染作为农田环境保护的重要内容纳入乡村振兴考核指标体系，确保农膜污染治理取得实效。

# 第三篇

# 世界棉花产业发展及对我国的影响

# 第九章　世界棉花生产及区域格局演变

## 一、世界棉花生产状况

### （一）棉花种植面积总体稳定

1986年以来，世界棉花种植面积呈周期性波动态势，总面积维持在2 900～3 600万公顷。根据美国农业部数据，1986—2021年，棉花种植面积由2 935万公顷波动发展至3 335万公顷①，平均种植面积为3 282万公顷。进入21世纪后，棉花种植面积的波动幅度增大，其中种植面积最大的为2011年的3 608万公顷，最小的为2016年的2 935万公顷，跌回到1986年的种植规模，为近30年的历史最低点，如图9－1所示。2000—2021年，世界棉花平均种植面积为3 282万公顷，比最低年份的2016年高347万公顷，比最高年份的2011年低326万公顷，最低年份和最高年份与平均种植面积的波幅分别为10.5％和9.9％。

### （二）棉花单产逐步提升

世界棉花平均单产逐年上升，连续创历史最高水平。1986—2020年，世界棉花单产从每公顷522千克（折合每亩34.8千克）增加到776千克（折合每亩51.7千克），增幅为48.7％，其中2013年棉花单产达每公顷805千克（折合每亩53.7千克），为近30年的最高水平，如图9－2所示。

根据美国农业部最新统计数据，2020年世界棉花单产居前10位的国家依次是澳大利亚、中国、以色列、土耳其、巴西、墨西哥、委内瑞拉、叙利亚、

① 2021年数据为美国农业部2021年7月份预测值。

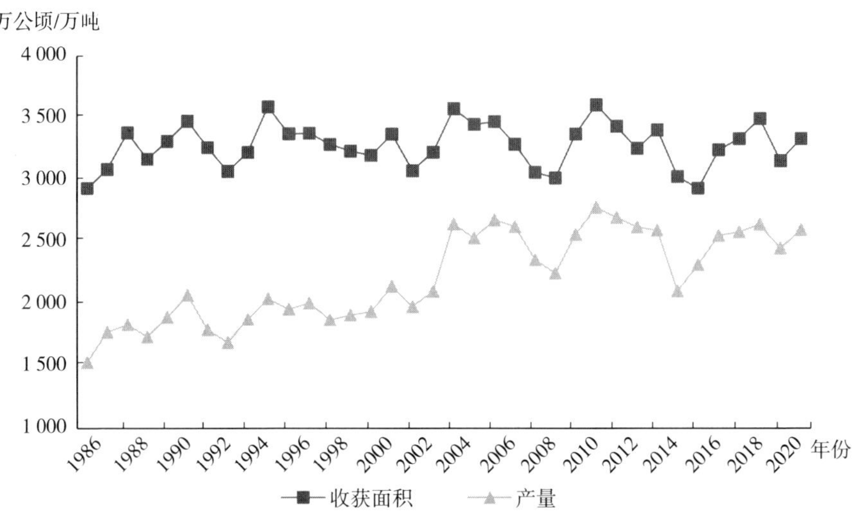


图 9－1　1986—2020 年世界棉花生产情况

数据来源：美国农业部。

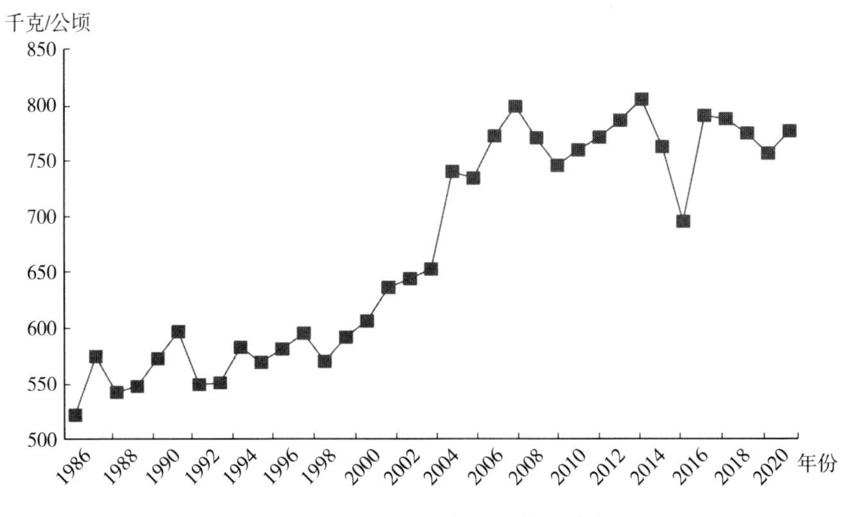


图 9－2　1986—2020 年世界棉花单产

数据来源：美国农业部。

吉尔吉斯斯坦和希腊，如图 9－3。2020 年，居首位的澳大利亚棉花单产达每公顷 2 217 千克（折合每亩 147.8 千克），比世界平均单产高 1.8 倍。中国棉花单产为每公顷 1 976 千克（折合每亩 131.7 千克）比世界平均单产高 1.5 倍。

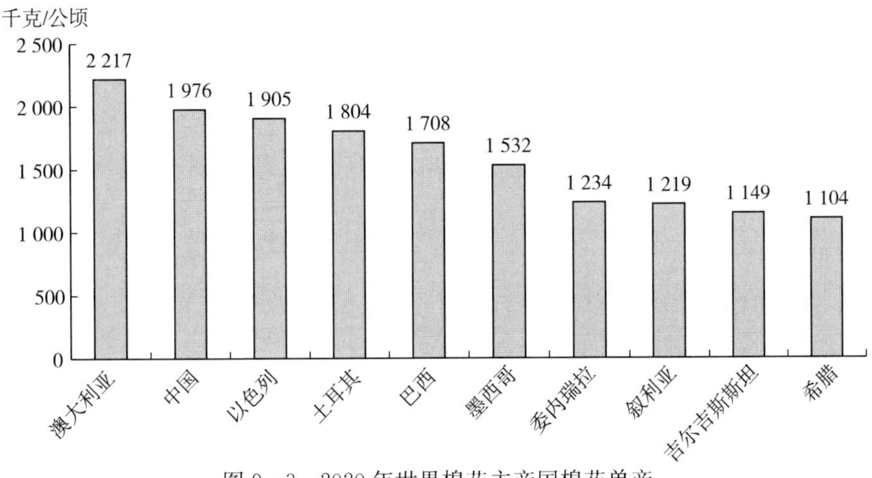


图 9－3 2020 年世界棉花主产国棉花单产

数据来源：美国农业部。

### （三）棉花总产量大幅提升

尽管全球棉花种植面积波动较大，但由于单产提高较快，世界棉花产量仍呈现波动增长趋势。1986—2020 年，世界棉花总产量从 1 532 万吨增加到 2 599 万吨，增幅为 69.7%，如图 9－1 所示。2011 年全球棉花总产量 2 780 万吨，创世界棉花生产历史最高水平。2000—2020 年，世界棉花平均产量为 2 444 万吨，比最低年份的 2002 年高 504 万吨，比最高年份 2011 年低 335 万吨，最低年份和最高年份与平均种植面积的波幅分别为 20.6%和 13.7%，产量的波动幅度远远大于棉花种植面积的波动幅度。

## 二、世界棉花主产国生产状况及特点

20 世纪 80 年代以来，世界棉花种植面积变化不大，但棉花生产的区域布局发生了较大变化，尤其是棉花主产国种植面积变化明显。

### （一）美国

美国棉花生产以专业化、产业化、规模化和机械化著称，拥有全球领先的种业科技支撑，棉花质量和生产效率都很高，是世界重要的优质棉生产国。2020 年，美国棉花总产量 318 万吨，居世界第三位，出口 357 万吨，居世界第一位。

### 1. 生产规模

2020 年美国棉花产量仅次于印度和中国，居世界第三位。1982 年以前，美国的棉花产量一直居于世界首位，此后中国和印度棉花生产规模快速扩大，美国退居全球第三大棉花生产国。1986—2020 年，美国棉花收获面积先增后减，从 1986 年的 3 427 千公顷增长到 1995 年的峰值 6 478 千公顷，随后开始逐年缓慢减少至 3 000 千公顷左右，较最高时下降近一半；产量从 211.9 万吨增长到 387.6 万吨，增长了 82.9%。2000—2020 年，美国棉花年均收获面积 4 264.8 千公顷，占世界棉花总面积的比重平均为 13%；年均产量为 383.6 万吨，占世界总产量的比重平均为 15.8%。从长期看，美国棉花单产总体保持增长趋势如图 9-4。1986—2020 年，美国棉花单产从每公顷 618 千克增加至 950 千克，增长了 53.7%，如图 9-5。美国是世界第一大棉花出口国，生产的棉花 70%以上用于出口，出口量占世界同期出口总量的 1/3 左右。

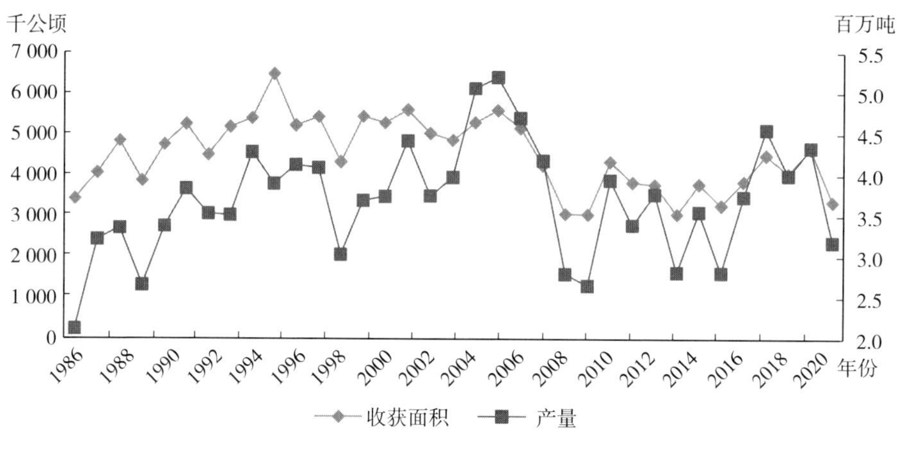


图 9-4 美国棉花生产情况

数据来源：美国农业部。

### 2. 区域布局

美国棉花生产 90%集中在棉花带，分 4 大棉区共 17 个州，棉花带位于北纬 35 度以南，从太平洋沿岸的弗吉尼亚州到大西洋岸的加利福尼亚州，分为东南部棉区、中南部棉区、西南部棉区和西部棉区。其中东南部棉区包括：亚拉巴马州（AL）、佛罗里达州（FL）、佐治亚州（GA）、北卡罗来纳州（NC）、南卡罗来纳州（SC）和弗吉尼亚州（VA）共 6 个州组成；中南部棉区包括：阿肯色州（AR）、路易斯安那州（LA）、密西西比州（MA）、田纳

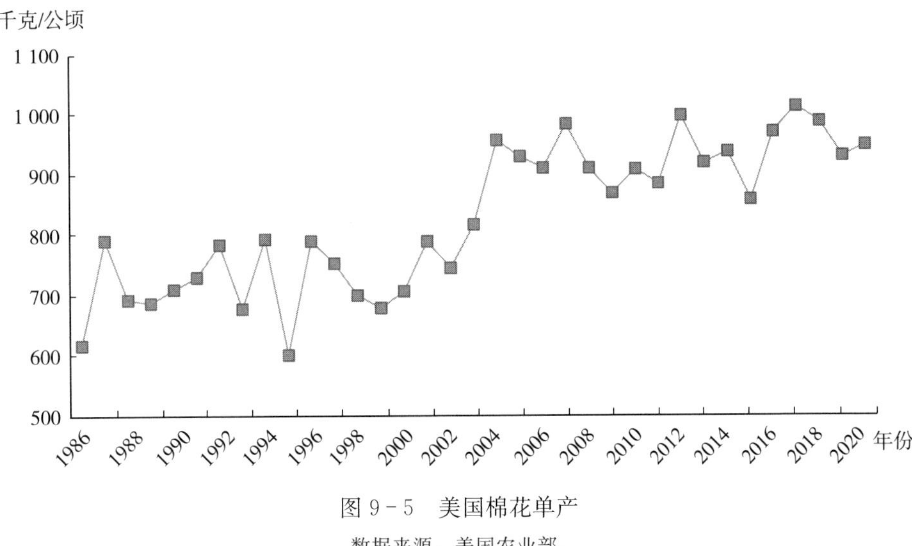


图 9-5 美国棉花单产

数据来源：美国农业部。

西州（TN）和密苏里州（MO），该地区地处密西西比河沿岸土地肥沃、降水充足，因而这一地区的棉花生产属于依赖自然降水型；西南部棉区包括：堪萨斯州（KS）、俄克拉荷马州（OK）和得克萨斯州（TX），属于一般水浇地与旱地的混合型生产区；西部棉区包括：亚利桑那州（AZ）、加里福尼亚州（CA）和新墨西哥州（NM），属于灌溉型棉区。除了西南部地区的南德州（2—4 月）以外，所有棉区每年播种期均为 4—6 月，收获期则为 9—11 月。

从各棉区的种植规模变动来看，1993—2015 年，美国西部和中南部棉区萎缩严重，无论是绝对面积还是占全美植棉面积的比重均出现大幅下降，西部棉区植棉面积从 1993 年的 157.85 万公顷下降到 31.25 万公顷，减少了 80.2%，占全美植棉面积的比重从 11.7%下降到 3.6%，减少了 8.1 个百分点，中南部棉区植棉面积从 418 万公顷下降到 98.5 万公顷，减少了 76.4%，占全美植棉面积的比重从 31.1%下降到 11.5%，减少了 19.6 个百分点。东南部棉区植棉面积和占全美植棉面积比重均有所上升，目前已超过中南部棉区成为美国第二大植棉区。1993—2015 年，东南部棉区植棉面积由 172.72 万公顷上升到 223.5 万公顷，占全美植棉面积的比重从 12.9%上升到 26.0%，其中面积的扩张主要来自佐治亚州，该州占全美植棉面积的 13.2%，已成为美国第二大植棉州。西南棉区一直是美国最大的植棉区域，美国棉花种植一半以上来自该区域，1993—2015 年，西南棉区植棉面积绝对数有所下降，从

595.26万公顷减少到504.8万公顷，减少了15.2%，但由于全美棉花植棉面积下降的幅度超过西南棉区下降的幅度，西南棉区占全美植棉面积的比重从44.3%上升到58.8%，增长了14.5个百分点，其中得克萨斯州是美国最大的植棉州，2015年德克萨斯州棉花种植面积为481.7万公顷，占全美植棉面积的56.6%，如图9-6、图9-7所示。

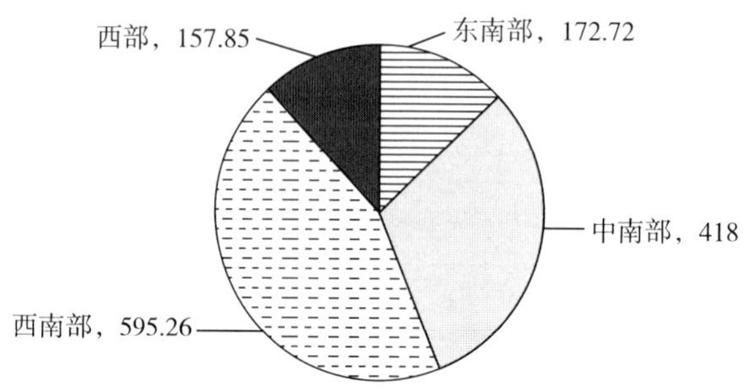


图9-6　1993年美国各棉区植棉面积分布（万公顷）

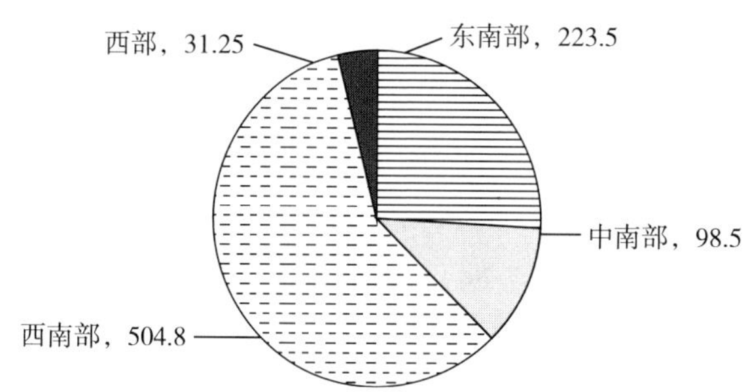


图9-7　2015年美国各棉区植棉面积分布（万公顷）

**3. 主要种植品种**

美国在棉花品种研发上一直保持世界领先地位，以品种优良著称。美国棉花主要品种有陆地棉和皮马棉（PIMA），其中陆地棉种主要有爱字棉、斯字棉、岱字棉、柯字棉、佩马斯特棉以及兰卡特等6个类型的40多个品种，皮马棉主要有比马S-5、S-6、S-7等品种。20世纪80年代以来，美国投入了数亿美元用于转基因抗虫棉品种的研发，20世纪90年代初期转基因抗虫棉品种研发成功，进一步巩固了美国棉花品种的世界领先地位。在具体品种上，孟山都的Deltapine系列棉种，拜尔作物科学公司的FiberMax、Stoneville、Phytogen、Americot、All-Tex和Dyna-Gro系列棉种是美国的主要棉花品种，总共有约20个品种。如孟山都的Deltapine、拜耳公司FiberMax系列是美国最主要的陆地棉种，分别约占美国棉花总种植面积的40%和30%～35%。皮马棉中Phytogen系列的PHY 800棉种占了美国皮马棉总种植面积的40%以上。Deltapine品牌的DP340是第二畅销的皮马棉种子，占皮马棉总种植面积的24.2%；第三畅销的皮马棉品种是Phytogen的PHY830，占17.9%。在棉花生产过程中，美国的品种布局由国家统一确定，实行严格的区域种植，种子供应一般由指定的种子公司进行，并且严格检验，统一发放，确保了棉花的高产量和高品质。

**4. 机械化水平**

美国的棉花生产主要以农场为单元，集约化和规模化程度很高，棉花种植的平均规模在280公顷左右，现代化大机械运用在棉花生产的各个环节。从整修土地、播种、施肥、灌溉、喷洒农药及落叶剂一直到棉花收获全部采用机械化作业。由于机械化程度高，美国棉花在生产效率、棉花品质以及棉花的种植成本等方面均有较强的竞争优势。美国棉花机械化程度高也可以从美国棉花生产成本结构中体现出来。2018年，美国棉花生产成本支出中，固定资产折旧、燃料动力费、修理服务费等三项机械化支出占美国棉花亩均生产成本的40.6%，远高于其他国家。

### （二）澳大利亚

在世界棉花生产大国中，澳大利亚起步最晚，仅有200多年的棉花种植历史，但经过20世纪70年代以来的长足发展，用短短的几十年走过了许多国家几百年乃至上千年的历程。2020年，澳大利亚棉花总产量61万吨，居世界第八位，出口30.5万吨，居世界第五位。

**1. 生产规模**

自20世纪80年代以来，澳大利亚棉花面积呈大幅波动状态。20世纪90年代，澳大利亚迎来第一个棉花生产的高峰期。据美国农业部（USDA）统计数据显示，这一时期澳大利亚棉花年均收获面积34.5万公顷，较80年代增加了1倍多。进入21世纪，由于实行面向市场、减少干预的政策，加上严重干旱等气候因素，完全市场化的澳大利亚棉花面积波动明显加快，波动幅度明显增大。2000—2007年，澳大利亚棉花收获面积从51万公顷大幅下降到6.5万公顷，降幅达87.2%。2008年以来，澳大利亚棉花收获面积在6万～65.5万公顷之间大幅波动。

受收获面积波动影响，澳大利亚棉花产量同步波动。20世纪80年代以后澳大利亚棉花产量稳步增加，2000 年达 80 万吨的历史顶峰水平。随后波动减少，2007 年始棉花产量下降至 13.6 万吨，较 2000 年减少了 83.1%。2008 年以来，澳大利亚棉花总产量在 13.6 万～119.7 万吨之间波动，如图 9－8 所示。

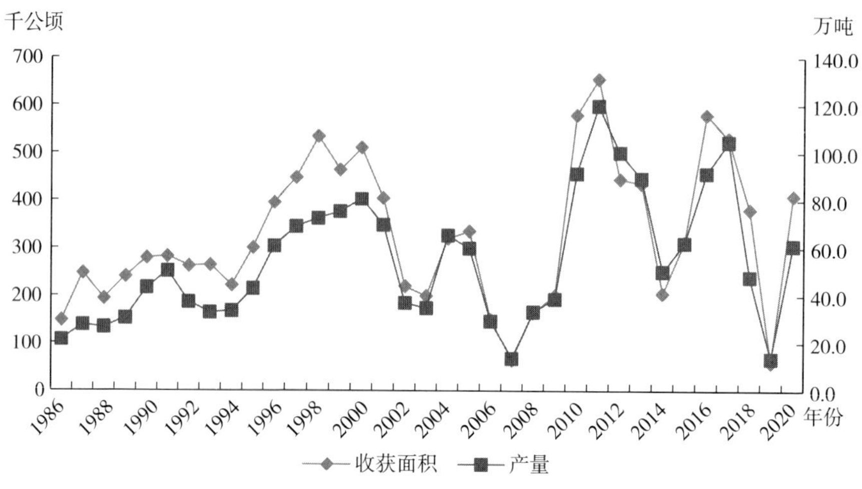


图 9－8　澳大利亚棉花生产情况

数据来源：美国农业部。

自 20 世纪 80 年代以来，澳大利亚棉花单产一直居世界领先地位，且不断发展提升。1986—2020 年澳大利亚棉花单产从每公顷 1 446 千克增加至 2 217 千克，提高了 53.3%，其中 2014 年单产最高达到了每公顷 2 443 千克，如图 9－9 所示。澳大利亚棉花单产高，主要由于棉花的品种优良和生长期较长，如昆士兰棉区棉花适宜生长期 300 天以上。

**2. 区域布局**

澳大利亚棉花生产区非常集中，基本上在西南部的新南威尔士州和西北部的昆士兰州，如图 9－10 所示。受其地理位置的影响，澳大利亚棉花生产时间与绝大部分国家正好相反，每年 9 月下旬开始播种，到第二年的 4 月中旬开始收获，5 月底结束。1980—2015 年，新南威尔士州平均植棉面积占澳大利亚的 66%，昆士兰州占 34%。近年来棉花种植有向北部发展的趋势，昆士兰州植棉面积占澳大利亚植棉面积的比重有所上升。1980—1995 年，昆士兰州占澳大利亚植棉面积的比重基本在 30%左右。此后昆士兰州植棉面积不断增加，2003 年、2004 年最高时，昆士兰州植棉面积占澳大利亚植棉面积的一半左右。2008 年以来，昆士兰州棉花面积约占澳大利亚全国棉花面积的 40%左右，如图 9－10 所示。

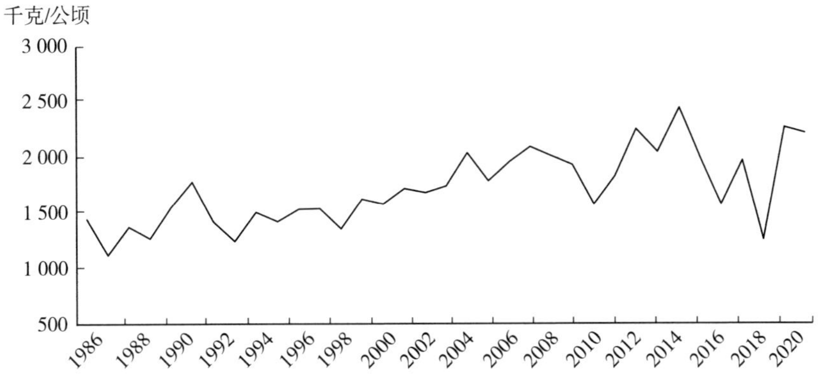


图 9－9　澳大利亚棉花单产

数据来源：美国农业部。

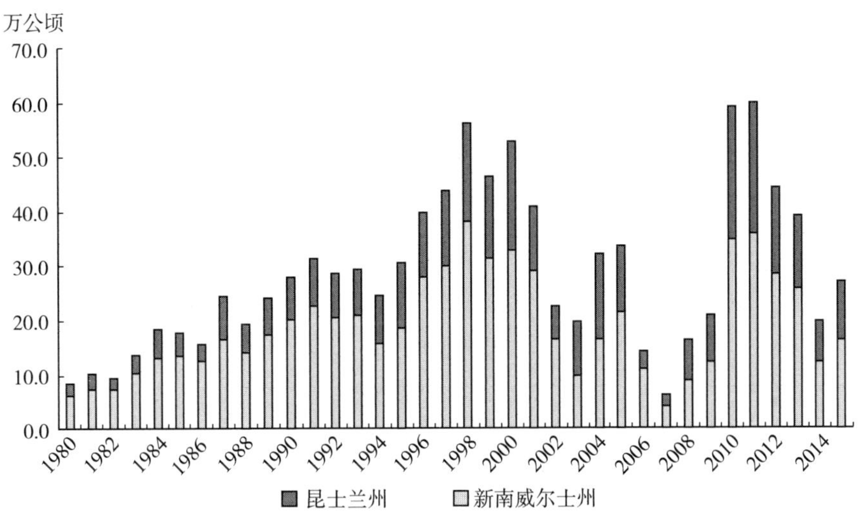


图 9－10　澳大利亚棉花分区

数据来源：ABARE。

### 3. 主要种植品种

澳大利亚非常重视纤维品质优良棉花品种的选育和应用，多采取本国自主研发品种，其主栽品种主要有 Sicala40、Sicala43、Sicot70、Sicot71、SiokraV－16 和 SiokraV－17 等。同时还引进和推广世界优良品种，如 BT 转基因抗虫棉，取得了较好的经济收益和良好的社会及生态效益。澳大利亚棉花品质也属世界一流，一般棉花纤维长度达 29.4～30.2 毫米，马克隆值在 3.8～4.5，纤维整齐度达80%以上。

**4. 机械化水平**

澳大利亚土地资源丰富，人口稀少，棉花种植规模相对较大，为机械化生产创造了条件。据有关资料，澳大利亚常年种植棉花的农场约1 300个，户均种植面积达3 400亩。21世纪以来，2005年户均规模最大时达到5 100亩，2007年最低时户均种植面积也在1 650亩左右。由于农场规模大，劳动力成本高，澳大利亚棉花生产的全过程都依靠机械，人力投入少，生产效率高，具有很强的竞争力。澳大利亚农业属于干旱农业，因此如何提高水分利用效率是棉花生产的重点管理技术，在生产上水灌溉有一整套综合应用技术标准，并以自动控制的沟灌效果最好。

## （三）印度

印度是世界上植棉历史最悠久的国家，被认为是世界上最早人工种植和加工棉花的国家。2020年，印度棉花总产量616.1万吨，居世界第二位，出口132.8万吨，居世界第三位。

**1. 生产规模**

印度植棉面积一直居世界首位。1986—2020年年均植棉面积为963.3万公顷，2020年印度植棉面积达到1 300万公顷，占全球植棉面积的41.2%。1986—2020年，印度棉花产量由157.9万吨增加到616.2万吨，增加了2.9倍。特别是2002年以来，受棉花单产提高的带动，印度棉花产量快速增加，占全球棉花产量的比重由2002年的11.6%上升到2020年的25.1%，如图9-11所示。1986—2002年，印度棉花单产一直在低水平徘徊，平均单产为每公顷288.5千克。2003年以来，由于转基因抗虫棉在印度得到了推广，印度棉花单产快速提高，由2002年的每公顷301千克提高到2013年历史最高的577千克，增幅达91.7%，如图9-12所示。虽然印度棉花的单产水平增长较快，但仍处于世界较低水平，2020年印度棉花单产仅相当于世界平均单产水平的61%，中国平均单产水平的24%。

**2. 区域布局**

印度棉花的种植区域较为集中，共分为3个植棉区，分布在9个邦[①]。分别为北部棉区，包括旁遮普（Punjab）、哈里亚纳邦（Haryana）、拉贾斯坦邦

① 2014年，印度安得拉邦正式分为安得拉邦和特伦甘纳邦，为便于纵向比较，仍合并计算。

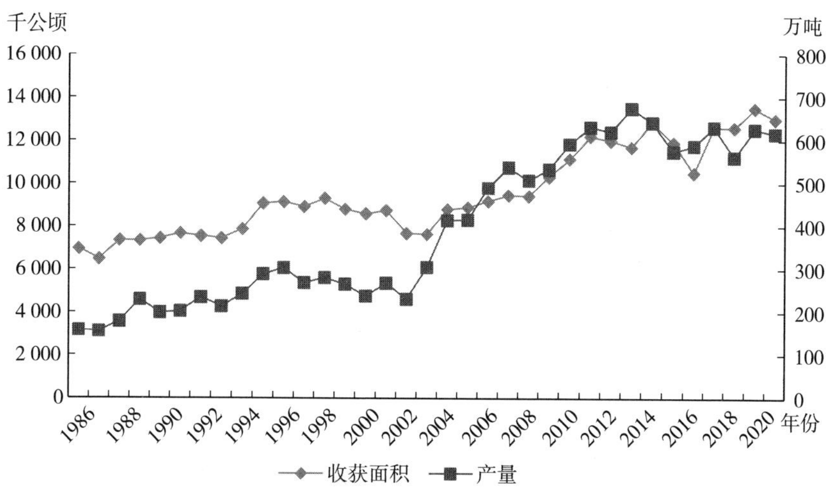


图 9-11　印度棉花生产情况

数据来源：美国农业部。

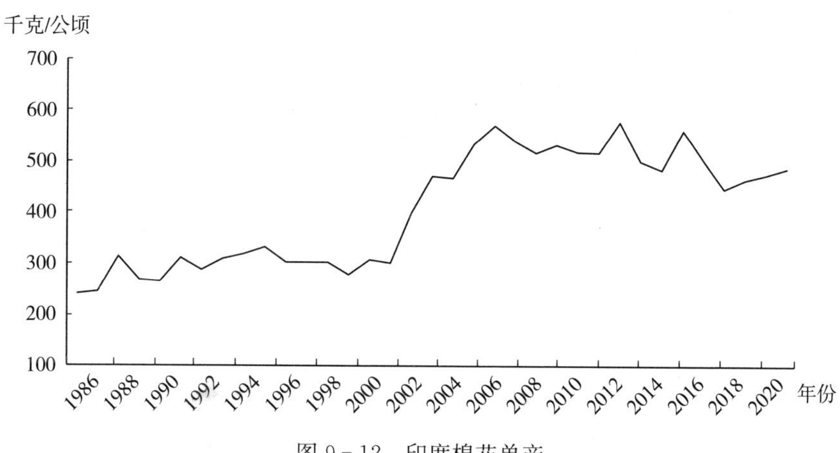


图 9-12　印度棉花单产

数据来源：美国农业部。

(Rajasthan)；中部棉区，包括马哈拉施特拉邦（Maharashtra）、中央邦(Madhya Pradesh)、古吉拉特邦（Gujarat）；南部棉区，包括安得拉邦(Andhra Pradesh)、卡纳塔克邦（Karnataka）、泰米尔纳德邦（Tamil Nadu）。印度有 2/3 的棉花种植于雨养区，1/3 的棉花种植于灌溉区。由于受到自然条件的限制，特别是灌溉条件的限制，印度南部棉区和北部棉区的产量极不稳定，单产水平较低。2016 年，以上 9 个邦的棉花总种植面积占印度全国总面积的 84.2%，产量占总产量的 75.4%。其中面积最大的是马哈拉施特拉邦，占 31.8%，但由于单产水平为每公顷 310 千克，仅为全国平均水平的 58.9%，所以产量占全国的比重仅为 18.7%，居全国第二位。产量最高的为南部棉区的安得拉邦，占全国棉花产量的 28.8%，如图 9-12、图 9-13 所示。

从各棉区的种植规模变动来看，2003—2016 年，印度各棉区植棉面积绝对数均呈现增加态势，中部棉区是印度最大的植棉区，占印度植棉面积的比重超过六成，2016 年中部棉区植棉面积为 686 万公顷，占全印度植棉面积的 62.4%。南部棉区超过北部棉区，成为印度第二大植棉区，2003 年，南部棉区占全印度植棉面积的比重为 16.4%，2016 年，南部棉区占全印度植棉面积的比重上升到 21.2%，增长了 4.8 个百分点。北部棉区占全印度植棉面积的比重则从 17.3%下降到 10.4%，下降了 6.9 个百分点。

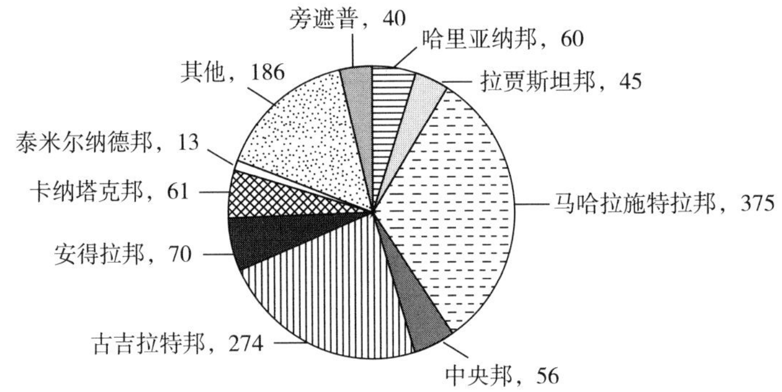


图 9-13　2016 年印度棉区面积分布（万公顷）

资料来源：美国农业部。

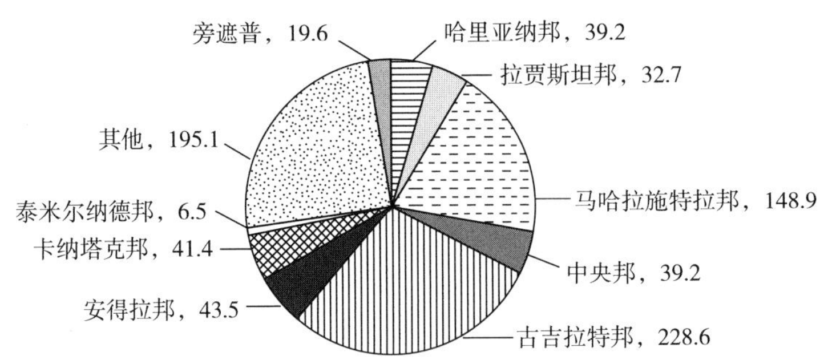


图 9-14　2016 年印度棉区产量分布（万吨）

资料来源：美国农业部。

**3. 主要种植品种**

印度的棉花品种较多，是世界上唯一拥有众多棉花品种的国家，各个邦都播种不同品种的棉花，且有不同的播种习惯，因而印度棉花的质量问题较为严重。印度本土内不但种植海岛棉（长绒棉）和陆地棉（细绒棉），而且早已被其他各国淘汰的亚洲棉、非洲棉（草棉）也仍有种植。全国有 140 多个品种分种在不同的土壤、不同的气候和不同地区，这也导致印度的棉花一致性很差。

2002 年，孟山都与其合资伙伴 Mahyco 将转基因棉花种子引入印度，帮助印度成为全球最大棉纤维生产国和第二大棉纤维出口国，同时也垄断了印度的棉花种子市场，导致种子价格上涨了 80 倍。由于高昂的转基因种子专利费，2016 年印度政府要求巨头孟山都将其对当地公司收取的转基因棉花种子专利费削减近 70%，同年印度棉花研究中心（CICR）推出了 21 个含有 Bt 基因的棉花种子品种，且售价较低，自主研发品种逐步开始进入市场。

**4. 棉花生产机械化**

印度棉花种植基本处于人工和畜力种植的状态，机械化程度极低，从印度农业部获取的棉花生产成本资料可以看出，印度在燃料动力费和修理维护费方面的支出为零，几乎不使用机械进行棉花种植。

## （四）乌兹别克斯坦

乌兹别克斯坦具有适合棉花种植得天独厚的自然条件，拥有近千年的棉花种植历史。棉花在乌兹别克斯坦被誉为“白金”，一直以来都是国民经济发展的重要支柱。2020 年，乌兹别克斯坦棉花种植面积 97.5 万公顷，居世界第四位，棉花总产量 76.2 万吨，居世界第六位。

**1. 生产规模**

自 20 世纪 80 年代以来，乌兹别克斯坦的棉花种植面积逐步减少，但仍是世界重要棉花生产国之一。1987—2020 年，乌兹别克斯坦棉花收获面积从 211.2 万公顷减少至 97.5 万公顷，减幅达 53.8%；棉花产量也随之下降，从 150.5 万吨降至 76.2 万吨，如图 9 - 15 所示。近年来，乌兹别克斯坦的棉花种植面积一直在缩减，原因之一是由于政府开始重视蔬菜和水果的生产，减少棉花种植面积。根据总统确定的食品纲要，2015—2019 年将分阶段优化棉花种植面积，腾出 400 余万亩棉田改种蔬菜、土豆、瓜果等其他作物。

与大部分棉花主产国不同，乌兹别克斯坦棉花单产水平也呈下降趋势。

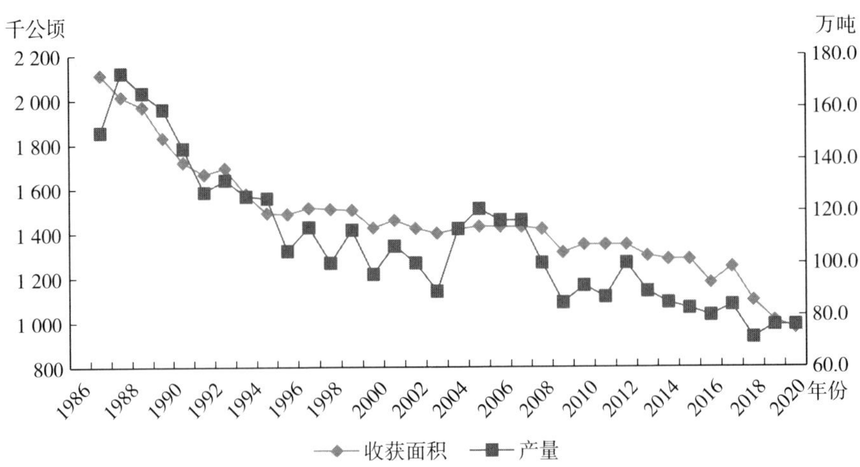


图 9-15　1987—2020 年乌兹别克斯坦棉花面积产量图

数据来源：美国农业部。

1987—1995 年，棉花平均单产每公顷达到 811 千克。而在 1996—2004 年，平均单产下降至每公顷 712 千克，相比上一周期，降幅达 12.2%。2004—2007 年，棉花单产有所回升，但随后又进入一个长达 10 年的低谷，2008—2019 年，棉花平均单产仅为每公顷 680 千克，是 30 多年以来的最低水平，如图 9-16 所示。

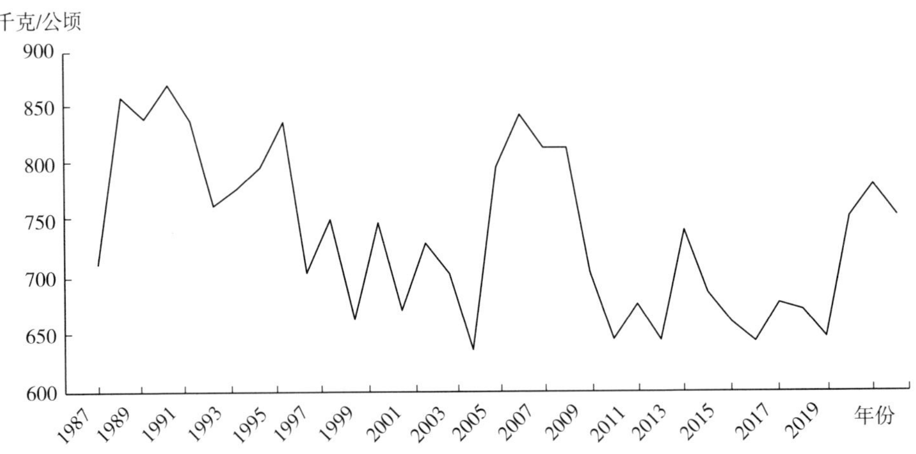


图 9-16　1987—2020 年乌兹别克斯坦棉花单产变化图

数据来源：美国农业部。

**2. 区域布局**

乌兹别克斯坦是中亚最大的棉花生产国，全国 12 个州和 1 个直辖市都种植棉花，种植面积占可耕地面积的 29.2%（2014 年，可耕地面积不含永久性农作物用地和牧场）。乌兹别克斯坦 90%为沙漠，只有 9%左右的耕地，水资源非常缺乏，棉花生产同其他农作物的生产一样，基本依靠人工灌溉。乌兹别克斯坦棉花种植区从费尔干纳盆地开始，沿天山山脉向南延伸到撒马尔罕和布哈拉，然后沿阿姆河向西延伸，形成一个弯月形区域。

**3. 主要种植品种**

乌兹别克斯坦拥有丰富的棉花种质资源，是全球 8 个重要的棉花种质资源收集与保护国家之一，拥有棉花种质资源超过 2 万份。乌兹别克斯坦生产和推广的棉花品种主要是陆地棉和海岛棉，其中陆地棉的种植面积超过 90%。

乌兹别克斯坦独特的气候条件适宜生长成熟早、耐盐碱、抗旱、抗病虫害、耐高温，具有高纤维产出量和高质量的棉花品种。为了提高棉花品种对地区土壤和环境的适应性，乌兹别克斯坦在棉花品种研究推广上进行了大量投入，获得了许多成果。在育种方面，乌兹别克斯坦的科学家们运用野生棉种质资源作为供体材料，培育出了大量具有优秀性状的品种。如 Bukhara - 102、Bukhara - 8、Andijan - 35、Khoresm - 150、C - 6524、C - 6530、Namangan - 77、Termez - 24、Hoream - 2126、Akdarya - 5、Termez - 31、Armugon、Aral - 1、Omad、Ak - kurgan - 2 等早熟、高产品种已成功通过国家检测，并被推荐种植。目前，乌兹别克斯坦已经培育出 107 个棉花品种，其中 27 个已经进行公开登记并在不同地区推广。乌兹别克斯坦政府仍在继续采取措施大力发展种业，优选抗盐碱和抗干旱棉种。

**4. 棉花生产机械化**

乌兹别克斯坦广泛使用机械采棉技术，提升了棉花生产供给效率。2012 年，超过 1 200 台国产采棉机在全国各地作业。据俄新社报道，到 2016 年，乌兹别克斯坦机采棉比例将会达到 90%。为了推进棉花生产机械化水平，乌兹别克斯坦设立专门的采棉机改进机构。在最新的农业生产发展规划中，乌兹别克斯坦提出要继续引进先进的农业机械设备及工艺，提高农产品深加工水平，推动本国农机生产厂与国外知名企业合作，生产先进的拖拉机、采棉机等设备。目前，乌兹别克斯坦已和德国企业进行合作，生产播种、耕地、喷药等多种功能的农业机械。近年来，乌兹别克斯坦通过革新，棉花生产能力实现了现代化，技术得到了更新。

## （五）巴西

有记载的巴西棉花生产已有500多年的历史。1500年葡萄牙人来到巴西，发现大量自然生长的棉花，葡萄牙王室在当地建立纺织厂，利用这些棉花生产棉纺织品销往其他国家。2020年，巴西棉花总产量234.1万吨，居世界第四位，出口量241.7万吨，居世界第二位（仅次于美国）。

**1. 生产规模**

作为世界棉花主要生产国家之一，巴西棉花种植面积和产量一直居世界前列，但也经历了大幅波动的发展过程。20世纪80年代，巴西棉花年均收获面积保持200万公顷左右的较高水平，1988年达到了236.7万公顷，但自20世纪80年代末开始，巴西的棉花面积开始下滑，收获面积从1988年最高值快速减少至1998年最低值的68.5万公顷，减幅达71%。进入21世纪，巴西的棉花收获面积有所回升，但仍然大大低于20世纪80年代。

受面积减少影响，巴西的棉花产量在20世纪90年代出现低谷，20世纪90年代中期，巴西由棉花生产大国变为国内60%的棉花依赖进口，由此引发了80万～100万人失业。90年代中后期棉花产量开始快速恢复，1999年棉花产量已经增加至80年代面积大幅减少前的水平。21世纪以来，巴西棉花产量持续增加，特别是2003年以后，随着植棉面积和棉花单产的同步提高，棉花产量大幅度增长，每年保持在100万吨以上，2010年达到了196万吨，创造历史最高水平，2019年进一步突破提升至300万吨，较1999年产量增幅达328.5%，如图9-17所示。

近年来，虽然巴西的棉花种植面积下滑，但产量却总体呈上升趋势，其中最主要的原因是棉花单产的持续提高。20世纪90年代中期以来，巴西棉花单产出现惊人提高。1995年，巴西棉花单产仅为每公顷363千克，但在随后的5年中，以平均每年提高25%的速度快速增长，2000年已达到每公顷1 101千克。2001年以来，虽然单产的提高速度有所放缓，但年均增长率仍在2%左右。2019年单产水平达到了有史以来最高的每公顷1 802千克，较世界平均单产水平高138.3%，如图9-18所示。

**2. 区域布局**

20世纪90年代，巴西为了扩大适宜棉区面积，减少甚至淘汰次宜棉区，对棉区进行了大幅度调整[①]。棉花种植区域由南部和北部向中西部大幅度转

---

① 驻巴西使馆经商参处．巴西棉花简史和现状［DB/OL］．http：//www.agri.cn. 2013-12-30 10：17.

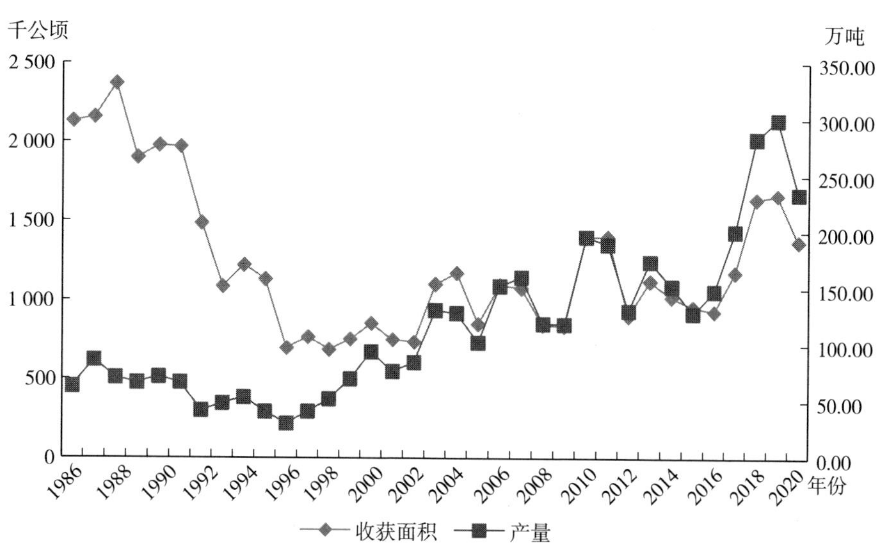


图 9－17　1986—2020 年巴西棉花面积产量图

数据来源：美国农业部。

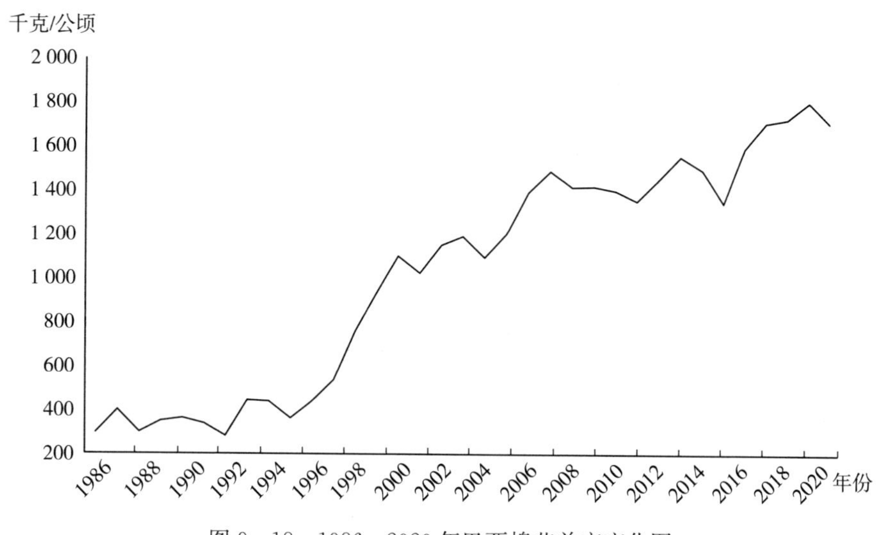


图 9－18　1986—2020 年巴西棉花单产变化图

数据来源：美国农业部。

移，形成目前自西向东贯穿全国 15 个州的棉花种植带，可分为 3 个棉区。

一是中西棉区或钱帕达（Cerrado）棉区，主要包括中西部的马托格罗索州、戈亚斯州和南马托格罗索州，东南部的米纳斯吉拉斯州和东北部的马拉尼昂州，其中马托格罗索州是巴西最大的棉花主产州，占全国棉花种植面积的54%，戈亚斯州植棉规模也较大。

二是南部棉区，包括南部的巴拉那州和东南部的圣保罗州，南部棉区约占全国种植面积的13%左右。中西偏南部地区播种期由9月至翌年1月，采摘期3—6月，约有1 200万亩无须人工灌溉，占全国总面积的83%，产量占全国的90%以上，皮棉单产约每公顷1 650千克。

三是东北棉区，主要包括东北部皮奥伊州、塞阿拉州、北里奥格兰德州、帕拉伊巴州、伯南布哥州、阿拉戈斯州、塞尔希培州和巴伊亚州，其中巴伊亚州植棉规模较大。东北棉区是巴西的老棉区，占全国总面积不足7%，棉花播种期为1—6月，采摘期为9月至翌年2月，该地区还有多年生木本棉花种植。

**3. 主要种植品种**

巴西是棉花起源地之一。目前世界公认的51个棉种（亚种），3个四倍体野生种之一的黄褐棉（Gossypium Mustelinum）原产于巴西。巴西棉花种植的主要品种是陆地棉，主打品种为Cerrado，也有少量的黄褐棉和陆地棉野生种系玛丽加兰特棉。

截至2014年，巴西国家生物安全技术委员会已经批准了12个转基因棉花品种的商业化种植。相比非转基因品种，转基因棉花在抗虫和抗除草剂方面有明显优势，能够降低棉花种植的成本，减少生产环节。根据预测，如果转基因棉花品种能够实现抗虫和抗除草剂，那么在2～3年内将会替代80%的非转基因品种。巴西转基因棉花种植面积增长比较快，从2006/2007年度的12万公顷增至2014/2015年度的60万公顷，8年增长了4倍，年均增长6万公顷，增速22.3%。目前巴西的转基因作物面积仅次于美国，位居世界第二，其中棉花转基因品种种植面积占该国棉花总面积的65%。转基因品种的获批或将改变巴西的棉花育种产业。以大型跨国企业为代表的私人企业逐渐凭借优良的转基因品种占领巴西棉花种子市场，成为主要的棉花种子研发机构与供应商。例如2012年，孟山都的抗虫抗除草剂棉花品种Bollgard II Roundup Ready Flex获得巴西当局批准销售；而拜尔在2014年已经推出了第3代转基因棉花种子品种Fiber Max。

**4. 棉花生产机械化**

为简化栽培，节约成本，巴西棉田实行全程机械化管理。巴西为私有制经济，土地全部私有化，棉农实际上是农场主，拥有的土地面积和耕地面积较大，机械化是种植棉花的必备条件。如在产棉大区的Cerrado有一农户，占有

7 500 公顷耕地，常年 4 000 公顷种植大豆，3 500 公顷种植棉花。棉花从播种、施肥、打药到最后的收获，实现全程机械化。

## （六）非洲地区

棉花是非洲重要的经济作物，也是农民收入的重要来源，非洲植棉面积约占农作物播种面积的 1.8%。棉花在非洲大陆的多个国家均有种植，除了少数的北非国家，主要集中在撒哈拉以南的非洲国家。根据美国农业部（USDA）最新统计，2019 年全球共有 124 个国家开展棉花种植，其中非洲国家有 30 个。

**1. 生产规模**

非洲棉花生产呈现不稳定的波动态势，1980—2019 年，植棉面积从 333.2 万公顷增长到 504.7 万公顷，增长了 51.5%。进入 21 世纪后，棉花种植面积的波动幅度进一步增大，2000—2019 年非洲棉花平均种植面积为 436.0 万公顷，其中种植面积最大的为 2004 年的 535.1 万公顷，最小的为 2009 年的 318.3 万公顷，为近 20 年的最低水平，最低年份和最高年份与平均种植面积的波幅分别为 27.0%和 22.7%。非洲植棉面积占全球的比重有所上升，由 1980 年的 10.3%上升到 2019 年的 14.4%，在世界棉花产业格局中的地位不断上升。非洲棉花生产主要依靠雨水灌溉，基础设施和植棉技术落后，单产远低于世界平均水平。1980—2019 年，非洲棉花单产水平几乎没有明显增长，且年际间波动较大。2019 年非洲棉花单产为每公顷 380.1 千克，仅为世界平均单产的 49.6%，中国单产水平的 22.1%。由于面积波动明显，单产提高有限，非洲棉花产量呈现明显的波动态势，棉花产量由 1980 年的 112.4 万吨增长到 2019 年的 191.8 万吨，增长 70.7%。2000—2019 年非洲棉花平均产量为 152.1 万吨，其中产量最大的为 2004 年的 196.8 万吨，最小的为 2009 年的 100.8 万吨，最低年份和最高年份与平均产量的波幅分别为 33.7%和 29.4%。由于全球棉花单产增速快于非洲，1980—2019 年非洲棉花产量占全球的比重从 8.1%下降到 7.2%（图 9-19）。

**2. 区域布局**

从生产布局看，西非和东非是非洲棉花的集中产区，1980 年以来非洲棉花生产格局经历深度调整，东非和北非棉花种植面积趋于下降，南非种植面积先上升后下降，中非种植面积相对平稳，西非种植面积快速提高，向西非集中的趋势明显。1980—2019 年，东非植棉面积从 134.9 万公顷下降到 2009 年的

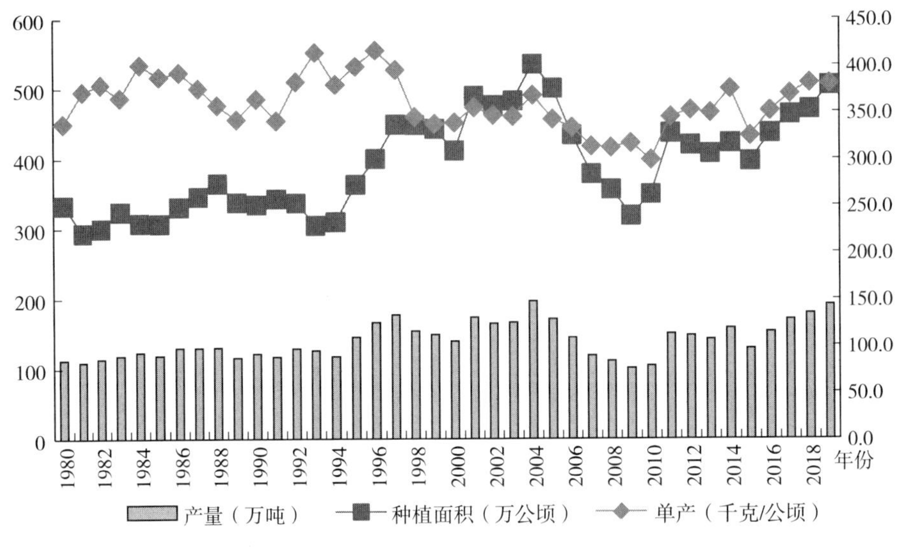


图 9-19　非洲棉花生产情况（1980—2019 年）

数据来源：美国农业部。

55.4 万公顷，下降 58.9%，2019 年恢复至 100.6 万公顷，占非洲植棉面积的比重由 40.5%下降到 19.9%；北非植棉面积由 53.6 万公顷下降至 10.1 万公顷，下降 81.2%，占非洲植棉面积的比重由 16.1%下降到 2.0%；南非植棉面积由 40.8 万公顷增长到 2011 年的 104.5 万公顷，2019 年下降至 48.5 万公顷，占非洲植棉面积的比重由 12.2%下降到 9.6%；中非植棉面积增长较为平稳，由 39.3 万公顷增长至 56.4 万公顷，增长了 43.5%，占非洲植棉面积的比重由 11.8%下降到 11.2%；西非植棉面积由 64.6 万公顷增长至 289.1 万公顷，增长了 3.5 倍，占非洲植棉面积的比重由 19.4%上升到 59.3%（图 9-20）。

分国别看，马里、贝宁、布基纳法索和坦桑尼亚是非洲主要的棉花生产国，2019 年 4 国植棉面积合计占非洲的比重为 51.1%。其中，马里是非洲第一大棉花生产国，为促进棉花产业的发展，政府于 2005 年 12 月修改了棉花生产发展规划，建立了对棉花私人种植户的支持体系，以促进种植户之间的合作和联合，减少价格波动对棉农生产积极性的影响，植棉面积从 1980 年的 10.2 万公顷增长到 2019 年的 73.5 万公顷，增长了 6.2 倍，占非洲植棉面积的比重为 14.6%；贝宁棉花产业一直是其农村以及国家经济增长的主要发动机，棉花创汇收入达 40%，占国内生产总值的 12%～13%，占百姓收入的 1/3。为

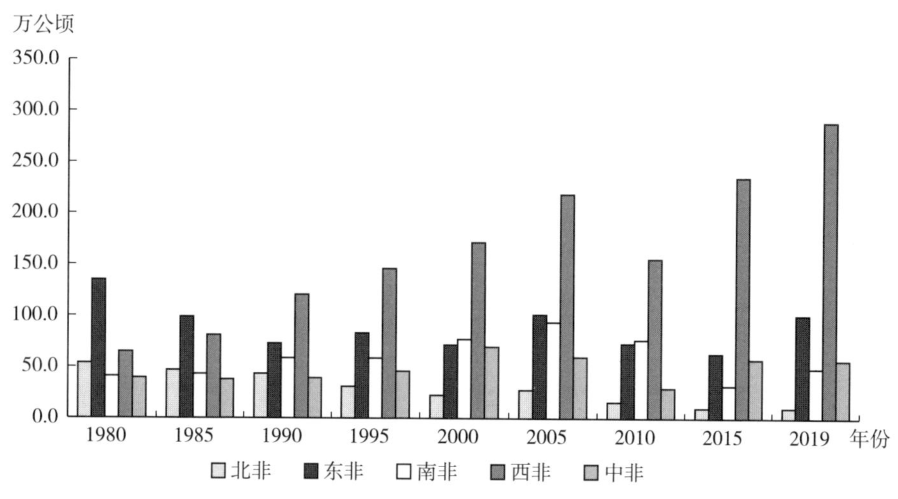


图 9-20 非洲棉花生产区域布局（1980—2019 年）

数据来源：美国农业部。

促进棉花产业健康发展，贝宁政府出台了一系列棉花改革措施，包括棉花产业私有化、植棉补贴和农机具购置补贴等，植棉面积从 1980 年的 5.0 万公顷增长到 2019 年的 66.5 万公顷，增长了 12.3 倍，占非洲植棉面积的比重为 13.2%；棉花是布基纳法索主要经济作物和出口创汇产品，是继黄金之后的第二大收入来源，政府鼓励植棉，种植面积从 1980 年的 7.6 万公顷增长到 2017 年的 85.0 万公顷，增长了 10.2 倍，2019 年回落到 58.0 万公顷，占非洲植棉面积的比重为 11.5%；棉花是坦桑尼亚的主要经济作物，是重要的出口创汇产品，植棉面积从 1980 年的 38.7 万公顷增长到 2019 年的 60.0 万公顷，增长了 55.0%，占非洲植棉面积的比重为 11.9%。

### 3. 主要种植品种

非洲 4 个主要产棉国棉花单产水平均较低，远低于世界和中国的平均单产。2019 年马里、贝宁、布基纳法索和塔桑尼亚的棉花单产分别是每公顷 400.0 千克、467.0 千克、330.0 千克和 216.0 千克，仅为世界平均水平的 52.3%、61.0%、43.1%和 28.2%，相当于中国同期单产的 23.3%、27.2%、19.2%和 12.6%。1980—2019 年，4 国棉花单产均有不同程度的提升，其间波动明显。受单产波动影响，4 国棉花产量波动也较为明显，2019 年马里、贝宁、布基纳法索和塔桑尼亚的棉花产量分别为 29.4 万吨、31.0 万吨、19.2 万吨和 13.0 万吨，4 国合计占非洲棉花总产量的 48.2%（表 9-1）。

表 9-1　非洲主要国家棉花生产情况

| 年份 | 国别中文 | 种植面积（万公顷） | 单产（千克/公顷） | 产量（万吨） |
|---|---|---|---|---|
| 1980 | 贝宁 | 5.0 | 87.0 | 0.4 |
| | 布基纳法索 | 7.6 | 304.0 | 2.3 |
| | 马里 | 10.2 | 418.0 | 4.3 |
| | 坦桑尼亚 | 38.7 | 137.0 | 5.3 |
| 1990 | 贝宁 | 12.3 | 478.0 | 5.9 |
| | 布基纳法索 | 17.6 | 438.0 | 7.7 |
| | 马里 | 19.5 | 588.0 | 11.5 |
| | 坦桑尼亚 | 32.0 | 150.0 | 4.8 |
| 2000 | 贝宁 | 37.0 | 377.0 | 13.9 |
| | 布基纳法索 | 26.0 | 440.0 | 11.4 |
| | 马里 | 21.2 | 493.0 | 10.5 |
| | 坦桑尼亚 | 18.2 | 225.0 | 4.1 |
| 2010 | 贝宁 | 18.0 | 363.0 | 6.5 |
| | 布基纳法索 | 37.4 | 375.0 | 14.0 |
| | 马里 | 26.0 | 398.0 | 10.3 |
| | 坦桑尼亚 | 47.0 | 117.0 | 5.5 |
| 2019 | 贝宁 | 66.5 | 467.0 | 31.0 |
| | 布基纳法索 | 58.0 | 330.0 | 19.2 |
| | 马里 | 73.5 | 400.0 | 29.4 |
| | 坦桑尼亚 | 60.0 | 216.0 | 13.0 |

注：数据来源：美国农业部。

## 三、世界棉花生产区域布局变化

截至 2020 年，全球有 78 个国家种植棉花，遍布全球 6 大洲，其中中国、美国、印度、巴基斯坦、乌兹别克斯坦、土耳其、巴西和澳大利亚等国近 30 年来一直居世界棉花生产国前列。从全球看，近 30 年来，棉花生产区域布局发生明显变化，主要呈现以下几个特点。

**1. 全球棉花生产集中度进一步提高**

1987—2020 年，前 8 大棉花生产国面积、产量占世界总面积和产量的比重分别从 74.6%和 77.1%提高到 80.2%和 86%，分别提高 5.6 个百分点和 8.9 个百分点。2020 年，印度、中国、美国、巴基斯坦、巴西、澳大利亚、乌兹别克斯坦和土耳其棉花产量分别占世界棉花总产量的份额为 25.1%、26.2%、13%、4%、9.6%、2.5%、3.9%和 3.1%。

**2. 棉花种植进一步向亚洲和非洲转移**

对全球前 20 位主要棉花生产国①按地区分类分析发现，自 20 世纪 90 年代以来，世界棉花生产主要集中在亚洲和美洲的基本格局没有变，但是种植面积逐步向亚洲和非洲转移。从各地的棉花收获面积占全世界的比重看，亚洲从 1990 年的 58.8%增加至 66.1%，提高了 7.3 个百分点；非洲则从 2.4%提高至 6.5%；美洲则从 22.8%减少至 16.8%；大洋洲和欧洲保持相对稳定，具体情况见图 9-21。

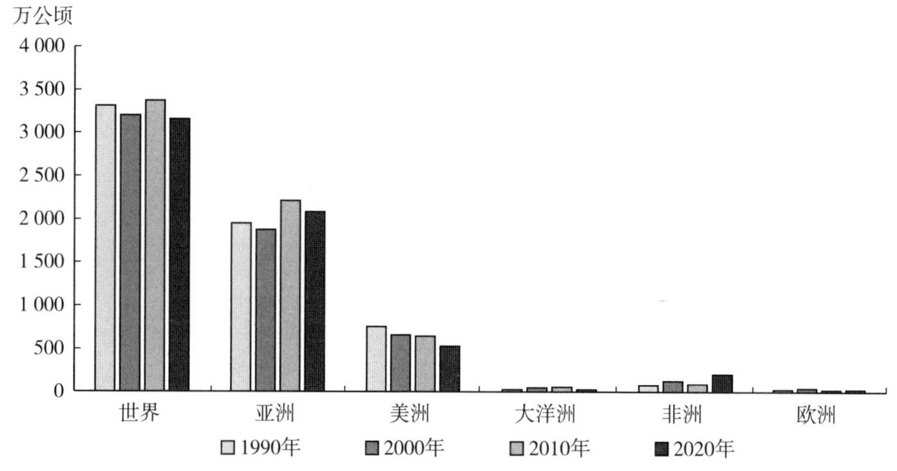


图 9-21 世界各地棉花收获面积变化

数据来源：美国农业部。

2020 年，亚洲和美洲的棉花产量之和为 2 138 万吨，占世界的比重达到 87.3%。从各洲产量看，亚洲棉花总产量仍居世界首位，2020 年达到 1 535 万吨，占世界总产量的 62.6%，较 1990 年提高了 3.3 个百分点；非洲棉花产量

---

① 包括亚洲的中国、印度、巴基斯坦、乌兹别克斯坦、土耳其、土库曼斯坦、缅甸、塔吉克斯坦、阿塞拜疆，美洲的美国、巴西、阿根廷、墨西哥，大洋洲的澳大利亚，非洲的贝宁、科特迪瓦、布基纳法索、喀麦隆、苏丹和欧洲的希腊。2020 年，前 20 位国家棉花收获面积占世界棉花收获面积的 91.1%，产量占世界总产量的 95.1%。

达到 100.5 万吨，占世界总产量的 4.1%，较 1990 年提升了 2.1 个百分点。美洲、大洋洲和欧洲的产量比重基本不变。虽然美洲棉花收获面积有所下降，但得益于单产的提升，总产仍保持增长趋势，1990—2020 年，美洲棉花收获面积减少了 227.6 万公顷，但是总产量增加了 146.1 万吨，如图 9－22 所示。

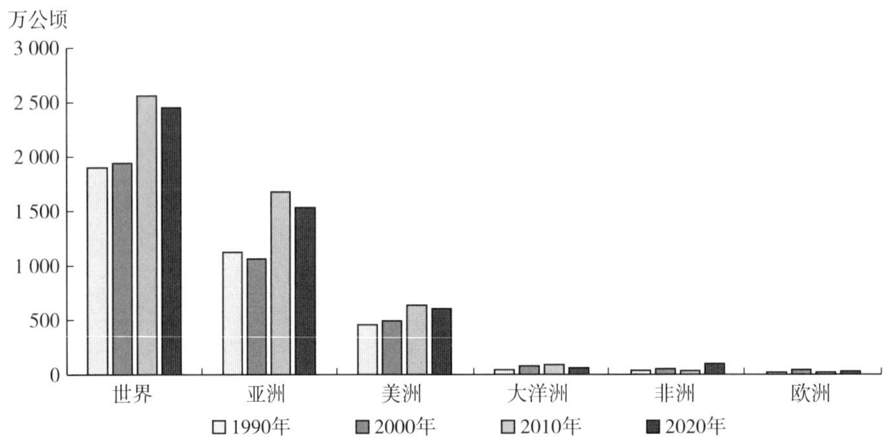


图 9－22　世界各地棉花产量变化

数据来源：美国农业部。

## 四、世界棉花生产区域布局变化的原因

杜能（Johonn Heinrick Von Thunen）的农业区位理论认为，价格和成本是影响“孤立国”生产布局的决定因素。因此，在一国之内决定在什么地方种植棉花不仅取决于棉花本身的种植业内部比较利益，也取决于与消费市场之间的运输费用、农业生产的机会成本等。在开放市场条件下，比较优势理论提出者大卫·李嘉图认为不同国家生产不同产品存在着劳动生产率的差异，即劳动成本的差异，各个国家应专门生产并出口其劳动成本相对较低的产品，进口劳动成本相对较高的产品，就能获得比较利益。这种情况下，即使种植棉花的经济效益最好，但是，与其他国家相比缺乏竞争优势，也会进行结构调整。另外，自然条件、气候的变化、政策因素也会对棉花生产区域布局变动产生影响。

### （一）成本收益率是影响全球棉花生产区域布局变动的主要原因

棉花属于工业原料，尽管不同地区棉花价格差异较大，但如果在自由市场环境下，影响不同国家棉花成本收益率的主要是成本。根据对中国、美国、澳大利亚和印度 4 国棉花生产成本的分析显示，2004—2018 年，中国棉花亩均生产成本从 743.1 元上涨到 2 288.4 元，累计上涨 208%，是主要棉花生产国中成本上涨最快的，同时也是成本绝对值最高的。同期，美国棉花亩均生产成本从 549.6 元增长到 667.8 元，累计增长 21.5%。澳大利亚棉花生产成本除在 2007 年波动略大外也非常稳定，2005—2014 年年均增长 1.6%，2014 年以来生产成本总体已呈下降趋势，2018 年亩均生产成本为 1 285.4 元。印度棉花生产成本较低，2004—2016 年，印度亩均棉花生产成本从 268.2 元增长到 532 元。2018 年，中国棉花亩均生产成本是美国的 3.4 倍、印度的 4.3 倍（2016 年数据），澳大利亚的 1.8 倍。成本的过快上涨是导致中国的棉花收益下降，棉花播种面积大幅下降的原因之一。

### （二）生产模式是棉花面积稳定的重要因素

棉花是劳动密集型作物，在大宗农作物中是最耗费人工的作物，生产要素投入结构的不同导致不同国家棉花生产规模不同的发展。比如美国、澳大利亚棉花生产都是机械化作业，人工成本占比很少。但中国、土耳其、乌兹别克斯坦等国不同，棉花生产中机械化程度不高，人工成本投入较多。如中国目前 70%左右的棉花仍然依靠人工作业。2002—2016 年人工成本在中国棉花生产支出中的比重从 47%上升到了 62%。过高的人工成本导致棉农非农就业机会成本大幅提高，农民生产棉花积极性不高。这也是中国长江流域、黄河流域棉花种植面积大幅下降的主要原因。

### （三）政策支持是稳定棉花生产的重要因素

棉花在农作物中属于高投入、高风险作物，因此生产保障体系对于稳定棉花生产非常重要。据 Lau 等（2015）计算，如果美国没有棉花支持政策，按照 2015 年市场价格 0.6 美元/磅计算，美国棉花种植面积将减少 240 万英亩，下降 21.9%。反观巴西，2008 年以来，巴西国内棉花生产投入品价格急剧增加，棉花生产投入大幅增加，但金融危机后巴西实行了信贷紧缩政策，很大一部分农户无法从金融机构获取生产资金，只好改种投入偏少的大豆等农作物，减少棉花种植。乌兹别克斯坦在出台的《2015—2020 年农业种植产业调整规划》中明确提出由于近些年世界棉花价格低迷，需要提高国内粮食等主要农作物自给率，乌兹别克斯坦政府鼓励农户减少棉花种植，大力发展粮食、蔬菜、水果等经济作物及发展畜牧业，导致乌兹别克斯坦近些年棉花种植面积也明显缩小。

### （四）环境气候因素

近些年从地理区域看，整个全球棉花生产正在向干旱区域发展。这主要是气候环境导致棉花病虫害增多，棉花生产自然地转移。还有部分老棉区棉田质量退化等。

# 第十章　世界棉花消费格局变化

20 世纪 70 年代以来，棉花的总体消费发生较大变化。在消费总量上，棉花在化纤等纺织原料使用不断增加的情况下，依然保持着独特的竞争优势，消费量持续增加；在结构上，随着纺织产能的国际转移，棉花消费逐步从发达国家向中国、东南亚等劳动力资源丰富的国家和地区转移，一些棉花主产国如美国、巴西、澳大利亚成为世界主要棉花出口国。

## 一、世界棉花消费状况

### （一）世界棉花总体消费趋势与变化

**1. 棉花总消费量持续增加**

近年来，尽管棉花在纺织纤维中的份额逐渐下降，但受人口规模扩大、消费者对天然纤维的偏好等因素影响，棉花总消费量大幅增加。2006 年世界棉花消费量达到历史峰值，之后进入一个增长平台期，呈大幅波动状态。具体来看，1986 年以来世界棉花消费从最低的 1 791 万吨逐步增长至 2006 年的 2 668 万吨，累计增幅达 49%，如图 10 - 1 所示。但此后，受全球经济危机、中美贸易摩擦以及全球经济持续下行等多重不利因素影响，世界棉花消费始终在 2 500 万吨上下浮动，2019 年，受国际贸易关系变化等多重因素影响，全球棉花消费量一度跌至 2 239 万吨，为 2003 年以来的最低水平。未来，随着全球经济的好转、绿色发展要求的提高，棉花作为绿色优质纺织原料，其需求必将达到更高水平。

**2. 世界棉花消费格局大幅变化**

棉花的消费和各国纺织业的发展紧密相关。18 世纪以来，全球纺织业的发展经历了由英国、美国、日本和中国为中心的 4 个阶段。英国、美国、日本、德国、意大利、韩国等国都曾经是纺织业大国。但受劳动力成本上升、产业升级、纺织技术进步、贸易全球化的推进等多重因素影响，美国、日

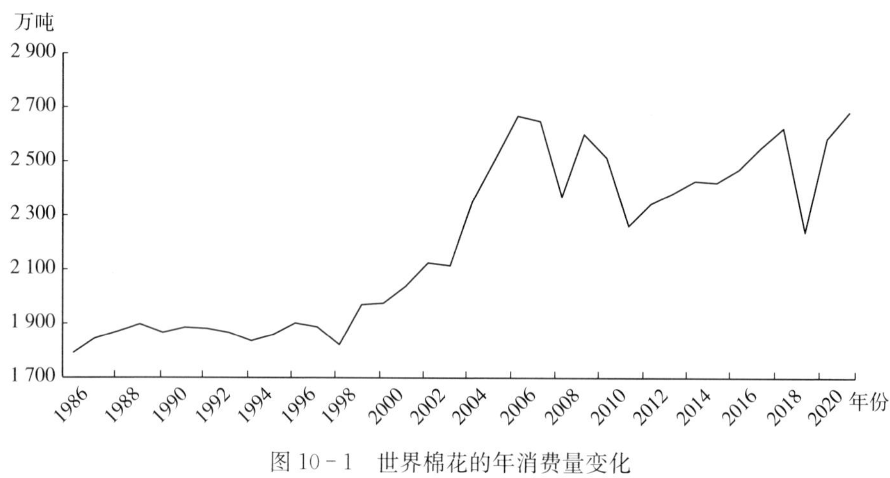


图 10-1　世界棉花的年消费量变化

本、中国香港、韩国等老牌纺织企业大国和地区纺织工业逐渐萎缩，而中国、印度、越南、巴基斯坦等新兴纺织业国家纷纷崛起，全球棉花消费格局不断从美国、日本、中国香港、韩国等国家和地区向中国、印度、巴基斯坦、越南等国家转移。1986 年，全球前六大棉花消费国包括中国、苏联、印度、美国、巴西和日本，其棉花消费量分别占全球棉花消费总量的 23.7%、11.4%、9.6%、9.0%、4.2%和 4.2%。1986 年之后，美国、日本、韩国等国家纺织工业大幅萎缩，中国、印度、巴基斯坦、孟加拉国、土耳其、越南等发展中国家由于经济发展较快、劳动力、土地等生产要素较为低廉，纺织业发展迅速，带动棉花消费量大幅增长。2020 年这 6 大国棉花消费量分别占全球棉花消费总量的 33.7%、20.2%、8.7%、6.8%、6.5%和 6.1%。1986—2016 年美国棉花消费量从 160.5 万吨增长到 1997 年的 248 万吨后就持续下降，目前美国年均棉花消费量维持在 70 万至 80 万吨之间；日本棉花消费量从 75 万吨一路下降到 5.8 万吨，近几年棉花消费量维持在 5 万至 9 万吨左右。中国从 1986 年以来就一直是全球最大的棉花消费国（图 10-2）。

### （二）当前主要国家棉花消费情况

目前，世界主要棉花消费国有中国、印度、美国、巴基斯坦、土耳其和越南等国，2020 年，以上 6 国棉花消费量达 1 995 万吨，占世界总消费量的 77.2%（图 10-3）。

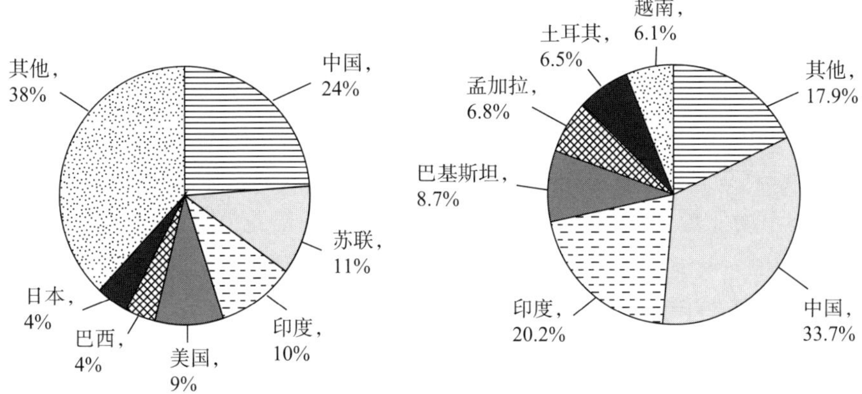


图 10-2　1986 年和 2020 年世界主要棉花消费国对比
（左 1986 年，右 2020 年）

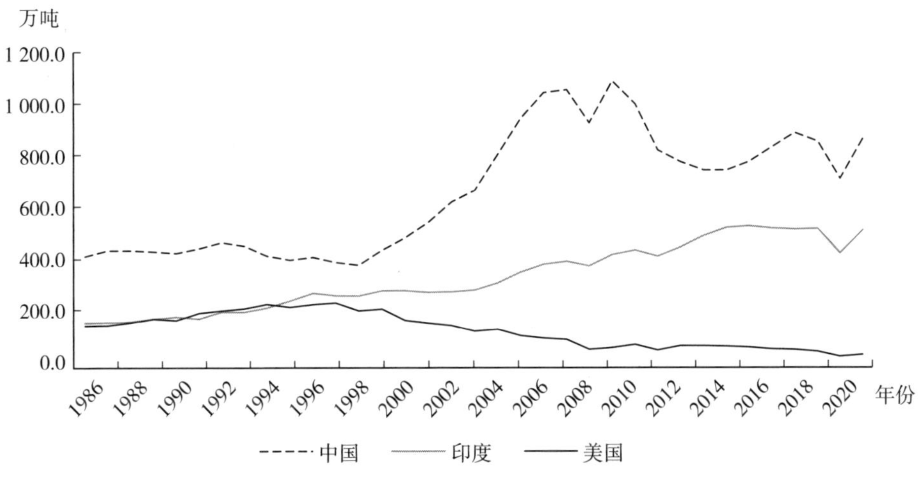


图 10-3　中国、印度和美国的棉花消费量变化

中国是世界最大棉花消费国，年消费量总体上呈现先增后减逐渐趋向平稳的趋势。1986—2020 年，棉花的年消费量从 424.6 万吨增长到了 870.9 万吨，翻了一番。中国在加入世贸组织以前的棉花年消费量基本在 400 万吨左右，随着 1999 年中国开放棉花市场，棉纺织业也迅速扩张，棉花消费量急剧上升，特别是 2004 年之后大多数年份的棉花消费量在 800 万吨以上，其中 2009 年达到了 1 088.6 万吨，约占世界棉花总消费量的 41.9%，之后随着中国劳动力成本的不断上升，棉纺织业逐渐丧失成本优势，棉花的年消费量也逐渐下降。随

着中国经济发展步入新常态，加上低端棉纺织业的产能转移，棉花的消费量在2011年之后又进入一个相对稳定期，年消费量在800万吨上下波动。

印度是继中国之后的第二大棉花消费国，随着经济的不断发展，棉花的年消费量呈现持续稳定增长的趋势。从1986年的171.7万吨增长到了2020年的522.5万吨，增长了2倍，年平均增长率为3.3%。随着中国的棉纺织业不断向印度和东南亚等低成本劳动力国家转移，印度的棉花消费量仍有很大的增长空间。

美国的棉花年消费量先增后减，逐步向外转移。1997年，美国棉花消费达到了最高峰，之后缓慢下降。从1980年到1997年期间，美国棉花的年消费量从121.0万吨增长到了248.0万吨，增长了1倍多；1997年到2020年期间，美国棉花的消费量从248.0万吨下降到了50.3万吨，降幅达79.7%。21世纪以来，美国棉纺织工业不断萎缩，加上劳动力成本上升和棉花补贴力度较大，棉花生产由以加工消费为主逐步转向出口为主。

巴基斯坦是世界第三大棉花消费国，棉花的年消费量先增后稳，在2006年和2007年达到了261.8万吨的最高峰，之后逐渐平稳。1980年到2020年期间，巴基斯坦的棉花消费量从44.2万吨增加到了224.8万吨，增长了4.1倍，年平均增长率为4.6%。巴基斯坦纺织品出口旺盛促使纺织厂加大棉花进口量，尤其是对印度棉的进口，以弥补本年度棉花减产带来的供应不足。

土耳其的棉花消费受纺织品和服装出口需求强劲的影响，年消费量一直呈现波动式增长趋势。1980年到2020年期间，棉花的消费量从30.6万吨增长到了167.7万吨，增加了4.5倍，年平均增长率为3.1%。目前，土耳其国内的棉花产量很难满足纺织业需求，仍需大量进口，其中美棉的进口量约占棉花总进口量的一半。

越南的棉花消费总体呈现快速增长的特征，2011年之前年消费量不足40万吨，2011年之后消费量急剧上升，2020年成为世界第六大棉花消费国。1980年到2020年期间，越南棉花的年消费量从3.6万吨增加到了158.9万吨，增长了42.2倍，其中在2011年之后，随着国际市场对越南纱线需求不断增加，加上中国、韩国等国家和地区加大在越南进行纺织加工投资，越南的棉花消费量实现年均25.9%的高速增长，而且有持续增长的趋势（图10-4）。

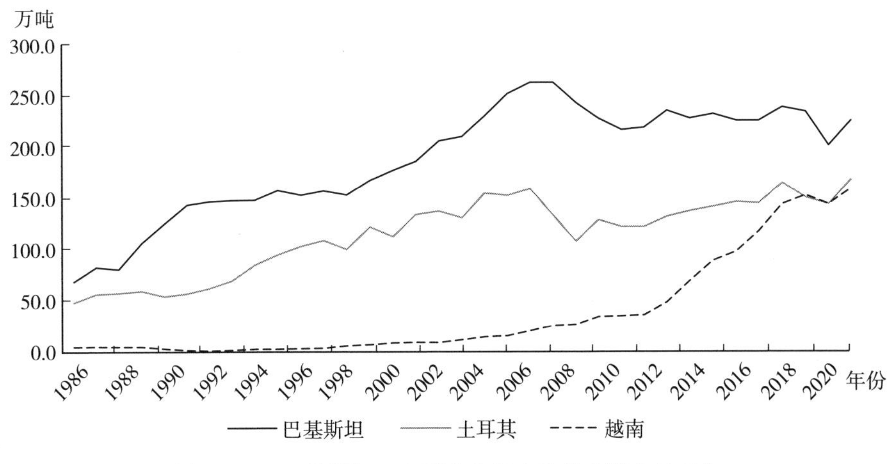


图 10-4 巴基斯坦、土耳其和越南的棉花消费量变化

## 二、世界棉花消费特点及趋势

### (一)世界棉花总消费波浪式上升

1980 年以来，世界的棉花消费量变化经历了三个不同时期。第一个时期是从 1980 年到 2000 年，世界棉花消费量先增后稳，特别是 1986 年到 2000 年期间，世界棉花的年消费量基本保持在 1 800 万～2 000 万吨，处于一个相对较为稳定的消费增长期。第二个时期是 2001 年到 2007 年，世界棉花的消费量处于一个加速增长期，棉花消费量从 2 000 万吨左右快速增长至 2007 年的 2 668 万吨峰值。随后世界棉花消费进入波动调整期，年消费量在 2 200 万吨至 2 700 万吨之间反复波动。这一时期，世界棉花的消费量进入一个相对稳定的缓慢增长期。

### (二)产销分离格局日益清晰

随着棉纺织产业的全球转移，以美国、巴西、澳大利亚等棉花主产国为代表，已经基本实现棉花生产和纺织消费的完全分离，除了极少部分自用之外，棉花几乎全部用于出口。2020 年美国、巴西、澳大利亚分别出口棉花 357.1 万吨、241.7 万吨、30.5 万吨，分别占总产量的 112.3%、103.3%、50%。而越南、土耳其、孟加拉国、印度尼西亚等劳动力资源丰富的国家则以进口加工为主，成为世界棉花消费大国。2020 年分别消费 158.9 万吨、167.7 万吨、

176.6 万吨、52.3 万吨，国内产量占消费量的比重分别为 0.04%、37.66%、1.79%、0.08%。

### （三）棉花加工消费向发展中国家转移

21 世纪以来，世界棉纺织业随着经济水平的发展，逐步向劳动力资源丰富的发展中国家转移。21 世纪之初，以中国、印度等为代表的发展中国家棉纺织业快速发展，带动棉花消费稳步提升，同时以美国为代表的发达国家棉花消费比重逐步减少。2010 年以来，受劳动力成本上升、国际贸易政策变化等因素影响，棉纺织产能再次向越南、孟加拉国等国家转移，新的世界棉花消费格局正逐步形成。

# 第十一章　世界棉花价格变动及特点

在大宗农产品中，棉花消费弹性较大，且受经济增长速度等宏观经济和环境的影响也较大，棉花价格相比其他大宗农产品波动较为频繁和剧烈。正确认识棉花价格波动规律、价格影响因素，对于在市场经济下宏观调控农产品价格、保持棉花价格在合理的区间波动、维持国民经济健康安全运行具有重要意义。

关于世界棉花价格由哪种价格、哪个国家的棉花价格代表，目前大家比较公认的是 Cotlook 棉花价格指数。Cotlook 棉花价格指数是反映国际棉花市场现货价格水平的一个指标，由英国考特鲁克（Cotlook）公司于 1966 年开始发布，初始发布价是 31.05 美分/磅。在指数发布的几十年中，随着国际棉花贸易格局的变化，计算指数的基准质量和地区也发生了变化。在指数发布之初，Cotlook 棉价指数一直以 CIF 北欧到岸价为基准。由于全球棉花消费逐渐转移到亚洲地区，Cotlook 于 2003 年 3 月开始发布 C/F 亚洲到岸价（FE 指数），并于 2004 年 8 月 1 日起将 Cotlook 棉价指数的内涵定义为 C/F 亚洲到岸价。随着欧洲棉花消费进一步萎缩，Cotlook 宣布从 2008 年 8 月 1 日开始停止发布 CIF 北欧到岸价。

Cotlook 指数基准质量标准是 M 级 1－3/32 英寸*（相当于中国三级，28 毫米长度），CNF 价格（成本加运费），以亚洲主要口岸为到港目的地。Cotlook 指数是同一等级的 19 个棉花品种中最便宜的 5 个报价的平均值。在 19 个棉花品种中，非洲国家包含科特迪瓦、布基纳法索、贝宁和马里，这几个国家的产量占非洲法郎区的 70%，但为了避免该指数被非洲品种支配，因此每天在计算指数的过程中最多只包含两个非洲品种。Cotlook A（北欧 NEA）价格：是在国际陆地棉贸易中选择 15 个国家中 5 个最低的北欧现货到岸价的平均值，所报的条件为到岸价（C. I. F）。A 指数的基准质量标准是 M 级 1－3/32 英寸（相当于中国三级，28 毫米长度）。因此，本研究将以 Cotlook A 指数

---

* 1 英寸＝0.025 千米。

来分析国际棉花价格的波动状况。

以代表国际棉花价格 Cotlook A 指数分析，2003—2021 年国际棉花价格波动幅度较大。2003—2021 年（2017 年价格 1—7 月均价）平均价格为每磅 78.27 美分，比最低年份 2005 年高 25.34 美分，比最高年份的 2011 年低 71.86 美分，波幅分别为 31.8%和 90.3%。2009—2011 年，受全球经济持续好转，投资者信心增强，纺织行业需求复苏，世界棉花产量下降等因素影响，全球棉花供应偏紧，国际棉花价格持续快速上涨，从 2009 年的每磅* 62.76 美分上涨至 2011 年的每磅 151.41 美分，增长了 1.4 倍。2012 年，由于全球棉花供给宽松、欧债危机等因素影响，国际棉花价格暴跌至每磅 89.07 美分。

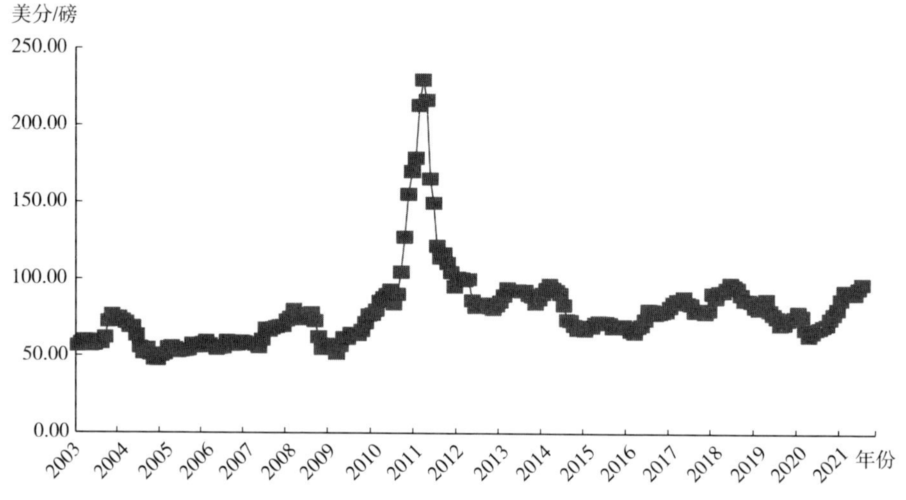


图 11-1　世界棉花价格

数据来源：中国棉花信息网，由作者整理。

2012 年以后，国际棉花价格低位平稳运行，年度内价格波动幅度有所下降。2011 年棉花平均价格为每磅 151.41 美分，峰值为每磅 229.67 美分，谷值为每磅 95.45 美分，峰谷差为每磅 134.22 美分。2012—2021 年，棉花价格峰谷差均值为每磅 13.97 美分，远低于 2011 年的水平，2015 年峰谷差仅为每磅 5.56 美分。

价格波动周期是指价格围绕其长期趋势扩张和收缩而体现出的周期性波动。经济时间序列的变化通常受到其自身的趋势（Trend）、周期（Cycle）、季

* 1 磅=0.453 59 千克。

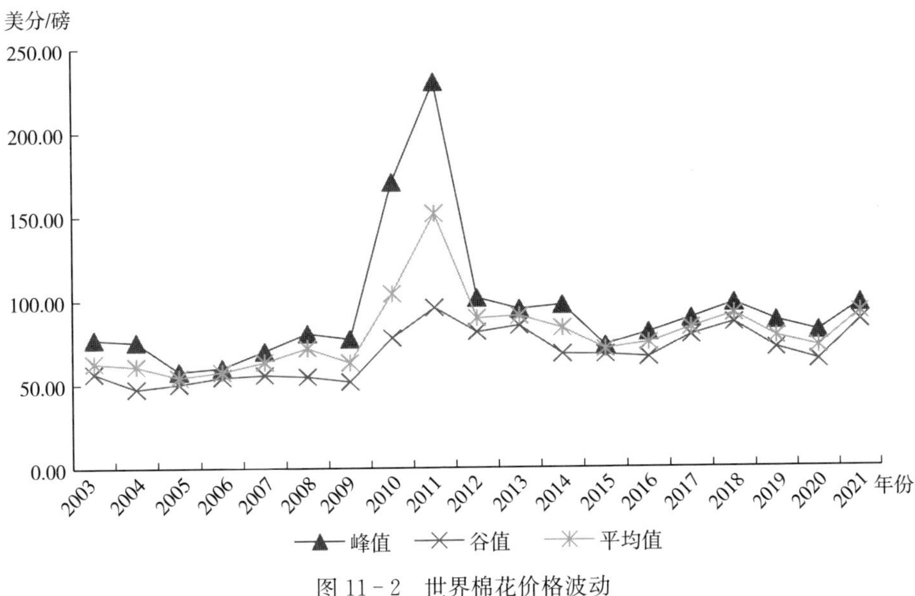


图 11-2 世界棉花价格波动

节（Seasonal）及不规则成分（Irregular）的影响。本部分通过 Census X12 季节调整方法对棉花价格数据进行季节调整，在此基础上使用 H-P 滤波法获得周期成分，然后分析周期成分的统计特征，从而对国际棉花价格周期做出判断和分析。国际价格采用 Cotlook A 指数表示，数据的时间范围是 2003 年 1 月至 2021 年 7 月。

国际棉花价格具有明显的季节性特征。从表 11-1 可以看出，棉花价格季节指数在 7 月、8 月、9 月、10 月和 11 月等月份较低，而在 1—5 月份棉花价格季节指数大部分均大于 1，即棉花价格存在明显的上涨，这表明，国际棉花价格具有较明显的季节性特征。一般情况下，7 月、8 月、10 月和 11 月是北半球棉花即将上市和大幅上市的时期，这一时期主产国新棉上市，棉花供给增加，从而促使国际棉花价格下跌。而 1—5 月份一般当年度的棉花供给逐渐减少、棉花消费又进入传统的消费旺季，因此，国际棉花价格都会出现不同程度的上涨。

**表 11-1 国际棉花价格的季节调整因子**

| 年份 | 1月 | 2月 | 3月 | 4月 | 5月 | 6月 | 7月 | 8月 | 9月 | 10月 | 11月 | 12月 |
|---|---|---|---|---|---|---|---|---|---|---|---|---|
| 2003 | 1.022 | 1.029 | 1.047 | 1.036 | 0.990 | 0.984 | 0.959 | 0.966 | 0.997 | 1.007 | 0.978 | 0.987 |
| 2004 | 1.022 | 1.028 | 1.043 | 1.032 | 0.987 | 0.985 | 0.964 | 0.973 | 1.000 | 1.006 | 0.980 | 0.988 |
| 2005 | 1.020 | 1.024 | 1.039 | 1.023 | 0.982 | 0.990 | 0.973 | 0.983 | 1.006 | 1.001 | 0.981 | 0.986 |

（续）

| 年份 | 1月 | 2月 | 3月 | 4月 | 5月 | 6月 | 7月 | 8月 | 9月 | 10月 | 11月 | 12月 |
|---|---|---|---|---|---|---|---|---|---|---|---|---|
| 2006 | 1.017 | 1.017 | 1.036 | 1.014 | 0.983 | 0.993 | 0.986 | 0.991 | 1.004 | 0.994 | 0.981 | 0.985 |
| 2007 | 1.015 | 1.014 | 1.037 | 1.009 | 0.988 | 0.998 | 0.997 | 0.990 | 0.995 | 0.980 | 0.983 | 0.986 |
| 2008 | 1.012 | 1.020 | 1.045 | 1.016 | 0.995 | 0.998 | 1.001 | 0.977 | 0.977 | 0.968 | 0.984 | 0.986 |
| 2009 | 1.013 | 1.033 | 1.058 | 1.033 | 1.000 | 0.996 | 0.998 | 0.958 | 0.961 | 0.956 | 0.982 | 0.985 |
| 2010 | 1.016 | 1.048 | 1.073 | 1.053 | 1.007 | 0.989 | 0.991 | 0.945 | 0.947 | 0.951 | 0.975 | 0.982 |
| 2011 | 1.018 | 1.059 | 1.082 | 1.068 | 1.013 | 0.985 | 0.985 | 0.939 | 0.943 | 0.951 | 0.968 | 0.981 |
| 2012 | 1.014 | 1.062 | 1.081 | 1.072 | 1.017 | 0.986 | 0.986 | 0.946 | 0.948 | 0.956 | 0.961 | 0.978 |
| 2013 | 1.008 | 1.052 | 1.072 | 1.067 | 1.019 | 0.993 | 0.994 | 0.961 | 0.959 | 0.962 | 0.957 | 0.975 |
| 2014 | 1.000 | 1.035 | 1.056 | 1.052 | 1.026 | 1.004 | 1.005 | 0.979 | 0.969 | 0.968 | 0.954 | 0.975 |
| 2015 | 0.993 | 1.016 | 1.041 | 1.037 | 1.031 | 1.015 | 1.014 | 0.989 | 0.974 | 0.971 | 0.958 | 0.979 |
| 2016 | 0.988 | 1.006 | 1.031 | 1.026 | 1.032 | 1.021 | 1.018 | 0.992 | 0.974 | 0.974 | 0.966 | 0.986 |
| 2017 | 0.991 | 1.001 | 1.024 | 1.021 | 1.026 | 1.022 | 1.015 | 0.992 | 0.972 | 0.976 | 0.976 | 0.993 |
| 2018 | 0.997 | 1.000 | 1.022 | 1.016 | 1.018 | 1.018 | 1.010 | 0.989 | 0.970 | 0.980 | 0.983 | 1.001 |
| 2019 | 1.006 | 1.001 | 1.021 | 1.012 | 1.009 | 1.014 | 1.005 | 0.985 | 0.969 | 0.983 | 0.990 | 1.007 |
| 2020 | 1.013 | 1.003 | 1.021 | 1.010 | 1.003 | 1.010 | 1.002 | 0.983 | 0.969 | 0.984 | 0.994 | 1.012 |
| 2021 | 1.015 | 1.002 | 1.020 | 1.009 | 0.998 | 1.008 | 1.001 | | | | | |

国际棉花价格波动周期短。周期性成分是剔除长期趋势后的波动值，周期性成分分析表明国际棉花价格呈现出显著的周期性波动特征。从 2003 年 1 月至 2021 年 7 月，国际棉花价格经历了 5 个完整的波动周期，第一周期 2003 年 1 月—2003 年 11 月，第二周期 2004 年 12 月—2009 年 2 月，第三周期 2009 年 3 月—2012 年 5 月，第四周期 2012 年 6 月—2016 年 2 月，第五周期 2016 年 3 月—2020 年 3 月，周期平均长度为 38.6 个月，约为 3.2 年，属于短周期。五个周期中扩张期（即价格上涨期）平均为 25.4 个月，收缩期（即价格下跌期）平均为 13.2 个月，国际棉花价格上涨的时间要大于下跌的时间。棉花国际价格波动的平均周期振幅为 45.4。根据国际农产品价格波动周期总体情况看，波动周期小于 5 年的都属于短周期。这说明国际棉花价格波动较为频繁，在农产品中属于价格波动较为频繁的产品（图 11 - 3、表 11 - 2）。

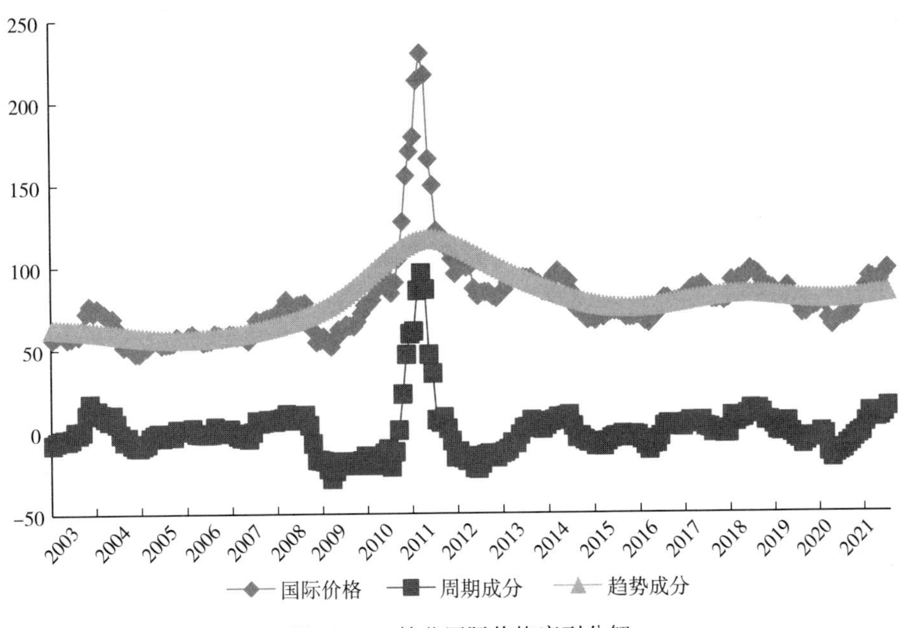


图 11-3 棉花国际价格序列分解

**表 11-2 2003—2021 年棉花国际价格波动周期划分**

| 周期特征 | 周期一 | 周期二 | 周期三 | 周期四 | 周期五 | 周期六 | 平均值 |
|---|---|---|---|---|---|---|---|
| 起止时间 | 2003 年 1 月—2004 年 11 月 | 2004 年 12 月—2009 年 2 月 | 2009 年 3 月—2012 年 5 月 | 2012 年 6 月—2016 年 2 月 | 2016 年 3 月—2020 年 3 月 | 2020 年 4 月— | — |
| 周期长度（月） | 23 | 51 | 39 | 31 | 49 | | 38.60 |
| 波峰位置 | 2003 年 11 月 | 2008 年 3 月 | 2011 年 3 月 | 2014 年 4 月 | 2018 年 6 月 | | — |
| 收缩期（月） | 11 | 11 | 15 | 8 | 21 | | 13.20 |
| 扩张期（月） | 12 | 40 | 24 | 23 | 28 | | 25.40 |
| 扩张期/收缩期比率 | 1.09 | 3.64 | 1.60 | 2.88 | 1.33 | | 1.92 |

说明：每个周期起止时间为“算后不算前”。

国际棉花价格波动幅度较大。5 个周期中国际棉花价格的波动幅度均较大，波动幅度分别为 24.8、20.3、124.8、32.4 和 17.0，平均周期振幅为 45.4。这与国际棉价的波动形态保持一致，特别是 2009 年以来，除供需外的非传统因素对棉花价格的影响日益突出，国际棉价波动剧烈（表 11－3）。

**表 11－3　2003—2021 年棉花国际价格波动周期振幅**

| 周期 | 波谷<br>(1) | 波峰<br>(2) | 谷值<br>(3) | 峰值<br>(4) | 峰谷值比率<br>(4)/(3) | 周期振幅<br>(4)/(3) |
|---|---|---|---|---|---|---|
| 周期一 | 2003 年 1 月 | 2003 年 11 月 | −7.5 | 17.3 | −2.3 | 24.8 |
| 周期二 | 2004 年 12 月 | 2008 年 3 月 | −9.5 | 10.8 | −1.1 | 20.3 |
| 周期三 | 2009 年 3 月 | 2011 年 3 月 | −28.7 | 96.1 | −3.3 | 124.8 |
| 周期四 | 2012 年 6 月 | 2014 年 6 月 | −22.9 | 9.5 | −0.4 | 32.4 |
| 周期五 | 2016 年 3 月 | 2018 年 6 月 | −11.8 | 12.9 | −1.1 | 24.7 |
| 周期六 | 2020 年 4 月 | — | −16.7 | | | |
| 平均 | — | — | −16.1 | 29.3 | −1.8 | 45.4 |

# 第十二章　世界棉花贸易发展

随着世界各国经济的发展和贸易格局的不断变化，棉纺织业陆续向低成本劳动力国家转移，世界棉花贸易结构也发生较大改变。分析世界主要棉花进出口国的贸易变化特征，对了解世界棉纺织业的转移和未来棉花产业的发展变化趋势具有重要意义。

## 一、世界棉花贸易变化及特点

棉花是重要的国际贸易商品，全球超过 150 个国家参与棉花的进出口贸易。在 20 世纪 80 年代初，棉花贸易占到世界棉花产量的大约 30%，2005 年以后，棉花的贸易占到世界棉花产量的近 40%。据美国农业部数据统计，从世界棉花贸易的总体特征来看，棉花的贸易总量大体呈现波动式增长趋势。1980 年到 2020 年期间，世界棉花的贸易总量从 571.9 万吨增长到了 1 046.1万吨，增幅为 82.9%。2004 年以前世界棉花年贸易总量在 550 万～

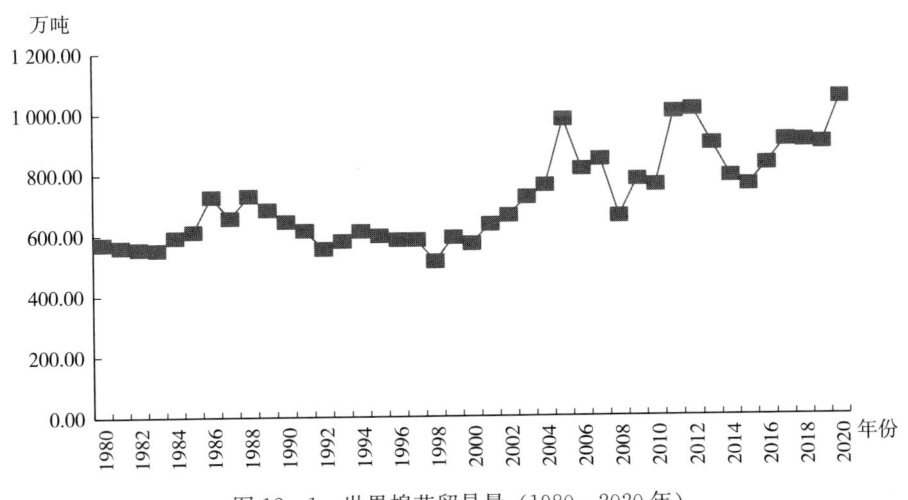


图 12-1　世界棉花贸易量（1980—2020 年）

750 万吨缓慢波动，2004 年之后波动较为剧烈，其中最高年份在 2020 年达到了 1 046.1 万吨，最低年份是 2008 年的 657.7 万吨，仅相当于 1987 年的贸易量。

## 二、世界主要棉花进口国

在世界贸易总量扩大的同时，棉花贸易格局也随着纺织工业布局的调整而发生变化。20 世纪 80 年代，欧盟、苏联等纺织工业发达国家是世界主要的棉花进口国，其中欧盟的棉花进口量为 149.3 万吨，占世界棉花进口量的比重为 25.2%，苏联的棉花进口量为 146 万吨，占世界棉花进口量的 24.6%，两者合计占全球棉花进口量的比重接近 50%。此后，韩国、中国、日本、中国台湾等国家和地区逐渐承接纺织工业的转移，棉花进口不断增加。20 世纪 90 年代，泰国开始进入棉花进口大国行列。进入 21 世纪，土耳其、孟加拉国、印度尼西亚和巴基斯坦等国棉花进口快速增加，特别是中国成为世界棉花进口大国，2010 年中国棉花进口量占世界进口量的比重为 33.0%。

**表 12-1　世界主要棉花进口国家和地区结构变化**

| 年份 | 序号 | 国家和地区 | 进口量（万吨） | 占比（%） |
|---|---|---|---|---|
| 1980 | 1 | 欧盟 | 149.3 | 25.2 |
| | 2 | 苏联 | 146.0 | 24.6 |
| | 3 | 中国 | 77.3 | 13.0 |
| | 4 | 日本 | 69.8 | 11.8 |
| | 5 | 韩国 | 33.2 | 5.6 |
| | 6 | 中国台湾 | 21.0 | 3.5 |
| 1990 | 1 | 欧盟 | 140.3 | 21.1 |
| | 2 | 俄罗斯 | 115.2 | 17.3 |
| | 3 | 日本 | 64.2 | 9.6 |
| | 4 | 中国 | 48.0 | 7.2 |
| | 5 | 韩国 | 44.7 | 6.7 |
| | 6 | 泰国 | 35.4 | 5.3 |

（续）

| 年份 | 序号 | 国家和地区 | 进口量（万吨） | 占比（%） |
|---|---|---|---|---|
| 2000 | 1 | 欧盟 | 106.7 | 18.7 |
| | 2 | 印度尼西亚 | 57.7 | 10.1 |
| | 3 | 墨西哥 | 40.6 | 7.1 |
| | 4 | 土耳其 | 38.3 | 6.7 |
| | 5 | 俄罗斯 | 35.9 | 6.3 |
| | 6 | 泰国 | 34.2 | 6.0 |
| 2010 | 1 | 中国 | 260.8 | 33.0 |
| | 2 | 孟加拉国 | 92.5 | 11.7 |
| | 3 | 土耳其 | 72.9 | 9.2 |
| | 4 | 印度尼西亚 | 54.4 | 6.9 |
| | 5 | 泰国 | 38.1 | 4.8 |
| | 6 | 越南 | 34.2 | 4.3 |
| 2020 | 1 | 中国 | 280.0 | 26.2 |
| | 2 | 孟加拉国 | 190.5 | 17.9 |
| | 3 | 越南 | 159.2 | 14.9 |
| | 4 | 土耳其 | 116.0 | 10.9 |
| | 5 | 巴基斯坦 | 115.9 | 10.9 |
| | 6 | 印度尼西亚 | 50.2 | 4.7 |

从棉花进口的主要地区来看，亚洲是全球棉花最大的进口地区，在全球棉花进口中所占份额在80%左右；其次是欧洲，在全球棉花进口中所占份额近年在10%左右，但呈下降趋势；美洲、非洲、大洋洲在全球棉花进口中所占份额相对较低。从棉花进口的主要国家来看，中国、孟加拉国、越南、土耳其、印度尼西亚、巴基斯坦和印度是主要棉花进口国，2016年以来中国、孟加拉国和越南三国的棉花进口量均在100万吨以上。

中国是世界最大的棉纺织大国，大量的棉花消费需求使中国在21世纪以来的大多数年份成为世界最大的棉花进口国。1980年到2020年期间，中国的棉花进口量总体上呈现先稳定后起伏的特征，在加入世贸组织的2001年之前，棉花的年进口量相对较为稳定，在100万吨以下波动。2001年以后，随着棉纺织业的出口增加，棉花的进口量迅速扩大，而且波动较为明显，其中进口最大年份为2011年的534.1万吨，占当年棉花总产量的80.9%。随着中国棉花产业政策的调整，特别是停发了滑准税配额，棉花进口量急剧下降，2015 年下降到了 95.9 万吨，与 2011 年相比降幅高达 82.0%，之后中国的棉花年进口量在 100 万吨上下波动。2018 年以后，棉花去库存任务基本完成，棉花滑准税配额开始恢复发放，特别是受落实中美第一阶段经贸协议的影响，棉花进口快速增加，2020 年达到 277.6 万吨，较 2015 年增加 189.4%。

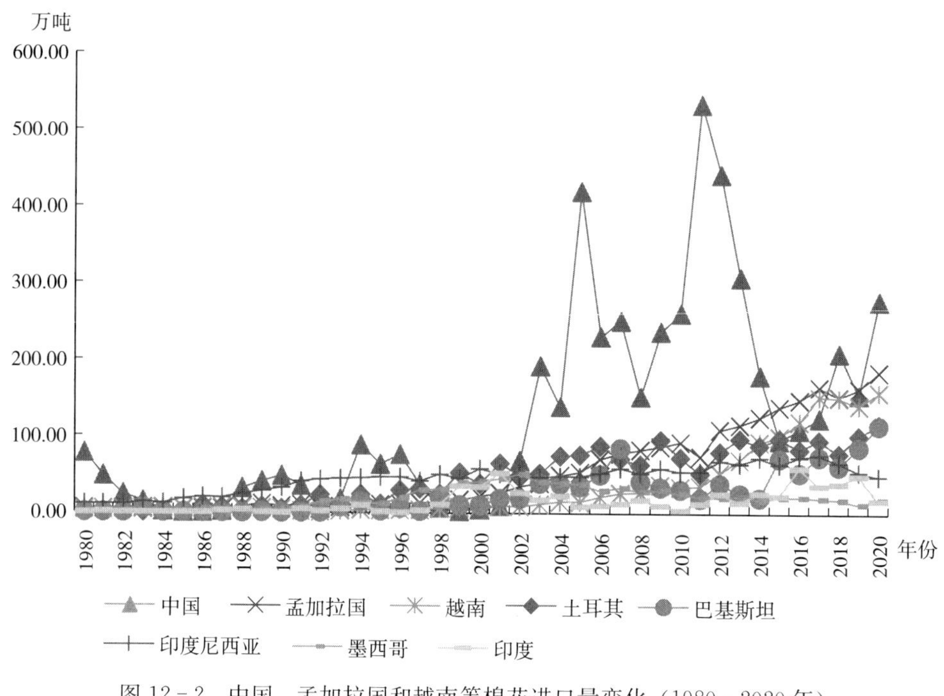


图 12-2 中国、孟加拉国和越南等棉花进口量变化（1980—2020 年）

孟加拉国和越南的棉花进口量变化特征较为相似，均表现为先稳后增，年进口量在 2011 年之前基本保持相对平稳，2011 年之后呈现较快增长的势头。近年来孟加拉国纺织生产不断扩大，内销和外销市场持续兴旺，棉花消费和进口增长迅速，1980 年到 2020 年期间，孟加拉国的棉花年进口量从 4.5 万吨上升到了 185.1 万吨，增长了 40.5 倍，是全球第二大棉花进口国。随着越南棉纱出口不断加快，棉花的需求也日益剧增，由于近 10 多年来越南棉花种植没有取得进展，所以基本依赖进口，1980 年到 2020 年期间，越南棉花的年进口量从 3.0 万吨增长到了 158.5 万吨，增长了 51.0 倍，成为当前世界第三大棉花进口国，棉花的年进口量仅次于中国和孟加拉国。

印度尼西亚的纺织业原料主要依赖于进口，随着纺织品的国内需求和出口量的不断增加，棉花的年进口量也一直稳中略增，1980—2018 年，印度尼西亚棉花进口量从 10.7 万吨上升到了 66.4 万吨，增长了 5.2 倍。近两年受全球新冠肺炎疫情影响棉花进口下滑明显，2020 年印度尼西亚棉花进口量下滑至 49.0 万吨，较 2018 年减少了 26.3%。土耳其、巴基斯坦和印度三国均为产棉国，棉花年进口量相对较小，从 20 世纪 90 年代后期开始呈现较为明显的波动特征，总体表现为波动式上升。1980 年到 2020 年期间，土耳其棉花的年进口量从 0 万吨上升到了 116.5 万吨；巴基斯坦和印度的棉花年进口量分别从 0.1 万吨和 0 万吨增长到了 115.4 万吨和 17.4 万吨，其中巴基斯坦的棉花进口最高年份在 2020 年，进口量为 116.5 万吨，印度的棉花进口最高年份在 2016 年，进口量为 59.6 万吨。

## 三、世界主要棉花出口国

世界棉花出口地区也随着纺织工业的转移发生相应变化。1965—1975 年期间，土耳其、墨西哥、埃及、巴基斯坦、巴西和苏丹的棉花出口量较大，在 25 万吨左右。此后，土耳其、墨西哥、埃及和苏丹的棉花出口量一路下降，巴基斯坦和中国则在经历了 20 世纪 80 年代中后期的出口高峰后开始减少，两国的棉花出口量最高分别达到了 82 万和 69 万吨，近年来两国不仅棉花出口量很少，而且还成了棉花进口大国。美国、澳大利亚、巴西和印度等国是全球棉花传统出口国，多年来美国、澳大利亚和巴西三国在全球棉花出口中的份额不断增长，占世界棉花出口的 50%以上。印度、巴基斯坦、巴西、墨西哥等传统棉花出口国由于本国纺织行业的迅速发展，已经逐步转向棉花净进口国，出口比例逐步下降，出口市场地位下降。

**表 12-2 世界主要棉花出口国家和地区结构变化**

| 年份 | 序号 | 国家和地区 | 出口量（万吨） | 占比（%） |
|---|---|---|---|---|
| 1980 | 1 | 苏联 | 231.3 | 40.4 |
| | 2 | 美国 | 129.0 | 22.6 |
| | 3 | 巴基斯坦 | 32.4 | 5.7 |
| | 4 | 土耳其 | 22.4 | 3.9 |
| | 5 | 墨西哥 | 17.8 | 3.1 |
| | 6 | 埃及 | 16.3 | 2.9 |

（续）

| 年份 | 序号 | 国家和地区 | 出口量（万吨） | 占比（%） |
|---|---|---|---|---|
| 1990 | 1 | 美国 | 169.7 | 26.4 |
| | 2 | 乌兹别克斯坦 | 117.4 | 18.2 |
| | 3 | 土库曼斯坦 | 37.9 | 5.9 |
| | 4 | 澳大利亚 | 29.9 | 4.6 |
| | 5 | 巴基斯坦 | 29.5 | 4.6 |
| | 6 | 中国 | 20.2 | 3.1 |
| 2000 | 1 | 美国 | 146.7 | 25.8 |
| | 2 | 澳大利亚 | 85.0 | 14.9 |
| | 3 | 乌兹别克斯坦 | 75.1 | 13.2 |
| | 4 | 欧盟 | 40.1 | 7.0 |
| | 5 | 叙利亚 | 22.9 | 4.0 |
| | 6 | 土库曼斯坦 | 14.7 | 2.6% |
| 2010 | 1 | 美国 | 313.0 | 41.2 |
| | 2 | 印度 | 108.9 | 14.3 |
| | 3 | 乌兹别克斯坦 | 57.7 | 7.6 |
| | 4 | 澳大利亚 | 54.4 | 7.2 |
| | 5 | 巴西 | 43.5 | 5.7 |
| | 6 | 欧盟 | 22.8 | 3.0 |
| 2020 | 1 | 美国 | 356.4 | 33.6 |
| | 2 | 巴西 | 239.8 | 22.6 |
| | 3 | 印度 | 134.7 | 12.7 |
| | 4 | 欧盟 | 42.7 | 4.0 |
| | 5 | 澳大利亚 | 34.1 | 3.2 |
| | 6 | 贝宁 | 30.5 | 2.9 |

美国是第一大棉花出口国，1980 年到 2020 年期间，棉花的年出口量呈现先稳定后波动增长的态势，从 129.0 万吨增长到了 356.0 万吨，长期以来棉花的年出口量一直稳居首位，2005 年棉花出口量达到 384.8 万吨，为近 30 年的历史最高水平。

印度、澳大利亚和巴西的棉花出口量相对较小，整体变化特征较为相似，总体上表现为先稳后波动，其中澳大利亚和巴西的棉花年出口量整体上波动较为平稳，除个别年份外出口量基本在 100 万吨以下，2018 年开始受中美贸易摩擦影响，巴西棉花出口大幅增加，2020 年巴西棉花出口量增至 239.8 万吨。印度在 2004 年之前年出口量不足 50 万吨，之后出口量虽然明显增长，但波动变化较为显著，2011 年棉花出口量达到了 241.2 万吨，2019 年降至 69.7 万吨。

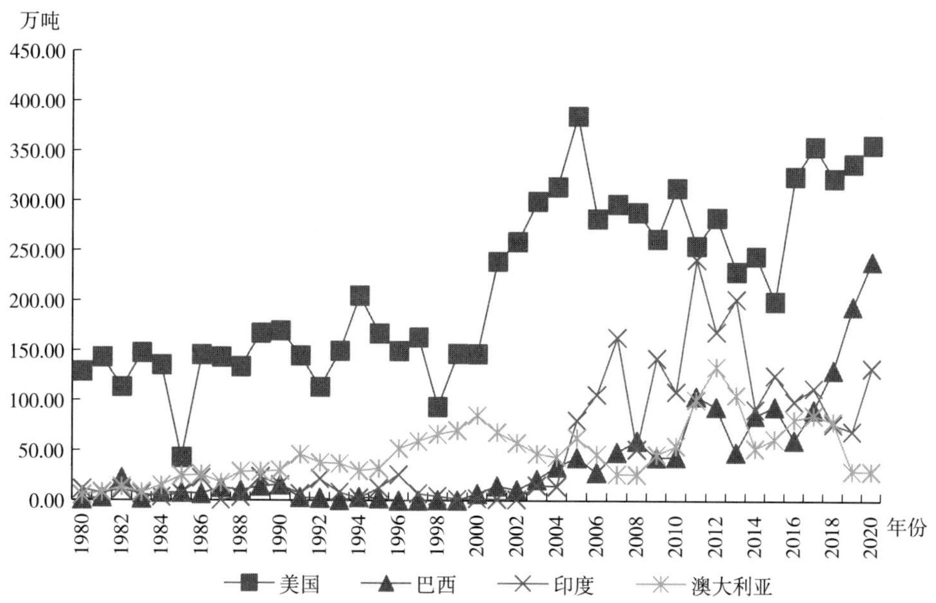


图 12-3 美国、印度、澳大利亚和巴西的棉花出口量变化（1980—2020 年）

# 第十三章　世界主产国棉花产业政策分析

棉花是全球主要的经济作物，在全球广泛种植。由于棉花消费受宏观经济发展、居民收入水平等因素影响较大，全球主要棉花生产国都会对棉花产业进行支持。本章主要分析全球棉花主产国美国、印度、巴西的棉花支持政策。

## 一、美国

美国是世界第三大棉花生产国和最大的棉花出口国，棉花支持政策体系近几十年来变化较大。2014 年，美国对棉花取消了直接补贴、反周期支付和平均作物收入选择计划（ACRE），并新增堆叠收入保护计划（Stacked Income Protection Plan，简称 STAX），用于扩大农业保险的覆盖范围。

2018 年 12 月 20 日，美国总统签署了 2018 农业法案，继续执行籽棉的价格损失补贴（PLC）和农业风险补贴（ARC）。这些补贴法案于 2018 年 2 月颁布，并从 2018/2019 年度开始执行。棉花支持政策从之前的以保险为主改为以参考价格为基础的、有担保且更高级的安全保障和补贴，类似于 2008 农业法案里的反周期补贴。这一改变使部分陆地棉生产者（有棉花农场且继续从事陆地棉生产）的收入增加，是针对籽棉而非皮棉的支持，可能会使美国植棉面积增加。不过，这个补贴与实际种植面积无关，只涉及历史长期情况。除了籽棉的 ARC/PLC 补贴以外，新的农业法案还包括市场贷款计划和作物保险。

### （一）价格损失补贴

价格损失补贴（PLC）以价格为基准，和以前的反周期补贴类似。当籽棉的市场价格或者年度均价低于固定的参考价格时，为生产者提供价格损失补贴（占基准面积的 85%）。籽棉年度均价是陆地棉和棉籽的加权均价，PLC 的参考价格是 36.7 美分/磅，最低价格为 25 美分/磅。具体计算时，用皮棉历史平均单产×2.4 得出籽棉补贴收益率。当参考价格高于年度均价和最低价格时支付这项补贴（PLC）。

## （二）农业保险补贴

农业保险补贴（ARC）是为各产棉县的收入损失提供的补贴。农场在县一级按商品分类选择收入损失保护。在县级籽棉实际收入低于农业保险补贴所担保的价格时支付该补贴。商品收入以每种商品的县收入为基准，用近 5 年县级单产平均值（剔除最高和最低值）和全国价格计算得出。当县级收入比基准县级收入低 76%～86%时支付收入补贴，补贴最高不得超过基准收入的 10%。

目前还没有关于价格损失补贴或者农业保险补贴的确切数字。2018/2019 年度，大部分籽棉基准面积都列入了价格损失补贴，补贴总额为 630 磅/英亩*（单产）×2.4（系数）×1 317 英亩（面积）。价格损失补贴或者农业保险补贴的最高上限为 12.5 万美元（除花生以外的其他作物），调整后的收入总额为 90 万美元，2018/2019 年度价格损失补贴/农业保险补贴的总额预计为 4 亿美元。

## （三）堆叠收入保护计划（STAX）

2018/2019 年度，堆叠收入保护计划（STAX）仍然有效，该计划为陆地棉种植者提供了保险补贴。在 STAX 计划中，如果某县的实际收入低于预期收入的 90%，则支付补贴。STAX 为收入损失在 10%～30%的种植户提供补贴，可以选择 5%的增量补贴。联邦政府支付补贴的 80%，并且为提供 STAX 的保险公司的部分行政和运营成本提供补贴。2017/2018 年度，STAX 计划提供的补贴总额为 1.05 亿美元，2018/2019 年度，STAX 计划提供的补贴总额为 1.4 亿美元，覆盖了 160 万公顷上报的面积（占收获面积的 38%）。STAX 补贴的相当一部分是与标准作物保险一起购买的。

## （四）市场贷款计划（MLP）

2018/2019 年度继续实行市场贷款计划（MLP），其根据是连续两个年度的 AWP 价格平均值，不能低于 45 美分/磅或高于 52 美分/磅。2019/2020 年度开始，长绒棉的 MLP 基准价格为 95 美分/磅（之前为 79.77 美分/磅）。在这个计划下，陆地棉生产者获得贷款补足补贴、商品证书汇兑收益或市场贷款

* 1 英亩≈4 047 平方米。

收益（MLG）。LDP在市场价格（AWP）低于贷款价格时支付，商品证书汇兑收益和市场贷款收益与LDP一样，在赎回贷款棉获得收益，三个选项棉农只能选择一个。据估算，2017/2018年度和2018/2019年度美国未支付任何LDP补贴或MLG补贴。

此外，美国政府还为棉花生产提供作物保险补贴，预防自然灾害带来的作物单产下降和收入的损失。这种多重危险的作物保险覆盖了天气、虫害以及火灾导致的单产损失，不包括棉农的疏忽大意。这个保险通过私人保险公司销售给棉农，美国农业部风险管理局为保费提供部分补贴，90%以上的实播面积列入该项补贴。

## 二、印度

印度是世界主要产棉国，棉花种植面积居世界第一，总产量仅次于中国。自20世纪70年代起，印度政府就开始大力扶持棉花生产，改良棉种。其主要的棉花支持政策包括最低支持价格政策、生产投入补贴和国家纤维政策。

### （一）最低支持价格政策

印度对棉花产业的支持政策以最低支持价格收购政策为主。最低支持价格的确定分为两个步骤：首先，由印度农业成本与价格委员会（Commission for Agricultural Costs and Price）根据棉花的生产水平、市场价格行为、作物间比价、仓储量、分销及供求平衡、投入品价格水平、生产成本和农业与农业间贸易条款等因素，向政府提出最低支持价格的建议；其次，根据委员会建议决定并公布各州的最低支持价格。印度政府在每个棉花生产年度制定两个基础性棉花品种的最低保护价包括中等棉花和长绒棉，其他品种的最低保护价由印度纺织委员办公室根据上述两个基础性棉花品种的质量和市场差异来制定。当任意品种的籽棉市场价格低于最低支持价格时，印度棉花公司（Cotton Corporation of India，CCI）会以最低支持价格进行无限量收购。

印度的棉花最低支持价格近年来一直呈现上涨趋势。2015/2016年度印度中等棉花和长绒棉的最低收购价分别为3 750卢比/公担*和4 050卢比/公担，印度国内籽棉平均价格在64美分/磅，CCI以最低收购价收购了14.4万吨籽

* 1公担=100千克。

棉，总共花费了约2.5亿美元。2016/2017年度，印度中等棉花和长绒棉的最低收购价分别为4 020卢比/公担和4 320卢比/公担，印度最低收购价为4 060卢比/公担（约82美分/磅）；2017/2018年度，印度中等棉花和长绒棉的MSP分别为4 220卢比/公担和4 320卢比/公担。2018/2019年度印度进一步提高籽棉最低收购价格。其中，中等棉花的MSP由上一年度的4 020卢比/公担提高到5 150卢比/公担，提高28.1%；长绒棉的MSP由上一年度的4 320卢比/公担提高到5 450卢比/公担，提高26.2%。2019/2020年度，印度仍然继续提高籽棉的最低收购价。其中，中等棉花的MSP由上一年度的5 150卢比/公担提高到5 255卢比/公担，提高2.0%；长绒棉的MSP由上一年度的5 450卢比/公担提高到5 550卢比/公担，提高1.8%。2020/2021年度印度棉花最低收购价（MSP）继续上调5%，上涨幅度大于上年度的2%，其中中绒棉上调260卢比，至5 515卢比/公担，长绒棉上调275卢比，至5 825卢比/公担。2021/2022年度棉花的最低收购价格（MSP）继续上调，中等长度收购价为5 726卢比/公担，同比上涨211卢比，涨幅为3.8%；长纤维收购价格为6 025卢比/公担，同比上涨200卢比，涨幅为3.4%，具体见表13-1。

**表13-1　2017—2022年度以来印度MSP水平**

单位：卢比/公担

| 年度 | 中等棉花最低收购价 | 长绒棉最低收购价 |
|---|---|---|
| 2014/2015 | 3 750 | 4 050 |
| 2015/2016 | 4 020 | 4 320 |
| 2017/2018 | 4 220 | 4 320 |
| 2018/2019 | 5150 | 5450 |
| 2019/2020 | 5 255 | 5 550 |
| 2020/2021 | 5 515 | 5 825 |
| 2021/2022 | 5 726 | 6 025 |

数据来源：美国农业部。

## （二）生产投入补贴政策

印度政府采用直接定价并给予生产商、供应商补贴和承担运输费用的办法，稳定化肥、灌溉用燃料和电力等农业物资价格，降低棉农的生产成本。在印度政府的所有棉花投入补贴项目中，化肥补贴所占的比例最大。印度政府还对农业提供信贷支持，棉农用于购买种子、化肥等生产资料的贷款不需要抵押担保，实行优惠利率，对一些弱势地区的农业信贷还提供利息补贴。

### （三）国家纤维政策

2010年，印度政府颁布国家纤维政策，计划在未来10年投入40亿美元，为纺织企业提供现金和利息补贴，以提高纺织企业的现代化水平。

### （四）债务豁免和化肥补贴

印度政府还为作物保险提供补贴，但具体数额不详。

## 三、巴西

巴西是世界第二大棉花出口国，棉花是一个重要的农业产业部门。巴西棉花补贴政策目标与美国相似。当棉花价格低于巴西政府认定的最低保护价或出现棉农售棉难时，巴西政府支付差价补贴，此外巴西政府平均每年还向棉农提供一定数额的贴息贷款，落实棉花流通环节运输费补贴、棉花出口补贴（含出口担保），注重解决棉农债务危机、开展棉农种植新技术研发与示范推广服务工作、制定费率低但赔付率高的农业保险制度、发挥合作社的维权作用、执行家庭农场支持计划（PRONAF）、投资改善农村基础设施条件（含交通运输、仓储等）、制定合理的土地政策，还对耕地利用率高的农场实行棉花低税，甚至免税政策。

### （一）最低保护价政策

主要通过产品售空计划和期权合约补贴方式实现，确定原棉最低保护价，当棉花价格低于最低保护价或出现棉农售棉难时，巴西政府通过金融仓储方式向棉农收购棉花或通过巴西国家商品供应公司批准公开竞拍（PEPRO）棉农或者合作社的棉花实现补贴。

### （二）优惠信贷和债务减免政策

为了解决棉花生产者的资金困难，巴西政府通过贷款贴息向棉农提供种植信贷、投资信贷等低息贷款，低息贷款的规模和利率由耕地面积、产值、土地生产率确定。巴西的普通贷款利率为20%～25%，而政府给予低收入农业生产者的贷款利率仅为5%。此外，巴西政府通过立法形式允许借款到期不能还债的棉农可以继续与借款者协商，延期还贷，对不同债务水平农场制定了相应的优惠和债务减免政策。

### （三）棉花流通补贴

巴西政府为出口棉花提供贴息和出口担保，实施产品售空计划和期权合约补贴。加工企业和批发商异地收购棉花时，政府向其支付两地差价补贴，同时，如果棉花生产者在棉花实际价格低于期权价格时出售棉花，政府向棉农支付差价补贴。

### （四）棉农种植新技术研发与示范推广服务

由隶属巴西农牧业与食品供应部的巴西农牧业研究公司和巴西农牧业技术推广公司负责棉花种植新技术研发与示范推广服务。巴西农牧业研究公司内设巴西棉花研究所，主要负责棉花科研和技术攻关。巴西农牧业技术推广公司通过与棉区供销合作社配合，通过技术培训等方式开展农技推广服务。一般不收取中小农户推广和培训费用。

### （五）低费率的农业保险制度与税收优惠政策

为规避种植风险，巴西建立国家农业保险计划，每年政府通过财政预算拨付资金，降低农民应交保险费率。巴西农业保险公司股权设置为政府和私人股份各占50%，但政府投资保险公司的前提是公司私人股份没有投票权，公司实际由政府控制。政府承诺若公司亏空，由国家财政补贴，具体由国家再保险公司代表国家行使股权，通过国家再保险公司农业保险基金解决保险补贴。为方便棉农投保，巴西农业保险细分为备耕、种植、管理、销售4个阶段，种植户可根据自身情况选择单阶段或多阶段投保。当发生自然灾害或遇到重大病虫害导致减产甚至绝收时，保险公司负责按保险条款赔偿，保险金额以生产成本为上限。

### （六）发挥合作社的作用与促进合作社发展（RECOOP）

巴西政府鼓励建立多种形式的合作社，从组织上有效提升农民的市场谈判力和竞争力，RECOOP最终目的是促进农业合作组织的发展。巴西合作社主要有供销合作社、渔业合作社和农村电气化合作社3种类型。在棉花产业发展中发挥重要作用的是供销合作社和农村电气化合作社。供销合作社主要为农民供应生产资料，提供农产品的分级分等、包装、仓储、运输、销售和出口等服务，同时还提供生产技术、市场信息、经营管理咨询、技术培训等服务；农村电气化合作社帮助集资修建供电设施，负责管理农用电的收费和征税，推动地区性的经济开发，改善农民的生产和生活条件。

### （七）家庭农场支持计划（PRONEF）

家庭农场支持计划（PRONEF）的主要目标是把小农稳定在土地和农业生产上，同时确保小农户的基本收入，增加农村就业机会，防止破产农民大量无序进入城市，保证整个社会经济的稳定发展。建立家庭农场支持计划（PRONEF）主要通过政府对农村基础设施建设投入、优惠信贷、免费提供技术培训等项目实现。

# 第十四章　世界棉花产业格局变动趋势及对我国的影响

近三十年来，世界棉花产业呈现出较大变化。棉花生产区域明显转移，棉花产量波动增长。棉花消费量稳中有增，供需形势年度间变化较大。棉花价格受宏观经济影响较大，波动幅度明显增加。我国作为全球最大的棉花消费国、第二大棉花生产国和主要的棉花进口国，世界棉花产业格局和我国棉花产业紧密相关。

## 一、世界棉花产业格局变动趋势

**1. 世界棉花产量增加，生产集中度不断提高**

2000 年以来，世界棉花种植面积在 3 200 万公顷上下波动，棉花单产增幅较大，棉花总产大幅提升，但年季间波动较大。全球棉花生产集中度不断提高，棉花种植面积进一步向亚洲和非洲转移，棉花产量向亚洲和美洲集中。2020 年前 8 大棉花生产国面积、产量分别占世界棉花总面积和产量的 80.2% 和 86%，印度、中国、美国、巴基斯坦、巴西、澳大利亚、乌兹别克斯坦和土耳其棉花主产国地位不断巩固。

**2. 世界棉花消费量增加，产销分离格局日益清晰**

棉花消费受宏观经济影响较大，在化纤等纺织原料使用不断增加的情况下，依然保持着竞争优势，2007 年达到历史峰值 2 668 万吨，随后波动下降。随着全球经济的好转，绿色发展要求的提高，棉花作为绿色优质纺织原料，将维持旺盛需求。伴随全球纺织工业布局调整，美国、巴西、澳大利亚等棉花主产国已经基本实现棉花生产和纺织消费的分离，棉花消费向中国、东南亚等劳动力资源丰富的国家和地区转移。

**3. 世界棉花价格波动幅度较大，影响因素复杂**

在大宗农产品中，棉花消费弹性较大，且受经济增长速度等宏观经济和环境的影响也较大，棉花价格相比其他大宗农产品波动较为频繁和剧烈。2003—2021年，代表国际棉花价格的Cotlook A指数平均价格为每磅78.27美分，比最低年份2005年高25.34美分，比最高年份的2011年低71.86美分，波幅分别为31.8%和90.3%，同时呈现出波动周期短，季节性特征明显的特点。2009年以来，除供需外的非传统因素对棉花价格的影响日益突出。

**4. 世界棉花加工消费向发展中国家转移，棉花进出口格局相对稳定**

2000年以来，伴随经济发展和产业升级，棉纺织工业逐步向劳动力资源丰富的发展中国家转移，共经历两次调整。21世纪之初，以中国、印度等为代表的发展中国家棉纺织业快速发展，带动棉花消费稳步提升，以美国为代表的发达国家棉花消费比重逐步减少。2010年以来，受劳动力成本上升、国际贸易政策变化等因素影响，棉纺织产能再次向越南、孟加拉国等国家转移。受世界纺织工业格局调整的影响，棉花产销分离格局的形成，世界棉花贸易活跃度较高。2005年以后，棉花贸易占到世界棉花产量的近40%。亚洲是全球棉花最大的进口地区，占全球棉花进口额的80%左右，其次是欧洲，中国、孟加拉国、越南、土耳其是主要棉花进口国。美洲是棉花主要出口地区，美国、巴西、印度、澳大利亚和非洲的贝宁是主要出口国。

## 二、世界棉花产业格局变动对我国的影响

**1. 未来我国棉花消费量下降可能性较大**

受劳动力、水电等生产要素成本快速上涨影响，我国纺织业成本不断提高，部分纺织品竞争优势不断降低。而孟加拉国、印度、巴基斯坦、印度尼西亚、越南等国依靠更加低廉的劳动力成本，在中低端产品市场上发挥后发优势，成为我国纺织品在国际市场的有力竞争者。目前我国在低支纱和一些低端纺织产品上已经失去竞争力，部分纺织业开始向外转移。由于纺织业是高度劳动密集型产业，从历史上看，20世纪初的英国，20世纪50年代的日本，20世纪70年代的韩国和我国台湾以及我国香港，其纺织品出口的衰落和产业转移几乎都是由劳动力工资增长直接引起的。在这种状况下，未来我国纺织业服装的竞争加剧，国内棉花消费量有可能呈下降趋势。

**2. 棉花进口风险增强**

近三十年来，全球主要棉花出口国不断集中，目前主要集中在美国、印度、澳大利亚、巴西、乌兹别克斯坦和布基纳法索，其中美国棉花出口占全球

棉花出口总量的33.6%，在全球棉花出口中具有举足轻重的地位。我国作为世界第一大棉花进口国，一旦与棉花主要出口国发生政治经济纠纷，棉花进口来源就会受到显著影响，直接波及国内棉花供给和棉花价格的稳定。2018年中国和美国发生贸易摩擦，大豆、棉花等中美贸易重点农产品首当其冲受到影响便是例证。

**3. 国内棉花价格受国际市场影响较大**

我国棉花产业呈现“两头在外”的产业格局，国际市场对国内棉花价格影响较大。尤其在我国推进棉花目标价格补贴政策后，国内棉花价格基本上由市场供求决定形成。因此，国内外市场联系度更加紧密，国内棉花价格受国际市场影响较大。

**4. 稳定国内棉花生产难度加大**

当前我国棉花市场与国际市场紧密相关，国内棉花价格的走势很大程度上取决于国际棉花价格走势。从国际棉花价格波动规律看，国际棉花价格波动很大，稳定性较差，这就导致国内棉花价格波动较大。由于资源禀赋的限制，我国棉花生产成本明显高于全球其他棉花主产国，在全球主要棉花生产国中成本最高。在国内外棉花市场一体化的格局下，我国棉花生产成本偏高，棉农植棉效益有限，稳定国内棉花生产规模难度加大。

# 第四篇

# 中国棉花产业发展路径思考与建议

# 第十五章　我国棉花供需形势分析与展望

我国是世界第一大棉花消费国，拥有成熟的棉纺织产业基础和强大的纺织加工能力，纺织是吸纳劳动力就业的重要行业。对于一个纺织品服装生产和出口大国，保持一定的棉花原料自给率十分重要。从我国棉花生产区域格局看，近些年新疆的地位愈加突出，新疆棉花支柱产业地位也日益凸显。目前新疆原棉产值占全区农业产值的50%左右，棉花收入占新疆农民人均收入的35%左右，南疆达到60%左右。因此，无论从促进纺织行业发展和劳动力就业，还是维护社会稳定和民族团结的角度看，保有一定的棉花生产能力都是十分必要的。

棉花是纺织工业原料，我国纺织行业竞争力状况和世界纺织业加工和贸易转移的特点、速度直接影响我国未来棉花的消费规模。经过2001—2007年的高速增长后，未来我国棉花消费增长速度大大降低。但由于人口增长、城镇化水平提高等原因，棉花消费总规模仍将缓慢增长。同时，随着纺织业的转型升级，对高品质棉花的需求增加。

## 一、影响我国棉花供给的因素及趋势分析

影响我国棉花生产的主要因素包括棉花的种植面积和单产的发展变动趋势。

### （一）棉花种植面积增长空间有限

2021年我国棉花面积4 542万亩、产量573万吨。其中，新疆棉花面积3 759万亩、产量513万吨，分别占全国的82.8%、89.5%，内地棉花面积783万亩、棉花产量60万吨，分别占全国的17.2%和10.5%。

**1. 新疆棉花面积扩大有难度**

一是自然环境限制新疆扩大棉花种植面积。新疆地处内陆，气候干旱、降

水稀少、蒸发强烈，水资源时间空间分配不均，单位面积产水量仅为每平方千米5.3万立方米，是全国平均水平的1/6，在全国排名倒数第3，整个生态环境非常脆弱。过度扩大棉花种植面积，会引起过量使用灌溉水，导致土壤次生盐碱化，引起生态环境恶化。二是扩大棉花种植面积会引发疆内粮食安全问题。在新疆，与棉花争地的主要是小麦。2014年以来，在新疆棉花目标价格补贴政策的支持下，新疆棉花面积快速扩大，小麦种植面积下降。2015—2017年，新疆小麦种植面积下降9.1%，产量下降12.1%；新疆区内人均粮食占有量下降8.2%，人均小麦占有量下降15.2%。新疆区内的粮食供给尤其口粮供给成为一个不可忽视的问题。从自然资源环境、新疆疆内粮食安全的角度分析，今后进一步扩大新疆棉花播种面积可行性不大。此外，从新疆种植结构调整规划看，今后要加大新疆部分生态脆弱区的棉花种植退出规模。

**2. 内地棉区面积恢复潜力有限**

近年来，长江流域、黄河流域棉花生产持续萎缩，2021年内地棉区棉花面积783万亩、占全国17.2%，仅为历史最高年份的7.2%；棉花产量60万吨、占全国10.5%，仅为历史最高年份的9.9%。总体来看，内地棉花持续萎缩是资源条件、产业政策、市场效益、科技发展等多重因素共同作用的结果，稳定恢复发展的空间十分有限。

一是统筹粮棉生产难度大。内地除甘肃以外的9个棉花主产省份均是我国粮食主产省份。在粮食生产党政同责，实施大豆油料产能提升工程的背景下，地方政府发展粮油生产任务重、责任压得实、政策力度大，发展棉花生产动力不足。

二是比较收益低。与粮食等其他大宗作物相比，棉花生产技术性强，田间管理环节多，机械化程度低，导致费工费时。据测算，内地棉区一个生产季每亩棉花用工21个，是小麦的5倍，是玉米、水稻的4倍，人工成本占总成本的70%。2020年，内地9省份棉花亩均净利润为－1 046.8元，远低于小麦的－16.6元和玉米的107.8元，严重挫伤了棉农植棉积极性。

三是产业支撑体系弱化。随着棉花生产向新疆转移，内地棉花品种培育、种植模式创新、技术推广、社会化服务等逐步弱化，棉花加工产能大幅萎缩。与10年前相比，从事内地棉花科研和推广的人数降幅超过40%，推广体系处于“网破线断人散”局面。棉花加工企业开工不足、逐步退出市场，2021年内地棉花加工企业共1 376家、生产线1 379条，但开工企业仅101家，多数企业处于停产状态。

### （二）棉花单产提高有限

当前我国棉花单产已经处于世界较高水平。2020 年我国棉花单产居世界第 4 位，仅次于澳大利亚、以色列和巴西。2020 年我国棉花单产水平是全球棉花平均单产的 2.4 倍、美国的 2.0 倍、印度的 3.7 倍和澳大利亚的 82.3%。随着棉花供给侧结构性改革的推进，棉花生产将向更加满足消费需求的方向发展，关注点从以前的单纯关注产量向绒长、强度等纺织企业关注的品质方面转移，从而将会影响单产。另外，机采棉大面积推广是必然趋势，机采棉的推广也对单产的增加产生不利影响。

综合以上因素分析，未来 10 年内，我国棉花产量约在 500 万～550 万吨。

## 二、影响我国棉花消费的因素及趋势分析

我国棉花消费主要包括三个方面：内需、出口及配棉比变化。

**1. 内需增长潜力不大，但仍然保持在一定的规模**

2021 年我国居民人均 GDP 达到 12 551 美元，消费者对服装的消费需求正从追求数量向追求质量和品质升级转变。2005 年以来，我国城市消费者的服装消费变化不大，服装消费无论在收入中所占比重还是在生活消费中所占比重都已经比较固定，始终在 7.0%和 10.0%左右，农村居民服装消费占总支出比重也变化不大。这表明我国居民已经满足了服装的数量需求，今后对服装的需求以提高质量为主。但由于人口规模的增长、城市化进程的不断提高，我国棉花内需消费规模仍然保持在一定的水平上。

**2. 纺织品服装贸易环境恶化**

2018 年以来，我国和美国贸易摩擦不断升级。作为两国重要的贸易产品棉花和纺织品服装均受到较大不利影响。2019 年的 1—4 月，中美贸易摩擦中涉及的 2 000 亿美元清单产品出口美国同比下降 22.5%。2019 年以来，美国推动“以疆治华”战略，对我国新疆地区棉花和纺织品服装制裁。2020 年 3 月，美国出台法案不允许我国新疆棉花及其制成品进入美国，从而引起了国际众多服装品牌商、国际 NGO 组织及其他国家和地区跟进抵制我国新疆棉花及纺织品服装。另外，新冠疫情暴发以来，以美国为首的部分西方国家借助疫情恶意损毁中国，煽动其他国家抵制中国，导致我国包括纺织品服装在内的整体贸易环境恶化。

**3. 纺织业向外转移速度加快**

从近百年的历史看，纺织行业生产和出口大国的换位是一个历史趋势。随着我国劳动力、水电和环保成本的快速上涨，我国纺织业的竞争优势在不断降低。而越南、马来西亚、柬埔寨等东南亚国家，依靠其低廉的劳动力成本、优惠的土地成本、水电成本，成为我国纺织行业强有力的竞争者。2019 年 1 月，《全面与进步跨太平洋伙伴关系协议》（CPTPP）在越南正式生效，2020 年 8 月《欧盟—越南自由贸易协定》也正式生效，越南对欧美出口产品包括纺织品服装关税大幅降低，更加强化了越南的竞争优势，吸引了众多外向型企业向越南投资。近些年我国纺织行业向东南亚等国转移的趋势日趋明显。目前在越南的我国企业已经占到了当地纺织产能近半。而 2018 年以来中美贸易环境恶化、美国限制新疆棉等事件扰乱了相关纺织企业的原料采购布局，促使与中国合作的相关品牌企业被动调整产业布局，进一步强化了越南等东南亚国家纺织业的竞争优势。

**4. 化纤对棉花的替代增强**

石油通过影响化纤价格成为影响纺织用棉比例的重要因素。长期看，化纤绝大部分时间相比棉花都具有价格优势。从我国近些年化纤产量的增长状况也可以看出。2004—2020 年，我国化学纤维产量从 1 700 万吨增长到 6 127 万吨，增长了 2.6 倍，同期棉花产量下降 6.5%。国家现代棉花产业体系产业经济研究室在综合考虑我国化学纤维、棉花、羊毛等天然纤维的产量、进出口量，利用供需平衡表的方法对我国 2007 年以来社会纤维消费中化学纤维、棉花、羊毛等其他天然纤维的比例进行了测算。根据测算结果，2007—2020 年，棉花在社会总纤维消费中的比重从 40.3%下降到 19.3%；化学纤维在社会纤维总消费中的比重从 56.9%增长到 79.3%；羊毛等其他天然纤维在社会纤维总消费中的比重在 2.7%～1.4%徘徊。从未来发展趋势看，随着纺织业加工工艺的快速提高，化纤替代棉花的能力不断增强，这将直接降低棉花的消费。

尽管从以上几方面分析，未来我国棉花消费存在下降趋势，但未来我国棉花消费仍然保持在一定的规模。一是国内人口净增长带来的增长。根据全国第七次人口普查，我国人口 2021 年达到 14.3 亿，2030 年将达到 14.4 亿左右。一段时间内，我国人口规模仍将呈增长态势。二是生活水平提高引起的纺织品服装消费增加。当前我国人均纤维消费总量仍然远远低于美国等发达国家，据测算，我国目前人均纤维消费总量低于美国纤维消费总量约 30%。

随着我国居民消费水平的不断提高和居民消费习惯的变化，今后居民服装消费的支出仍将呈上涨趋势，人均纤维消费总量呈增长态势。三是，城镇化水平提高带来的家用纺织品的增加。根据我国《国家新型城镇化规划（2021—2035 年）》，2035 年我国常住人口城镇化率达到 75％左右（目前我国常住人口城镇化率为 64.7％）的目标，未来衣着类纺织品和家用纺织品的需求将呈不断增长趋势。

综合考虑，未来一段时间我国棉花消费量有可能在 750 万～830 万吨波动。对高品质棉花的需求增加。为应对生产成本快速上涨、东南亚各国的激烈竞争，今后我国纺织企业将不断在科技进步、产业升级、结构调整、品牌建设、市场开拓以及效益提升等方面取得突破，产品结构也必然向高端产品转移。纺织企业的转型升级对纺织原料棉花的质量提出更高要求，对高品质棉花的需求必呈增长趋势。从我国棉花消费需求和生产供给预测看，仍然存在 200 万～300 万吨的缺口。进口棉仍然是我国棉花供需缺口的重要补充。

# 第十六章　促进我国棉花产业发展的政策建议

当前我国棉花产业结构进入快速调整阶段，各种矛盾、困难集中显现，必须直面产业发展中存在的瓶颈因素，加大改革力度，破解产业发展难题，培育产业发展新动能，以供给侧结构性改革为主线，提高供给体系质量和效率，确保国内棉花有效需求，全面提高我国棉花产业竞争力。

## （一）适度调整优化棉花生产布局

按照“稳定新疆优势区、适度恢复黄河和长江流域、分散供给风险”的思路，一方面是“减退”，推进新疆风险棉区、次宜棉区、低质低效棉区有序压减和退出棉花种植。引导新疆南疆果棉间作低效棉田、碎片化严重的低质棉田退出棉花种植。鼓励棉花保护区等优势区适度扩大棉花种植规模，确保全区棉花面积基本稳定在 3 500 万亩以上。要在维持现有补贴总量基本不变基础上，推动新疆棉花目标价格补贴政策由刺激产量为主向与质量挂钩转变，设定农户享受补贴的最大规模产量和面积，超过规定的部分面积和产量不再享受补贴，降低政策对生产的刺激。加快探索实行“优质优价”补贴模式，开展多种模式试点，通过财政补贴资金引导农户在品种选择、种植管护、采摘收获等各环节高度重视棉花质量，实现优质优价、优棉优用。另一方面是“恢复”，推进黄河、长江流域传统优势棉区适度恢复棉花生产。引导内地产棉大县和沿江、沿湖、滩涂、盐碱地等地区适当扩大棉花种植，加强河北、安徽、山东、湖北、湖南 5 省 1 100 万亩棉花生产保护区建设。跟踪评估内地棉花大县奖励政策执行情况、效果和问题，重点支持地方加大对棉花生产基础设施的投入力度，引导棉花生产向盐碱滩涂区、地下水超采区、重金属污染区布局。以内地 5 省划定的棉花生产保护区为重点，利用中央预算内投资支持开展高标准农田建设，改善棉田生产条件，助力棉花产能恢复。允许地方围绕政策目标采取多样化政策措施组合，包括棉花种植者直接补贴、优质棉花订单生产收购、支持棉花生产社会化服务、开展金融服务创新等，鼓励通过土地流转等方式提升种植规模化和采摘机械化水平。

### （二）提升新疆棉区综合生产能力

加强棉田基础设施建设，推进节水灌溉、棉田改良、测土配方施肥，优先在棉花“百万亩”制种基地和棉花生产保护区，建成一批集中规模连片、耕地质量优良、灌排系统完善、作业道路标准、生态环境改善的高产稳产高标准棉田。建议加大新疆棉区高标准农田建设力度，通过发行专项债券、新增耕地指标交易、吸引社会资本投入等方式，多渠道筹集建设资金，提高建设标准和质量。落实新疆优质棉基地建设资金，改善棉花生产基础设施条件。

### （三）推进棉花全程机械化发展

加大机采棉品种的培育。在吐絮集中、纤维长、果枝始节高、马克隆值、比强度等性状方面取得突破性进展，实现产量、品质、抗性和早熟性指标相统一。加强国产采棉机核心技术和关键装置攻关，集中力量在脱叶、打顶、采收等关键技术装备研发上取得突破。健全机采棉种植和采收标准，探索适合机采的种植、采收模式，提升农机与农艺相配套水平。建议根据目前补贴限额实施效果，在全疆农机购置补贴总额基本保持不变基础上，视情况再适度提高新疆大型棉花采摘机补贴上限，同时配套贷款贴息、融资租赁等措施，鼓励推广大型采棉机应用。将残膜回收机具纳入农机具购置补贴范围。集中科研优势力量，加大对内地机采棉的研发力度。包括适宜内地气候特点的机采棉品种、脱叶催熟技术、晚熟与秋湿应对技术、适合棉花高产和多熟种植制度的小型采棉机等。

### （四）加大科技推广投入，提高生产要素产出效率

增加科技研发投入，根据棉纺企业用棉标准，以超美、澳棉种子生产加工及技术管理为指标，建立新疆中高端水平棉花种子研发、繁育、加工及管理体系，大力发展 40 支以上中高支纱所需的优质棉花品种以及适宜新疆和内地的机采棉品种研发培育。加大内地麦（油）后直播棉花等早熟品种选育研究力度，适应麦（油）后直播的需要。加大对节本增效技术的研发集成和推广。从育种、栽培、管理、采摘等各个环节着手，研发集成各种轻简栽培技术和模式，形成因地制宜的轻简栽培模式。实施高效节水灌溉工程，在新疆认真落实“三条红

线”制度。开展棉花智能水肥一体化示范区建设，利用智能网关、无线水肥一体机、无线微型气象站、土壤温湿度传感器、无线电磁阀控制器、无线超声波水表等，实时采集土壤墒情信息，并无线上传至云端，通过手机 App 或者电脑客户端即可随时查看，进而做出灌溉决策，促进水资源合理开发利用。

### （五）多措并举提高棉花质量

一是发展适度规模经营，提高集约化标准化生产水平。鼓励土地入股、土地托管、土地互换等多种形式的土地流转，发展适度规模经营。支持纺织企业、加工企业与棉农、合作社建立产销联结机制，积极推广“用棉企业提出用棉标准，种子企业筛选推荐种子，合作社按规范标准组织生产，加工企业订制加工皮棉，用棉企业按质量优价收购”的棉花种植新模式，大力发展订单、订制生产，促进棉花生产模式转型升级。二是加大棉种市场监管执法力度，从源头上控制品种乱引、乱销、乱种的不法行为，实行严格的商品种子质量安全认证制度，严防“三高”（衣分高、马克隆值高、短绒率高）棉花品种进入市场，强化育种企业监管，深入开展品种“多乱杂”专项整治。完善区域棉花品种筛选推广机制。根据气候、水土、光热等条件划定品种区域，各地制定统一品种管理办法，明确主栽品种。推广“一区一品”“一县一品”“一主两辅”的用种模式，提升纤维品质一致性水平。三是加强棉田农膜使用管理。支持可降解地膜、地膜回收机械，地膜资源化利用等关键技术研发，推广机械捡拾、适时揭膜等技术。制定新疆棉田农膜使用和残留量标准，严禁使用厚度小于 0.01 毫米的超薄地膜。实施地膜回收行动，鼓励农民使用可回收地膜，健全农膜回收利用体系，开展机械化回收示范。四是要加大对异性纤维的整治力度。通过广播、电视和网络等各种媒体加强“三丝”问题宣传，让棉农和企业充分认识“三丝”的巨大危害性。多部门联合管理，严格手摘棉和机采棉采收和加工规范，在采摘、晾晒、贮存以及收购环节等加强管理规范。同时对“三丝”问题解决好的试点县市和企业要给予奖励和扶持，充分发挥其示范引导作用。加大棉花加工企业的技改步伐，形成统一高效的棉花籽清和皮清加工工艺规程，提高机采棉轧花质量。

### （六）推进棉纺织企业转型升级

加快棉花加工设备升级和技术改造，推动纺织企业加大技术研发、品牌建设和人才培养，支持纺织生产大数据化、智能化、自动化的智能制造体系建设，加快向全球纺织服装研发、设计和高端制造等高附加值环节升级。支持企业加强棉花消费产品开发，扩大棉纺产品应用领域，引领棉花消费升级和个性化消费发展。同时，推进棉花加工产能整合。各地科学规划本地棉花加工企业布局，调整优化棉花加工产能。加大对“一证一线”等政策的监管和落实，将国内棉花加工产能控制在合理范围内。引导棉纺加工企业重组并购，推进形成纺加销一体化体制，并向主产区集聚。

### （七）建立健全棉花加工流通体系

一是进一步加强对棉花市场的预测和研究，建立健全信息网络，及时向生产者、经营者和消费者提供准确可靠、系统完整的生产和市场信息。二是完善加工企业布局。各地根据本地棉花种植实际和籽棉加工需求，科学合理规划棉花加工企业布局，鼓励和推进棉花加工企业兼并重组。全面落实棉花加工企业质量主体责任，加强对棉花加工设备的底线要求，依法查处企业使用国家明令禁止的棉花加工设备。完善棉花加工企业质量诚信档案，健全棉花加工企业信用评价体系，科学评定企业质量信用等级，针对企业安全信用等级实施分类监管。建立健全棉花质量问题追溯机制，加大对棉花质量问题的追溯和违法行为责任的追究力度。三是加快棉花现代物流发展。发展棉花公铁多式联运，建设从新疆到内地集收纳、集并、中转、运输、存放于一体的棉花“门到门”运输物流体系。合理布局物流节点，以点串线、以线布面，打造覆盖棉花主产区和主销区的物流集散地，实现区域仓储配送一体化。运用互联网等信息技术打通棉花供应链，探索构建棉花运输智慧物流服务平台，实现信息流、物流及资金流的有效整合。四是健全国储棉运行机制。完善储备棉收抛储与市场价格快速联动机制，确保储备棉轮出不打压市场价格，保持市场平稳运行。根据国际贸易形势不确定性增加的情况下，提前做好各种预案，加大国内棉花宏观调控的能力，确保棉花市场稳定，有效保障棉农利益。

### （八）多元化开拓棉花及其制品进出口渠道

一是建立和推广中国棉花标准制定和认证工作。培育中国主导、联合“一带一路”沿线国家、吸引相关国际组织、行业协会、棉纺服装企业多方参与的良好棉花认证机构和标准体系，打造从产品质量、生产环境到产业价值观的全体系商业话语权，形成能够与美西方对话乃至抗衡的标准。二是改革完善棉花进出口管理。综合考量国内棉花供需形势、贸易状况等因素，审慎确定棉花滑准税发放规模和发放时机，在保护棉农利益、稳定国内棉花生产前提下，有效满足纺织企业用棉需求。积极参与国际棉纺织服装产品贸易规则制定，提高国际影响力和话语权。三是深化与中亚国家棉花产能合作。发挥新疆棉花产业上中游生产能力强的优势，推动建立“一带一路”国际棉花联盟，与中亚国家开展棉花产业链合作，支持新疆内承国内纺织业高端环节、外联中亚等国棉花生产低端环节。四是加强对东南亚、中东、南美、非洲纺织市场的争夺。鼓励企业利用外经贸支持政策和多种展会平台，尽快在非美西方国际市场上拓展新疆棉纺、服装产品销售渠道，支持有实力的棉纺织加工企业建设海外工厂，稳定国际订单，规避美国贸易制裁风险。五是放开棉花出口管理，允许企业根据市场情况出口棉花。

### （九）加强棉花全产业链整合

一是加快建立棉花质量全产业链追溯系统。运用移动互联网、大数据、区块链技术，结合棉花协会棉农信息、纤检机构公检数据和交易市场加工厂数据等多方信息资源，建立覆盖皮棉、机采籽棉、棉田管理、棉花品种的全链条信息追溯系统。扩大补贴与质量挂钩试点范围，使皮棉质量数据追溯到棉农，解决棉花质量与目标价格补贴的精准对接问题。建立国家棉花大数据中心，集成数据采集、存储交换、应用服务等功能，实现棉花全产业链数据有效衔接，为棉花生产者、使用者、管理者提供精准及时数据支撑。二是健全棉花产销衔接经营模式。大力发展订单、订制生产，创新完善“用棉企业提用棉标准——棉农、家庭农场和合作社等生产主体按标准组织生产——加工企业订制加工皮棉——用棉企业优质优价收购”的棉花产销衔接新模式，完善产销主体分工合作、利益共享、风险共担机制。三是完善棉纺行业集群式发展。集群式发展模式和完善的产业链条，是我国纺织业核心竞争优势。统筹棉花产地、销区和园区布局，建设一批棉花现代产业园区，引导资本、科技、人才、土地等要素向园区集聚，聚合棉花加工纺织、仓储流通、服装设计制造、技术信息服务等相关企业，促进棉花产业格局由分散向集中、发展方式由粗放向集约、产业链条由单一向复合转变，推动形成功能齐全、布局合理的全产业链集群式发展格局。

# 参 考 文 献

蔡海龙，马英辉，2018. 大豆目标价格补贴政策缘何在中国走不通？——基于 EDM 的福利效应分析 [J]. 南京农业大学学报（社会科学版），18（6）：137-145+161-162.

丁建国，穆月英，2020. 目标价格政策对棉花全要素生产率的影响分析——以新疆棉区为例 [J]. 北京航空航天大学学报（社会科学版），33（4）：113-120.

方燕，李磊，2016. 我国大豆目标价格补贴政策实行效果的研究评价——基于大豆价格波动差异性的实证研究 [J]. 价格理论与实践（12）：49-51.

高升，邓峰，2019. 目标价格政策对我国棉花生产效率影响评价研究——基于 DEA-Malmquist 指数模型和变系数模型 [J]. 价格理论与实践（10）：54-57.

郜亮亮，杜志雄，2018. 棉花目标价格改革对国内棉花市场影响的实证分析 [J]. 改革（7）：137-147.

耿仲钟，肖海峰，2015. 最低收购价政策与目标价格补贴政策的比较与思考 [J]. 新疆大学学报（哲学·人文社会科学版），43（4）：26-30.

龚斌磊，2018. 投入要素与生产率对中国农业增长的贡献研究 [J]. 农业技术经济（6）：4-18.

关建波，谭砚文，2014. 良种补贴对中国棉花生产效率的影响分析 [J]. 农业技术经济（3）：49-56.

国家发展和改革委员会价格司，2004—2015. 全国农产品成本收益资料汇编 [M]. 北京：中国统计出版社.

贺超飞，于冷，2018. 临时收储政策改为目标价格制度促进大豆扩种了吗？——基于双重差分方法的分析 [J]. 中国农村经济（9）：29-46.

贺超飞，于冷，姜兴赫，2018. 实施目标价格改革对棉花播种面积影响研究——基于县级面板数据及双重差分方法的分析 [J]. 价格理论与实践（10）：61-64.

胡迪，杨向阳，王舒娟，2019. 大豆目标价格补贴政策对农户生产行为的影响 [J]. 农业技术经济（3）：16-24.

黄季焜，王丹，胡继亮，2015. 对实施农产品目标价格补贴政策的思考——基于新疆棉花目标价格改革试点的分析 [J]. 中国农村经济（5）：10-18.

柯炳生，2018. 三种农业补贴政策的原理与效果分析 [J]. 农业经济问题（8）：4-9.

李谷成，冯中朝，2010. 中国农业全要素生产率增长：技术推进抑或效率驱动——一项基于随机前沿生产函数的行业比较研究［J］. 农业技术经济（5）：4-14.

李光泗，郑毓盛，2014. 粮食价格调控、制度成本与社会福利变化——基于两种价格政策的分析［J］. 农业经济问题，35（8）：6-15，110.

李学林，李隆伟，董晓波，等，2019. 云南省粮食全要素生产率分解研究［J］. 农业技术经济（10）：102-113.

梁明鑫，卢俊玮，2019. 美国粮食价格政策演变过程分析［J］. 粮食科技与经济（3）：23-26.

刘天军，蔡起华，2013. 不同经营规模农户的生产技术效率分析——基于陕西省猕猴桃生产基地县210户农户的数据［J］. 中国农村经济（3）：37-46.

卢冰冰，陈玉兰，赵向豪 . 2018. 目标价格改革对新疆棉农收入的影响机理及实证研究——基于南疆四地州370个样本农户的实地调查［J］. 中国农业资源与区划，39（5）：120-127.

罗英姿，王凯，2003. 中国棉花生产成本分析及国际比较［J］. 农业技术经济（4）：36-40.

祁春节，毛尔炯，2004. 中美棉花生产成本及收益的比较研究［J］. 中国棉花（2）：8-11.

秦中春，2015. 引入农产品目标价格制度的理论、方法与政策选择［M］. 北京：中国发展出版社.

宋玉兰，周应恒，张宇青，2013. 中国棉花技术进步效率差异分析［J］. 统计与决策（10）：91-95.

谭砚文，李崇光，2003. 中美棉花生产成本与收益的比较分析［J］. 中国农村经济（11）：36-43，60.

谭砚文，李崇光，汪晓银，等，2003. 中美棉花生产成本的比较——方法拟合与实证研究［J］. 农业技术经济（6）：35-40.

田伟，李明贤，谭朵朵，2010. 中国棉花生产技术进步率的测算与分析——基于随机前沿分析方法［J］. 中国农村观察（2）：45-53.

田伟，谭朵朵，2011. 中国棉花TFP增长率的波动与地区差异分析——基于随机前沿分析方法［J］. 农业技术经济（5）：110-118.

王莉，杜珉，2006. 中美棉花生产成本比较分析［J］. 农业展望（7）：12-13.

王力，陈前，陈兵，2017. 棉花目标价格补贴政策与农户种植行为选择——基于新疆棉区的调研［J］. 价格月刊（11）.

王力，韩亚丽，2016. 中国棉花全要素生产率增长的实证分析——基于随机前沿分析法［J］. 农业技术经济（11）：95-105.

王力，温雅，2015. 新疆棉花目标价格补贴政策的实施效果与对策分析［J］. 价格月刊（9）.

王利荣，2021. 目标价格补贴政策对棉花生产效率的影响分析［J］. 农业经济与管理（3）：50-60.

王利荣，赵永南，李明，2015. 棉花目标价格补贴对经营主体种植决策影响研究——以江苏省南通市为例［J］. 价格理论与实践（10）.

徐榕阳，马琼，2017. 基于随机前沿生产函数的新疆棉花生产技术效率分析——以棉农问卷调查数据为例［J］. 干旱区资源与环境（4）：23－27.

徐田华，2018. 农产品价格形成机制改革的难点与对策［J］. 农业经济问题（7）：70－77.

续竞秦，杨永恒，2012. 中国棉花生产技术效率及其影响因素分析［J］. 技术经济与管理研究（7）：15－19.

翟雪玲，戴鹏，2021. 要素投入、技术进步与棉花产出增长——基于贝叶斯面板随机前沿模型的实证研究［J］. 农业技术经济（1）：129－144.

翟雪玲，李冉，2015. 价格补贴试点与政策匹配：例证棉花产业［J］. 改革（10）：89－100.

张杰，杜珉，2016. 新疆棉花目标价格补贴实施效果调查研究［J］. 农业经济问题（37）.

祝宏辉，耿蕾，2015. 新疆兵团棉花生产技术效率及影响因素分析［J］. 科技管理研究（20）：90－94.

Aigner，D.，Lovell，C. A. K. and Schmidt，P，1977. Formulation and Estimation of Stochastic Frontier Production Function Models［J］. Journal of Econometrics，6（1）：21－37.

Antón J，Le Mouel C，2004. Do counter－cyclical payments in the FSRI Act create incentives to produce?［J］. Agricultural Economics，31（2）：277－284.

Assaf，A. G.，Oh，H. and Tsionas，M.，2016. Bayesian Approach for the Measurement of Tourism Performance［J］，Journal of Travel Research，56（2）：172－186.

Battese，G. E.，T. J. Coelli，1992. Frontier production functions，technical efficiency and panel data：With application to paddy farmers in India［J］. Journal of Productivity Analysis，3：153－169.

Bhattacharyya，A. and Sudeshna，P，2013. Financial reforms and technical efficiency in Indian commercial banking：A generalized stochastic frontier analysis. Review of Financial Economics，22（3）：109－117.

Brea－Solis，H.，Perelman，S. and S. Saal，D.，2017. Regulatory Incentives to Water Losses Reduction：the Case of England and Wales［J］，Journal of Productivity Analysis，47（3）：259－276.

Cengiz，M. A.，Dünder，E. and Şenel，T.，2017. Energy Performance Evaluation of OECD Countries using Bayesian Stochastic Frontier Analysis and Bayesian Network Classifiers［J］. Journal of Applied Statistics，45（1）：17－25.

Heckman J，Ichimura H.，Todd P，1997. Matching as an Econometric Evaluation Estimator：Evidence from Evaluating a Job Training Program［J］. Re－view of Economic Studies，64（4）：605－654.

Heckman J.，Ichimura H.，Todd P，1998. Matching as an Econometric Evaluation Estimator［J］. Review of Economic Studies，65（2）：261－294.

Koop，G.，Osiewalski，J. and Steel，M. F. J.，1997. Bayesian Efficiency Analysis Through

Individual Effects: Hospital Cost Frontiers [J]. Journal of Econometrics, 76 (1-2): 77-105.

Koop, G., Osiewalski, J. and Steel, M. F. J., 1999. The Components of Output Growth: A Stochastic Frontier Analysis [J]. Oxford Bulletin of Economics and Statistics, 61 (4): 455-487.

Makieła, K., 2009. Economic Growth Decomposition: An Empirical Analysis Using Bayesian Frontier Approach [J]. Central European Journal of Economic Modelling and Econometrics, 1 (4): 333-369.

Makieła, K., 2014. Bayesian Stochastic Frontier Analysis of Economic Growth and Productivity Change in the EU, USA, Japan and Switzerland [J]. Central European Journal of Economic Modelling and Econometrics, 6 (3): 193-216.

Makieła, K., Marzec, J. and Pisulewski, A., 2017. Productivity Change Analysis in Dairy Farms Following Polish Accession to the EU-An Output Growth Decomposition Approach [J]. Outlook on Agriculture, 46 (4): 295-301.

Meeusen, W. and van den Broeck, J., 1977. Efficiency Estimation From Cobb-Douglas Production Function with Composed Error [J]. International Economic Review, 18 (2): 435-444.

Papke, L. E. and Wooldridge, J. M., 1996. Econometric Methods for Fractional Response Variables with an Application to 401 (K) Plan Participation Rates [J]. Journal of Applied Econometrics, 11 (6): 619-632.

Ramalho, E. A., Ramalho J. J. S. and Murteira J. M. R., 2011. Alternative Estimating And Testing Empirical Strategies For Fractional Regression Models [J]. Journal of Economic Surveys, 25 (1), 19-68.

van den Broeck, J., Koop, G., Osiewalski, J. and Steel, M. F. J., 1994. Stochastic Frontier Models: a Bayesian Perspective [J]. Journal of Econometrics, 61 (2): 273-303.

**图书在版编目（CIP）数据**

中国棉花产业发展与主要政策分析 / 翟雪玲，原瑞玲著. —北京：中国农业出版社，2022.9

ISBN 978-7-109-30048-4

Ⅰ.①中… Ⅱ.①翟… ②原… Ⅲ.①棉花—产业发展—研究—中国②棉花—产业—农业政策—研究—中国 Ⅳ.①F326.12

中国版本图书馆 CIP 数据核字（2022）第 175289 号

---

中国农业出版社出版

地址：北京市朝阳区麦子店街 18 号楼

邮编：100125

责任编辑：王秀田

责任校对：吴丽婷

印刷：北京中兴印刷有限公司

版次：2022 年 9 月第 1 版

印次：2022 年 9 月北京第 1 次印刷

发行：新华书店北京发行所

开本：700mm×1000mm 1/16

印张：16

字数：290 千字

定价：78.00 元

---